U0527895

握龍

从山川祭祀到洞天福地

李零——主编

中国美术学院
视觉中国协同创新中心

浙江省博物馆

编

余旭红　纪云飞
副主编

渠敬东
执行主编

魏祝挺　熊长云　田　天
陶　金
执行副主编

上海书画出版社

抒龍

编委会

中国美术学院视觉中国协同创新中心
The Institute for Collaborative Innovtion in Chinese Visual Studies
China Academy of Art
中国美术学院视觉中国研究院
China Institute for Visual Studies, China Academy of Art
出版项目

目　录

Contents

北宋　金龙

长 11 厘米
1955 年—1957 年于浙江省杭州市西湖出水
浙江省博物馆藏

前　言
Preface

李　零

浙江是考古大省、文物大省，浙江省博物馆有很多独具特色的文物，令人百看不厌。

2019 年，浙江省博物馆成功举办过一个“越王时代”展，我有幸应邀观览。在美丽的西子湖畔，配合展览，我做过一次演讲。我把我对浙江的印象，从山水到人物到文物一口气讲下来，赞叹不已。当时，我向馆方提议，咱们有这么多投龙简，是不是可以馆藏家底为基础，调集兄弟博物馆的相关藏品，举办一个以“投龙”为主题的展览。他们说好呀。想不到五年后，这事还真的办成了。

当年，我写秦骃玉版就有这个梦。后来有一次，我登泰山看日出，前一天晚上，独坐山巅，仰望星空，北斗横陈，突然让我想起一位堪称“泰斗”的学者——法国的沙畹。他对这个问题就饶有兴趣。2017 年，我们和法国学者在法国远东学院一同纪念法国汉学课程开设二百年，我的发言就是讲沙畹。沙畹的名著，《泰山》是头，《投龙》是尾。可惜的是，很多出土文物他都不及见，《投龙》是他去世后才发表的，关注者少。我说，这是“一个没有讲完的故事”，沙畹只是开了个头，我们可以接着讲，好戏还在后面呢！

甲辰龙年，浙江省博物馆、中国美术学院、北京大学中文系联手筹办“投龙——从山川祭祀到洞天福地”展，很有纪念意义，纪念沙畹，纪念一百多年来中国的有关发现。

“投龙”是个很大的话题。这是古代祭祀山川、祈福禳灾的一种仪式。求愿者，可能是帝王，可能是道士，可能两者都在场。他们把自己的心愿给山川神祇写封信，刻在一个有如木牍的板状物上，这就是投龙简。同时奉献的祭品，还有作为信使的小金龙以及系以绳钮的玉璧，被投送者沉于河湖，埋入地下，藏在山洞里，好像海上漂流瓶或时间胶囊，不定何时何地被谁发现，到处都有可能，到处都是谜。

简分山简、土简、水简，材质不一，有金、银、玉、铜等多种，金龙也不一定都是用黄金做成。璧随简异：山简礼天，用圆璧；土简礼地，用方璧；水简祭水，用六出璧（六角形璧），配天、地、水三官。绳是青丝绳，钮作环状，有点像戒指。这类祭祀活动，其实很古老，我们的展览，通过出土文物，尽可能对中国早期的山川祭祀做了必要的追述。如秦骃玉版就是前道教时期与投龙简十分相似的出土物，可以视为投龙简的雏形。

中国的名山大川，选自万水千山，各地有各地地标性的“大山”。山东有泰山（泰山即大山）、沂山，山西有霍山（也叫霍大山），河北有恒山，河南有嵩山，陕西有吴山、华山（分太华、少华二山，太华山也叫华大山），辽宁有医巫闾山，湖南有湘山、衡山，安徽有天柱山（也叫霍山），浙江有会稽山。它们被整合在一起，才有与九州相配的岳镇海渎，才有北京地坛供设的一套牌位。读《史记·封禅书》《汉书·郊祀志》，我们不难发现，早在战国晚期，由岳镇海渎支撑的“天下”概念就已初具规模，呼之欲出。中国是先有“大一统”的思想，才有“大一统”的天下。相关活动是早期中国最具代表性的国家行为。

道教投龙，上接秦汉，兴于晋唐，代表另一种潮流，即以“洞天福地”为主与岳镇海渎并行的祭祀活动。十大洞天和三十六洞天，七十二福地，滋生蔓延，遍布全国，重心开始从北方转向南方，从上层转向民间。一方面，西安出土过王莽准备封禅泰山的玉版，泰山出土过唐玄宗、宋真宗禅地的玉册，这些仍属封禅郊祀类的活动。但嵩山出土过武则天的投龙金简，衡山出土过唐玄宗的投龙铜简，则已属道教投龙。“洞天福地”类的投龙简，目前的发现以五代和宋以来居多，江浙地区居多，钱氏吴越国的出土物居多，所有发现尚无法涵盖文献记载、地图标注的所有地点。大家可以按图索骥，在家做好功课，打起背包就出发，踏遍祖国的山山水水，寻找这些被遗忘的历史。

我们的展览是靠许多单位通力合作才得以实现，我们在此深表谢意。

这是一次考古、文物、艺术、思想相结合的尝试，希望广大观众喜欢它，在此感受山川的壮丽雄浑，在此体悟古人的神思缥缈，从中学到越来越多的历史知识。

2024 年 9 月 25 日写于北京

凡　例

Conventions

1. 本书以浙江省博物馆 2024 年 12 月 1 日至 2025 年 3 月 2 日举办的“投龙——从山川祭祀到洞天福地”展览为基础，并调整、补充部分文物及文献图片，以求对本主题进行更为完整的学术诠释。

2. 本书《导言》由展览学术策划团队集体撰写，各章节内容参考了策划团队的最新研究认识，并在书后收录李零先生关于秦骃玉版、祭祀玉人的新近研究以及对法国汉学家沙畹《投龙》一书的学术评论。

3. 目前已发现的投龙文物，如龙、钮、璧等，多数缺乏明确纪年信息与地层环境，故断代存在一定困难。本书所定文物年代主要基于以往学界认识，并在器物描述中补充对部分文物可能年代的推测看法。

4. 与投龙文物伴出，且推测与投龙仪式或道教制度有关的文物，书中酌情予以收录。

5. 在部分宋代佛教地宫和窖藏遗址中，曾出土与道教投龙文物形制和体量相近的龙形器物，今列入附录部分，供读者参考。

6. 本书中的文物照片，绝大多数为展览举办前先期进行的高清拍摄。部分遗址、文物图片、资料由相关研究者及收藏机构提供，注明来源出处，且配图的图注皆以“◇ ”符号特别标出。

导 言

Introduction

渠敬东　熊长云　田天　陶金　魏祝挺

“春分而登天，秋分而潜渊”，《说文》是这样讲“龙”的。这种“能幽能明，能细能巨，能短能长”的动物，是天地交通的使者，既能呼唤风雨，又可获致祯祥，天下之丰裕与和谐，离不开龙。

与龙相关的“投龙”，曾是历史上的一种重要仪式：人力所不及的一切，疾病与罪责、祷告与祈愿，都会以龙为使，上天入地，求得人心的安定和世间的太平。

唐代诗人云：

> 去为投金简，来因挈玉壶。（白居易《和微之春日投简阳明洞天五十韵》）
>
> 石潭积黛色，每岁投金龙。（岑参《冬夜宿仙游寺南凉堂呈谦道人》）
>
> 偶成投秘简，聊得泛平湖。（元稹《春分投简阳明洞天作》）
>
> 白鹤迎来天乐动，金龙掷下海神惊。（刘禹锡《和令狐相公送赵常盈炼师与中贵人同拜岳及天台投龙毕却赴京》）

宋人也留有大量的投龙诗句，不仅生动刻画了投龙的场景，也流露出心中的感怀：

> 一封红篆驿金龙，雨气倏随炉燎满。（范成大《知郡检计斋醮祷雨登时感通辄赋古风以附舆颂》）
>
> 蕊简荐诚川后耸，金龙传信洞天闻。（夏竦《本宫投龙简中使》）

何谓“投龙”？即是将写有谢罪、祈愿的文简，与金龙、金钮、玉璧等仪式性器物用青丝捆扎，一并投入山川之中的仪式，又称“投龙璧”“投龙简”“投龙仪”“投刺”“投札”。

虽说唐宋时期的投龙带有浓厚的道教色彩，但其起源却可上溯到商周至秦汉的山川祭祀等盟誓仪式。这说明，很早的时候，国家对于岳镇海渎的祭祀崇拜，便采用了沉埋的形式，形成了最早的山水观念。后来，经汉末魏晋南北朝时期道教的整理、改革和发展，在古代祭祀投埋简册和早期道教文书“三官手书”的基础上，加入了担当神圣信使职责的“龙”来沟通神灵。

到了推崇道教的唐代，投龙仪式被正式确立为国家仪典，有了严格的标准，更加制度化。与此同时，人们在认识宇宙世界的方面，形成了洞天福地的庞大体系。就考古所见，五代吴越国是最频繁举行投龙的地方政权，也保存有最多的出土文物。宋代继承了投龙的传统，达到高峰。金、元、明时期，投龙同样是重要的国家仪典。及至清代，投龙退出官方历史舞台，逐渐被淡忘。

山川信仰、祭祀和盟约，始终是中国文明形成、发展中的一条关键主线，是中国人塑造超越性精神世界的主要来源，是理解文化道统所依所存的重要基础。天子与生民、国家与百姓、神圣与世俗、自然与社会、天地与人世的复杂关联皆纳入其中，投龙既是一种文化构造的集中呈现，也是一个学理考察的极佳入口，具有重大的意义和价值。

在此，我们要向法国汉学大师沙畹表达崇高的敬意！沙畹的名作《泰山》和《投龙》，是他一生治学的起始和归结。他对于中国文明之神圣领域构造的探究和发现，始终启发着我们去追寻中国所构建的那个世界的最高、最广和最远处，续写前人还没有讲完的故事。

一、山川与仪式——切入投龙前史的两个视角

以往讲述投龙，主要凭借唐代以后的材料。然而，近世所见的新材料揭示了投龙更为古老的渊源。这便需要从秦骃祷病玉版的发现说起。

秦骃祷病玉版于 1993 年出土于陕西华山黄甫峪遗址，后入藏上海博物馆。玉版共发现两件，均为长方版状，分别称为甲版和乙版。除甲版正面为刻铭外，其他均为朱书，铭文共计三百余字。这不仅是在石鼓、诅楚文之后出现的最为重要的秦国铭刻文物，也为研究秦国山川祭祀提供了极为珍贵的材料。

玉版的主人公，是“有秦曾孙小子骃”，学界多简称为“秦骃”。玉版中，提到了秦骃两次祭祀“华太山”之事[1]：

第一次是某年十月，秦骃因为生病而担心（“余身遭病，为我戚忧”），于是用介圭、吉璧、吉钮等祭祀泰山，希望华山能够保佑自己早日康复。

第二次是次年八月，在华山保佑之下，秦骃部分恢复健康（“大山有赐，入月已吾腹心以下至于足骭之病能自复如故”）。于是秦骃再次祭祀华山，这次用了牛、羊、豕，路车四马以及玉璧等，祈愿华山能够保佑他的健康（“后令小子骃之病自复。故告大令、大将军……”）。

“骃”是谁？能使用圭、璧、钮等进行祭祀，并命令有司用三牲、路车四马等祭祀华山的人，恐怕非当时的秦国国君莫属。李学勤等指出，文献中记载秦惠文王的私名为“驷”，很可能就是“骃”的讹误。[2]因此，玉版中的“骃”可能即是秦惠文王（前 337—前 311）。而秦骃祷病玉版的功能实质，是秦国国君向山川之神祈祷疾病康复的一封信。

其实，类似向山川祷病的做法，不仅见于秦骃玉版，也见于楚地出土的简牍中。如上海博物馆藏楚简中有《简大王泊旱》一篇，记载楚简王病后屡屡梦到“高山深溪”，因欲祭祀“名山名溪”，以求痊愈。两者互证，足见这一观念在东周时代广泛流行。

秦骃之所以向华山祈求佑护，首先源于山川在上古国家中的重要性。

在儒家经典《尚书》中，便有上古帝王巡狩四岳的传说记载。至春秋时代，诸侯国中的最高等级的名山大川被称为“望”。祭祀群“望”的望祭，是需要君主亲行的高等级祭祀。群“望”地位崇高，更与国家的主权关联密切。《左传・哀公六年》记载，卜人认为楚昭王生病的原因是黄河之神作祟，建议他祭祀黄河以减轻病情。昭王拒绝了卜者的提议，他说：“三代命祀，祭不越望。”即是说，国君所祭祀范围，不能越过本国的“望”。黄河不在楚的疆域内，不当受祭。名山大川与本国的疆域相关联，也因此象征着国家的主权。当山川祭祀落入他国之手，也就

1 释文内容参李零：《秦骃祷病玉版的研究》，《国学研究》第 6 卷，北京大学出版社，1999 年，第 526—527 页；李零：《秦骃玉版与祭祀玉人》，见本书附录。

2 李学勤：《秦玉牍索隐》，《故宫博物院院刊》2000 年第 2 期。

意味着失败者失落了对这片土地的所有权。通过战争或其他手段将别国山川纳入本国祭祀中，则是扩张了本国疆域。[1]

要言之，山川不仅是自然之神，也与国家气运关联至深，是国家祭祀中极具象征性的存在。《左传》中"国主山川"的说法（成公五年），可以视作这一观念的精当总结。

自先秦以来，山川在国家祭祀中的地位未尝稍减。秦统一后，秦始皇择天下山川十八处，设祠官奉祀，又东巡泰山、琅琊等七处名山，刻石勒铭，宣扬统一功绩。汉代以降，对岳镇海渎的祭祀成为国家盛典。以山川为一国之象征的观念，至今犹存。后代投龙仪式由官方主导，以君主之名将金龙玉简投于山川的做法，正笼罩在这一绵延不绝的思想背景之中。

另应指出的是，战国秦汉时代的祠畤也是早期国家祭祀的重要组成部分。这些古老的祭祀遗存在近年被频繁发现，大大增加了今人对于文献记载的直观认识。大体而言，这些祠畤可分为东西两系。西边以秦地的雍五畤为核心，东边以齐地的八主祠为核心。祠畤祭祀对象虽各有不同，但究其共通之处，均与山川存在或近或远的关系。

先说秦地的畤。《史记》《汉书》提到了吴阳武畤、雍东好畤、西畤、鄜畤、密畤、吴阳上畤、吴阳下畤、畦畤、北畤、泰畤，凡十畤。其中，又以秦人在雍城建立的"雍四畤"及汉代在此基础上增设北畤形成的"雍五畤"最为重要。这些畤祭遗存，已先后在考古工作中有所发现。

据文献记载，雍五畤的祭祀对象如下：

> 鄜畤，祭白帝。
>
> 密畤，祭青帝。
>
> 吴阳上畤，祭黄帝。
>
> 吴阳下畤，祭炎帝。
>
> 北畤，祭黑帝。

畤的最初含义是郊祀上帝之所。古人祭祀的所谓上帝，乃各族血缘所出的始祖，即各族的族神，如太昊、少昊、黄帝、炎帝、颛顼，又称五帝。五帝配天而祭，至为尊崇。雍五畤分别祭白帝、青帝、黄帝、炎帝与黑帝，五帝与五色相配。其观念殊为古老，在《左传》中已有端倪。[2]

畤虽是祭祀族神，但选址也同样会考虑山川所在。《史记·封禅书》："盖天好阴，祠之必于高山之下，小山之上，命曰'畤'。"可见"畤"的设立依附于"高山"。又《史记·封禅书》："自古以雍州积高，神明之隩，故立畤郊上帝，诸神祠皆聚云。"点明秦人设畤于雍州，与"雍州积高"有关，因其地势较高，以近天神。而在雍五畤所在的雍城不远，便有吴山。吴山又称岳山、吴岳，在秦人眼中，其地位堪比雍州之"岳"，极为重要。[3]因此，研究雍五畤，也应注意其选址与秦地山川的深层关联。[4]

再说齐地的八主祠。《史记·封禅书》记载：

---

1 田天：《秦汉国家祭祀史稿（修订本）》，生活·读书·新知三联书店，2023年，第255—273页。

2 李零：《秦汉祠畤的再认识——从考古发现看文献记载的秦汉祠畤》，载李零主编《历史记忆与考古发现》，商务印书馆，2022年，第2—3页。

3 李零：《岳镇海渎考——中国古代的山川祭祀》，载李零《我们的中国》第四编《思想地图》，生活·读书·新知三联书店，2016年，第117、121、125页。

4 熊长云：《血池遗址为吴阳上下畤考》，《考古》2024年第10期。

一曰天主，祠天齐。

二曰地主，祠泰山、梁父。

三曰兵主，祠蚩尤。

四曰阴主，祠三山。

五曰阳主，祠之罘。

六曰月主，祠之莱山。

七曰日主，祠成山。

八曰四时主，祠琅琊。

王睿指出，八主祭祀体系不同于中国传统上至为重要的祖先崇拜，不属于人神系统，亦非单纯的某个自然神，而应是东方思想家在经历了血缘分封制毁坏崩塌后的离变之痛，对于人、人所依赖的自然环境以及人在自然环境中的地位所创造的神明体系。[1]

八主祠的分布有着很强的规律性。李零指出，八主祠的前三祠在西，后五祠在东。西三祠，东北—西南，略呈一线。《鹖冠子·近迭》："人道先兵。"兵代表人。西三祠代表三才（天、地、人）或三一（天一、地一、太一）。东五祠，日主祠与月主祠，迎日拜月，东西相对呈一轴线；阳主祠在其左，阴主祠在其右，左为阳，右为阴。这四个祠在胶东半岛北岸。四时主祠在胶东半岛南岸，象征四时的起点。[2]

八主祠的各自选址，也自有其讲究。八祠中的六祠，选择在齐地名山进行祭祀。李零指出，从总体布局来看，八主祠如众星拱月一般环绕泰山。泰山是五岳之首，统领天下名山大川，在秦汉祀谱中地位最高。泰山应被视作八主祠的中心。[3]

要之，无论是西土的秦畤，还是东土的八主祠，其历史背景与祭祀对象固然有很大不同，但选址都与山川关系密切，可见山川对古人观念根深蒂固的影响。

除了山川在国家祭祀中崇高而稳定的地位，秦驷祷病玉版所反映的仪节，同样有着悠久的传统，并可以与新近的考古发现互证。

秦驷玉版中第一次祭祀华山，是"小子驷敢以介圭、吉璧、吉纽，以告于华大山"；第二次祭祀，是"请有司用牛牺贰，其齿七，洁，□及羊、豕，路车四马，三人壹驾，壹璧先之。□□用贰牺、羊、豕，壹璧先之"。先后涉及的礼器，包括介圭、吉璧、吉钮，又使用了牺牲如牛、羊、豕，路车四马等，且"壹璧先之"。

大体说来，古人的祭祀仪式，可总结为"沉埋之法"和"牲玉之献"。《周礼·春官宗伯·大宗伯》曰："以狸沈祭山林川泽。"所谓"沈"，即将祭品投入水中，祭祀对象是江河。"狸"同"埋"，针对山川，指将祭祀后的物品皆尽瘗埋于坎中。秦驷祷病玉版中的玉器与牛羊等牺牲即以此法贡献于华山之神。在数十年的考古发掘中，也多见与沉埋有关的祭祀遗迹。如 1954 年泰安曾发现长方形窖藏，内有六件铜器与一件三足铁盘，排列整齐。李零认为，此处正对泰山日观峰，此即将祭品瘗埋于祭坎中的遗存，以祭祀泰山。又如从 20 世纪 30 年代起，湖南

1 山东大学历史文化学院等编著，王睿等主编：《八主祭祀研究》，文物出版社，2020 年，第 370 页。

2 李零：《秦汉祠畤的再认识——从考古发现看文献记载的秦汉祠畤》，载李零主编《历史记忆与考古发现》，商务印书馆，2022 年，第 11 页。

3 李零：《秦汉祠畤的再认识——从考古发现看文献记载的秦汉祠畤》，第 11 页。

省宁乡市多次发现商周铜器。这些铜器往往被发现在水岸或山头山脚，其中有时盛有玉器或铜斧。李零指出，这些同样应是早期山川祭祀的遗存。[1] 李旻认为，在龙山—二里头文化中，牙璋便有用于山川祭祀的迹象，且在三星堆文化中有所继承。[2] 这些认识，都反映出东周秦汉祭祀中“沉埋”仪式存在更为古老的渊源。

至于“牲玉之献”，秦骃先向山川之神致以玉器，再奉献牺牲与车马，井井有序。玉器是诸种祭祀中先致的“轻物”，用以通神，其后的牺牲、车马，才是正式的祭品。这种祭祀用品的组合和顺序，不仅见于《左传》等先秦文本，近年秦汉祠畤等遗址的考古发现反复证实秦汉高等级祭祀犹承其绪。后代投龙仪式的细节与先秦山川祭祀虽略有差异，但其基本仪节颇有可以比拟之处。可见投龙作为中古以来新兴起的宗教仪式，其仪节并非全然新造，而是有其长久而稳定的渊源。

西汉晚期进行了一系列宗教改革，减少宗庙祭祀数量并简化祭祀仪式，在王莽当政时期确定了南郊祭天、北郊祭地的郊祀制雏形，山川祭祀此时退出国家祀典。不过，旧的祭祀制度以及仪式等并未销声匿迹，而是以不同形式被地方及民间所继承，并焕发出新的生机。与秦骃玉版形制类似的告神简策，在汉晋时期多有发现，后为唐宋投龙简所继承。又如先秦兴起的神仙信仰，在汉代乃至六朝文物中屡见其迹，如仙人乘龙画像砖即称代表，也成为投龙中“龙”的核心意涵。这些不同而古老的文化基因，在汉代以后又进行了新的整合，最终催生出投龙仪式的制度化建构。

二、“告盟天地”与“保安宗社”——投龙的形成及其解读

东周秦汉，另一套山川谱系开始在方士群体中逐渐形成，其重要代表便是《山海经》。诸侯国中的群“望”与各自的封疆紧密关联，而《山海经》则致力于构建起一个超越国土的“世界模型”。

在这一模型中，“天下”的中心并非中原，而是被称作“天柱”，贯通三界，为西王母所居的昆仑山。这是一种包含了平面上的五方（对应五行）与垂直的三界（天、地、水）的框架体系。中国在其中只居地界的东南一隅，所有山川均以昆仑为“祖脉”，由西北向东南蜿蜒展开，洞天福地分布其间。[3]

汉代《河图》一系的纬书也有着这种“一体”的思想，如《河图括地象》云：

> 昆仑山为柱，气上通天。昆仑者，地之中也。地下有八柱，柱广十万里，有三千六百轴，互相牵制，名山大川，孔穴相通。

郑玄注曰：

> 昆仑居地之中，其势四下，名山大川，皆有气相承接。

可见汉人所理解的山川，“气”与“孔穴”相互贯通，与天柱昆仑山构成整体，继而与中国以外的名山大川形成系统。东晋时期，《真诰》所描述的洞天世界继承了这一观念，如书中描述的江苏茅山（句曲山）：

---

1 李零：《入山与出塞》，生活·读书·新知三联书店，2023 年，第 15—18 页。

2 李旻：《山川之间的三星堆》，《读书》2023 年第 3 期。

3 葛思康（Lennert Gesterkamp）：《〈山海经〉与洞天福地的原型》，载吕舟主编《2019 年第一届洞天福地研究与保护国际研讨会论文集》，科学出版社，2021 年，第 5—6 页。

句曲洞天，东通林屋，北通岱宗，西通峨嵋，南通罗浮，皆大道也。其间有小径杂路，阡陌抄会，非一处也。

又曰：

众洞相通，阴路所适，七涂九源，四方交达，真洞仙馆也。

名山之下皆有称作“洞天”的地下小世界，连接山、洞的隧道与人间道路无异。地面的世界被镜像到了地下。《真诰》中言及，类似茅山的洞天共有三十六处。已经散佚的东晋道经《茅君传》，则记载了其中的前十处，即后来所谓的“十大洞天”：

王屋山、委羽山、西城山、西玄山、青城山、赤城山、罗浮山、句曲山、林屋山、括苍山。

学者们已经注意到，这十处洞天大都位于南方，且与葛洪《抱朴子》所言及的“江东名山”高度重叠[1]：

又按仙经，可以精思合作仙药者，有华山、泰山、霍山、恒山、嵩山、少室山、长山、太白山、终南山、女几山、地肺山、王屋山、抱犊山、安丘山、潜山、青城山、娥眉山、绥山、云台山、罗浮山、阳驾山、黄金山、鳖祖山、大小天台山、四望山、盖竹山、括苍山。此皆是正神在其山中，其中或有地仙之人，上皆生芝草，可以避大兵大难，不但于中以合药也。若有道者登之，则此山神必助之为福，药必成。若不得登此诸山者，海中大岛屿亦可合药。若会稽之东翁洲、亶洲、纻屿及徐州之羊莒洲、泰光洲、郁洲，皆其次也。今中国名山不可得至，江东名山之可得住者，有霍山在晋安，长山、太白在东阳，四望山、大小天台山、盖竹山、括苍山并在会稽。

葛洪罗列天下“名山”，但因版图分裂，无法前往中原及其他地区，由此单列了“江东名山”。从这个角度而言，洞天福地谱系之所以偏重南方，乃是东晋以来的政治环境所决定的。

道教在六朝时期蓬勃发展，并在唐代实现了不同教派的融汇，并整合入国家制度之中。玄宗朝，高道司马承祯建立五岳真君祠，试图将道教与原有的五岳山神祭祀制度相融，并凌驾于其上。[2]同时，他通过宣扬洞天福地天台山的主治仙官王子乔，来提升该山的政治地位。[3]所有这一切，都体现在他（或他的直系弟子）编纂的《天地宫府图》中。《天地宫府图》以东晋道经中的“三十六洞天”为基本框架，将已知的十处单独列为“十大洞天”，又增入“三十六小洞天”，将国家祭祀的五岳列入其中，由此完成了道教洞天福地谱系对国家山川谱系的继承与超越。

此外，在《真诰》中，地下的“洞天”与地面的“福地”本身是相互依存的一对概念，但司马承祯却创造性地将“福地”这一概念单独拎出，构建出次于“小洞天”的“七十二福地”。就此，一个新的山岳谱系得以形成。

所谓“投龙”，始见于东晋灵宝经，是将作为信使的“龙”与写有谢罪、祈愿文字的“简”，以及作为信物的“钮”

---

1 魏斌：《想象洞天：神仙、洞穴与地方氛围》，收入渠敬东、孙向晨主编《山水》第二辑《塞尚的山水境域》，生活・读书・新知三联书店，2024 年，第 136—158 页。

2 雷闻：《郊庙之外：隋唐国家祭祀与宗教（增订版）》，生活・读书・新知三联书店，2024 年，第 196—258 页。

3 Thomas Jülch, *Der Orden des Sima Chengzhen und des Wang Ziqiao: Untersuchungen zur Geschichte des Shangqing-Daoismus in den Tiantai-Bergen*. München: Herbert Utz Verlag GmbH, 2011.

以青丝捆绑，一同投沉于名山岩穴或水府灵潭之中的仪式。

到了唐代，道教的投龙仪式与洞天逐步关联，并有所突破。首先，唐代在投龙信物中增入了源自国家仪典的“璧”。其次，东晋灵宝经中，水简投于灵渊，山简则投于五岳绝岩之中，而从唐代开始，国家投龙的场所并不局限于五岳，也包含了诸如茅山、龙角山等其他名山。与此同时，《大唐开元立成投龙章醮威仪法则》明确言及，各州需在投龙场所建坛，并强调“坛去投洞穴或水府二百步”。在文献记载中，玄宗朝所投山简也的确都发生于洞穴场所，如茅山华阳洞、会稽山阳明洞、宜兴张公洞、龙角山珍珠洞、华林山浮丘石室、五老山玉真洞等。山东青州云门山投龙，“有瑞云从洞门而出”，自然也是投龙于洞中。

天宝七载（748）三月，玄宗从茅山上清宗师李含光受道，并传敕书，请李含光将立盟受道的词文与信物（包含金龙、玉璧等物）“投茅山华阳洞天金坛灵府，以为明信，用证勤精”。这是最早明确将“洞天”与“投龙”相关联的记载。同月，玄宗又下诏，命天下“有洞宫”之山各建祠宇。所以，无论是从仪式实践，还是玄宗本人的宗教政策，都可看出“洞天”在盛唐时期对山川谱系的深刻影响，并也呼应了司马承祯的“洞天福地”谱系构建。虽然现在并不清楚在天宝年间是否形成了固定的“洞天投龙”制度，但晚唐高道杜光庭说：

> 国家保安宗社，金箓籍文，设罗天之醮，投金龙玉简于天下名山洞府。

可见，至迟在唐末，“洞天”与“投龙”紧密关联已经成为一种共识。

道教从传统祭祀中继承了诸多元素，并加以革新。对于投龙仪式而言，投沉之物可分为信物与文书两大类，各有其渊源。

首先，对应上文秦骃祷病玉版之例，谈一下金玉之属。在早期的方士传统中，师徒之间的授受要建立“不轻泄”的盟誓，弟子须提供诸如金人、金鱼、金环一类的贵重信物，投于东流水或山石之中，作为盟誓的具体表达。这种信物也称之为“质”或“赆”。道教沿袭了盟誓的受道制度，在六朝上清、灵宝道经中所开列的金龙、金钮、玉鱼、五色缯、青丝（代表头发）、赤帛（代表鲜血），都是此类信物。灵宝经《太上洞玄灵宝赤书玉诀妙经》（简称《赤书玉诀》）中记载的“三元玉简”之法，便需要以金龙、金钮以及青丝作为信物。此时的金龙被赋予了信使的新内涵[1]，因此有“金龙驿传”之语。灵宝“三元玉简”在各派之中影响最大，入唐以后，也被应用于为国祈福的金箓斋之中，并与河图醮相结合。由此，投龙的信物中增入了国家仪典中才使用的“璧”，“投龙”又被称作“投龙璧”。唐代道士沿袭先秦传统，将璧理解为信物之一种。盛唐长安高道张万福论曰：

> 璧，乃质诚之信。

在唐末高道杜光庭的《太上黄箓斋仪·投龙璧仪》中，“璧”被正式列为国家举行金箓斋的投龙信物之一，成为定式。

“简”可视作投龙物品的文书一类，绍续了先秦两汉以来宗教仪式中的“简牍”形式，即以官府公文流转之法启告神明。道教特别重视以文字书写的方式与神明进行沟通。学者们都注意到《三国志》裴注所引《典略》中所提及早期道教用于祷病的“三官手书”与投龙的关系。[2] 其文曰：

---

1 祝逸雯：《“投龙简仪”初研：从古灵宝经到陆修静和杜光庭》，罗争鸣主编《缙云黄帝文化与杜光庭研究论集》，河北人民出版社，2024 年，第 399—419 页。

2 王育成：《考古所见道教简牍考述》，《考古学报》2003 年第 4 期。

请祷之法，书病人姓名，说服罪之意。作三通，其一上之天，著山上，其一埋之地，其一沉之水，谓之“三官手书”。

在六朝道教各个道派的“立盟受道”仪式中，文书仍然作为重要物品与信物一同投埋于山水之中。如在上清经中有“金简玉札”与“八节投刺”之法，即将写有祈愿的文书与信物一同埋于“灵山”“玄岩”之上。其祈愿内容大抵包含两点：一是向神明启告受道的盟誓，二是祈求神明将自己的名字登入仙界的簿籍之中。

同时期灵宝经《赤书玉诀》中记载的“三元玉简”之法，以负责记善司过的山水诸神作为主要启告对象，增入了祈求神明将自己的名字从“罪簿”中削去的祈愿。其中《山简》的启告对象为“五岳真人”，《土简》的启告对象为“土府太皇”“土府五帝”，《水简》的启告对象为“九府水帝，溟泠大神”。更为重要且与其他道派不同的是，在为奉道者祖先洗刷罪过、祈求拔度的“黄箓斋”举行完毕后，也需要投沉“三元玉简”中的山、水二简。这也就意味着“投龙”仪式的举行范围不再局限于立盟受道的道士群体。我们看到，在唐代，救拔祖先的黄箓斋后的“投龙”被嫁接到为国祈福的金箓斋后，功能发生了巨大变化。

1982 年发现于河南嵩山峻极峰的武则天嵩山金简，与清代道光年间湖南衡山水帘洞投龙潭出水的唐玄宗衡山紫盖洞铜简，是目前仅见的两件唐代帝王投龙简实物。它们从另一个侧面为我们揭示了投龙仪式的多样性。其中，玄宗铜简文曰：

大唐开元神武皇帝李隆基，本命乙酉八月五日降诞。夙好道真，愿蒙神仙长生之法，谨依上清灵文，投刺紫盖仙洞。位忝君临，不获朝拜，谨令道士孙智凉赍信简以闻。惟金龙驿传。太岁戊寅六月戊戌朔廿七日甲子告文。

据简文所述，本次投简目的为“愿蒙神仙长生之法”，“依上清灵文”举行仪式。这是一份在上清经系统下立盟受道的“刺文”，而不是灵宝金箓斋为国祈福的“简文”。但是，无论是该铜简上所残留的玉璧痕迹，还是文末的“金龙驿传”，都表明其深受灵宝“三元玉简”的影响。

再来看武则天金简的内容：

大周国主武曌，好乐真道，长生神仙，谨诣中岳嵩高山门，投金简一通，乞三官九府除武曌罪名。太岁庚子七月甲申朔七日甲寅，小使臣胡超稽首再拜谨奏。

从内容来看，这里提到了请三官九府除罪名，也提到了求仙一事，以及位于中岳绝顶的投简场所，看起来都与灵宝“三元玉简”的旨趣完全相同，但文辞的格式却与《赤书玉诀》的记载完全不同，甚至没有标志性的“金龙驿传”。

总而言之，唐代的两件帝王投简（刺）提醒我们，历史上投龙、投简仪式的发展脉络可能远比我们想象中的更为复杂且多元。

晚唐五代时期，由于战乱的影响，罕有中原王朝进行投龙；与此同时，投龙在南方诸国得以延续，尤以吴越国为最盛，吴越地区出土投龙遗物也最为丰富。

从唐乾宁二年（895）开始，钱镠“历览山源，周游洞府，思报列圣九重之至德，兼立三军百姓之福庭”，于是他上表唐昭宗，申请在第三十四洞天的杭州大涤洞前恢复唐代的国家祭祀，重建天柱观，由上清派道士闾丘方远主持三元大醮。钱镠亲自陪同，为唐朝祈福。吴越钱氏的投龙行为自此而始。历代吴越国王上承唐代传统，每年举行投龙仪式，祭祀境内的洞天水府，并投金龙、银简、玉璧等器物。

割据两浙的吴越国，乃是司马承祯洞天福地分布的核心地区，洞天水府众多。出土吴越国投龙实物的场所，有杭州钱唐湖（西湖）、越州射的潭、苏州太湖、苏州林屋洞、金华双龙洞等地。依据文献记载，可确认或推测为吴越国的投龙地，还包括杭州钱塘江、大涤洞、天目山龙潭、越州阳明洞、金庭洞、湖州卞山黄龙洞、台州赤城山玉京洞、天台山三井、仙居括苍洞、四明山永昌潭等地，至少有十六处。

吴越国投龙频繁，现存有十一枚投龙告文简，分别出自杭州西湖和绍兴射的潭，均为水府告文银简。银简材质符合吴越国王身份，而与当时帝王投龙所用的金简、玉简有所差异。根据简文的“丹简”字样，还可知银简原以朱砂书写。

五代杜光庭描述了当时各地的投龙行为：“近代以来，只投山水二简。淮、浙、江表，有三简之仪，行之已久。”吴越地区虽然没有明确的“土简”遗物或记载，但从杜光庭的描述来看，钱氏投龙不止山水二简。现存的吴越国投龙银简，均为上元春季简和中元秋季简。虽然没有下元冬季简的遗存，但简文中“三元不阙”“三元关奏”的字样，说明吴越国遵循了灵宝经中三元修斋的传统，即一年三次投龙。

投龙简文中，不仅有为国王祈求健康长生的内容，更多的则是祈求军旅胜利、家国兴隆，并为吴越国官僚、黎民祈福，这是唐代投龙简文中不曾出现的内容。依据宋代文献推测，五代十国时期，投龙盛行于南方诸国，以吴越和南唐为最盛；进入北宋以后，吴越和南唐传承的诸多投龙地及投龙制度和仪式，得以留存后世。

经过了有唐一代的整合，宋代在因袭唐制的基础上又有所损益。在投龙场所的层面，北宋仁宗针对真宗朝由于频繁投龙所引发的时弊对投龙的场所进行了精简，洞天、水府减少至二十处。其中，位于皇都开封西北的王屋山、济渎水府以及位居东南的潜山、采石矶水府这两对山水场所最为重要，原本呈散点状分布的洞天福地及各地水府，也以首都为中心被统合起来。

在仪式内涵层面，唐代在举行投龙的同时增入向山水之神奉献素食的醮仪，这一趋势在宋代进一步演进：仪式逻辑从原本金箓斋的通过谢罪而为国祈福，让位于通过酌献山川之神而保安宗社。宋理宗嘉熙元年（1237）的“祈嗣”投龙具有一定的代表性。就目前已知的文献与文物来看，当时至少在茅山、庐山、天台山、武夷山、四明山、西山（南昌）、金华山等洞天分别举行了斋醮并投龙。投龙仪式原本只是在斋醮之后将谢罪、祈福之意通禀由地官、水官统领的山水之神，名山水府只是一种“通道”。但如此多的洞天名山同时举行投龙，可见对于投龙场所本身，山水之神的酌献已经成为仪式的主体。茅山出土的玉简简文也印证了这一点，其曰：

> 维嘉熙元年岁次丁酉，九月己酉朔二十六日甲戌，嗣天子臣昀……内欲隆于国本，外思靖于兵氛。仰惟祖宗积累之难，深切朝夕继承之惧，是用肆类上帝，遍祷名山，愿垂覆焘之仁，宏赐扶持之力。

在这里，投龙的仪式行为被解读为“遍祷名山”，并与“肆类上帝”并列。投龙仪式被进一步的国家化了。

金、元两朝大抵和宋制相似，岁时举行投龙仪式。但因为统治疆域偏处北方，投龙场所主要以五岳中的东、中、西、北四岳，以及王屋洞天与济渎为主，且专为投龙增设了北方的洞天，如河南淇县青岩山水帘洞、北京房山玉室洞天。王屋山毗邻济渎灵源，于此一处可投山水二简，自宋代便作为国家投龙场所，入元之后更成为重要的投龙圣地。

这一时期，投龙仪式与传统山川祭祀的关系仍然值得关注。金崇庆元年（1212），中都太极宫提点李大方“诣岳渎投龙”，其路线从东岳泰山开始，先后前往王屋山、济渎、中岳、西岳，至终南山太乙池（今翠华山天池）而终。在这样的巡礼形式启发下，元宪宗蒙哥即位元年（1251），遣全真掌教李志常“代祀岳渎”，其顺序依次为：北岳恒山（今保定大茂山）、东岳泰山、南岳衡山（于王屋山天坛峰望祭）、四渎（合祭于济源）、中岳嵩山、西岳华山。其后派遣道士代祀岳渎制度成为元廷常例。由于道教禁止血祭，所谓的“致祭”仍以道教斋醮的形式来举行，并在仪式的结尾举行投龙。由此，道教的投龙在此时已经几乎等同于官方的岳渎祭祀了。

令人费解的是，明代投龙在官方记录中消失，反映了国家层面的投龙制度发生了重大改变；不过，明代宫廷与国家仍然依旧举行盛大的道教斋醮仪典，作为斋醮结束单元的投龙仪式实际仍在举行。茅山、罗浮山，以及新晋的皇家道场武当山都有投龙的记载与文物的出土。南京明孝陵、北京明十三陵和湖北钟祥明显陵，则出现了明代特有的陵山投龙，延续时间较长。明亡后，官方投龙正式退出了历史的舞台。

从武当山五龙宫与十三陵出土的玉简来看，灵宝经《赤书玉诀》中的“三元玉简”仍然占据着主导位置，《五方真文》雕刻于玉简背面，则为其他同类文物所未见。

此外，道教内部仪式文本也从另一侧面反映了这一制度变革。投龙不再作为单独的仪式，而是被安插入“散坛”仪式之中举行。“三简”简文与祝文被一起宣读，不再分别举行仪式。可以与此对观的是，就北京十三陵的出土文物所见，分属天、地、水的不同形状的玉璧被同时安封于同一汉白玉石匮之中。

种种迹象表明，明代的投龙不再具有“山川祭祀”的附加意义，而是重新回归为斋醮的结尾部分，并大为简化。

三、澄怀观道——投龙和山川信仰对后世的影响

投龙虽说是一种仪式，其所依凭的世界却无限宽广而深邃，山川无改，天地相交。人于其中，如宗炳所言——“澄怀观道，卧以游之”，“应会感神，神超理得”。

魏晋南北朝时期，朝代更迭频繁，战乱不断，可政治中衰之际，却是文化新生之时。[1]六朝以来，士人精神的内向发展，创造性地将孔子思想中的隐逸观与老庄哲学中的自然观结合起来，同时又融汇了从佛教的因缘和轮回概念中演化而成的心性论，从而超越了以往通过祭祀礼仪和神仙信仰而达成的天人关系，开始将山水天地的自然运化置于人性内在的生动气韵之中，为社会文化的更生赋予了新的意涵。[2]

这一阶段，士大夫阶层形成了一种崇尚隐逸的风尚，选择了居游山川的生活方式，山水文化也开始萌生。“澄怀观道”，成为后世历史中文人们的不懈追求：

> 仍羽人于丹丘，寻不死之福庭。（孙绰《游天台山赋》）
>
> 仰观宇宙之大，俯察品类之盛。（王羲之《兰亭集序》）
>
> 漾百里之清潭，见千仞之孤石。（谢灵运《归途赋》）
>
> 登东皋以舒啸，临清流而赋诗。（陶渊明《归去来兮辞》）

其中，陶渊明作为上述精神的集大成者，开启了士大夫由自然而内观的精神探索。如陈寅恪所说，“既不尽

1 钱穆：《中国文化史导论》，商务印书馆，1994 年，第 148 页。

2 渠敬东：《山林与社会》，《社会》2023 年第 2 期。

同嵇康之自然，更有异何曾之名教”，不再受于“形影之苦”，而以“神辨自然以释之”[1]，从而寻得了一种随顺于自然造化的自处、自洽、自得的安身立命之本。

到了唐代，“洞天福地”焕然出新的语境与怀想，将山水塑造为拓展生命感受、寄托历史情感的载体。这一时期，不仅投龙诗数量可观，如赵居贞在云门山投龙的诗作中，将仪式所反映出的宇宙观完整呈现出来；更重要的是，以王维为代表的文人，开创了将人生之修养与天机之参悟深度结合的传统。于是，山水形成了诗文书画的主导精神，“肇自然之性，成造化之功”，成为后世文人寄情抒怀、守持天心的思想方法。洞天题刻留下了文人的行迹与感怀，历久不灭，其铭记的历史事件与文人情念也随之长存，留与后人观瞻。

宋代以降，越来越多的文人将巡礼山川视为修养自身的重要途径。他们或寻觅历史遗迹，或探寻奇峰洞府，在旅途中留下无数名篇佳作，他们的行迹更逐渐演化为独具特色的文化遗产。随着文士纪游及笔墨传意的兴起，表现洞天福地的绘画在元明之际大量涌现。如元四家之一王蒙的《具区林屋图》，便是洞天福地孕育文人笔墨意象的最佳典范。其后，吴门画派沈周、仇英、文嘉、陆治等，乃至清代四王与四僧的画作，皆从山水之间汲取了人生的真谛，开创出中国文化别具一格的精神天地。

元明以降，江南私家园林兴盛，造景常以假山、叠石象征仙山，还有大量对洞天、桃源以及海上仙山意象的营造，使之成为可居、可游的人间仙境。具有神异特质的仙山灵泉，通过微缩的形式在不同尺度上得以复制。同样，斋室亦是一处与俗世相隔绝的“壶中天地”，是自我独处，净化内心的静修空间。文人往往以书斋清供来象征仙山洞天，其间的陈设文玩，处处皆有山水，物物皆堪神游，由此可见洞天思想对于文人生活的深刻影响。山水世界浸润了个体生命情感，将对生命超越性的追求，转化成为园林山房的品致。无论耸立于天地之中的昆仑，还是远在东海之外的蓬莱，皆可在文人的方寸壶天之中得见。

在中国文明的演化进程中，从山川祭祀到洞天福地，呈现出一条清晰的文化脉络。由投龙仪式的角度观之，即是从以政治整合为核心的国家祭祀系统，转化为以如昆仑等圣地为核心的神圣信仰系统，而后再度国家化的过程。然而，在这一过程中，山川的文化精神内涵被普遍构造和扩展开来，在帝王及其官僚之间、士大夫及文人之间，乃至普罗大众的生活世界中，以祭祀仪式、文化创作和民间节庆活动等各种形态加以组织和呈现。

正如沙畹在《泰山》一书中所说：“中国的山岳俱为神明。她们被看作自然崇拜的力量，有意识地运行着，因而能够通过祭祀致获祯祥，也会为祈祷所动。”[2]山川的文化和精神流淌在中国完整的社会世界中，无所不在，既是中国人的生命养育之所，也是文明的创生和传承基地，更是为人类历史提供未来可能性的文化源泉。

---

1 陈寅恪：《陶渊明之思想与清谈之关系》，《陈寅恪史学论文选集》，上海古籍出版社，1992 年，第 141—142 页。

2 沙畹：《泰山：论一种中国信仰》，秦国帅译，雷阳校，渠敬东、孙向晨主编《山水》第一辑《中国文明与山水世界》，生活·读书·新知三联书店，2021 年，第 2 页。

历代投龙发现地

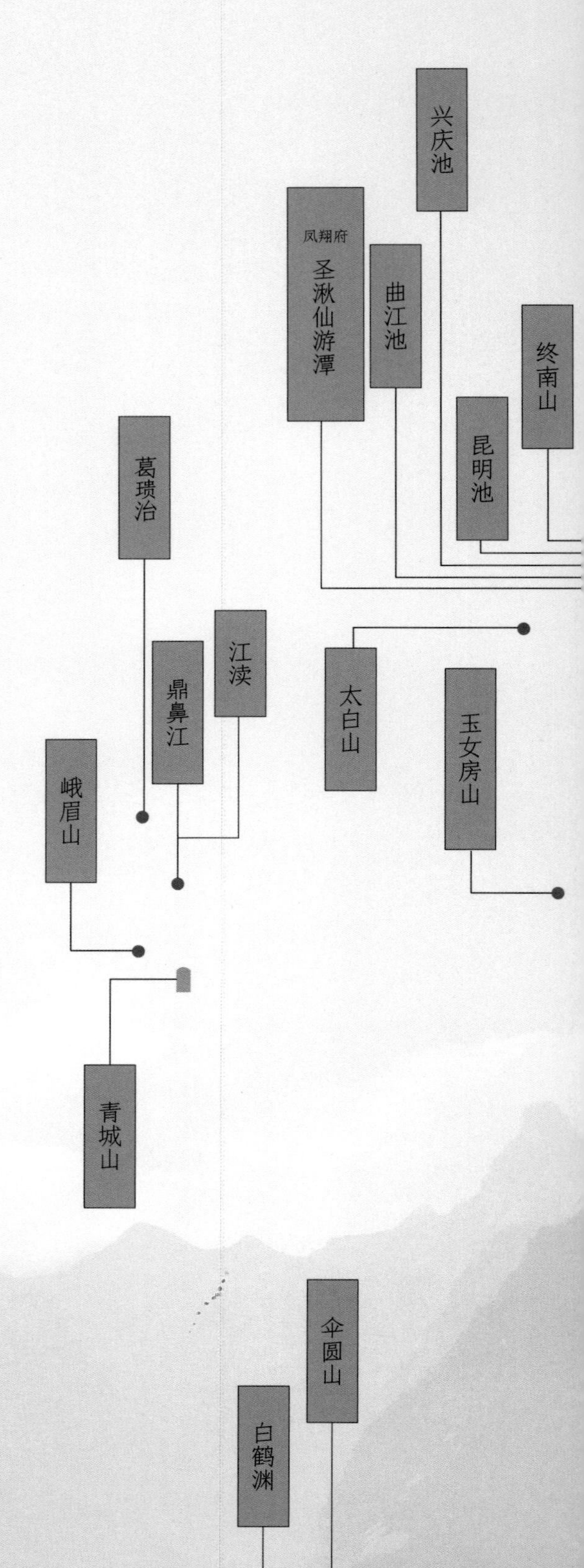

沙井

发现投龙遗物地点

发现投龙题刻地点

发现投龙遗物及题刻地点

有记载的投龙场所

大房山
天寿山
大茂山
肃宁
东海庙
百丈泓龙潭
中条山
晋山
水清池
响堂山
泰山
云门山
仙堂山
龙角山
五老山
润州 金山下水府
张公洞、善卷洞
姜堰天目山
王屋山
济渎
平阳洞
太平州 采石中水府
茅山
华山
西湖
四明山
奉化 隐潭
钟山
武当山
嵩山
淮渎
太湖
林屋洞
歙县 铜井潭
卞山黄龙洞
当阳 金龙潭
远安 金龙洞
德安 金龙洞
江州 马当山上水府
天目山老龙潭
钱塘江
赤城山玉京洞
潜山
休宁 独耸山
大涤洞
天台山三井
金华山
君山
桃源洞
华林山
麻姑山瀑布
庐山
玉笥山
衡山
武夷山
雁荡山
仙都山
括苍山
委羽山
金庭山
阳明洞
射的潭
漓山
西山
鬼谷洞
罗浮山

犁溝
擦耳崖

第一章

山川有灵

先秦秦汉山川祭祀

上古以来，山川就成为崇拜与祭祀的对象。早期山川具有双重神圣性，他们既是国家疆士的象征，代表着不可逾越的边界。又是自然之神，可主水旱、可证盟约、可祷病消疾。先秦时期形成的山川的形象与功能，对后代影响至深。山川祭祀和盟誓仪式中均以玉为先导，辅以车马、牺牲等祭品或沉或埋，或沉或埋。这些具体的制度，也在后代的投龙仪式中得到了沿用。

沉埋牲玉

商周时期的山川祭祀

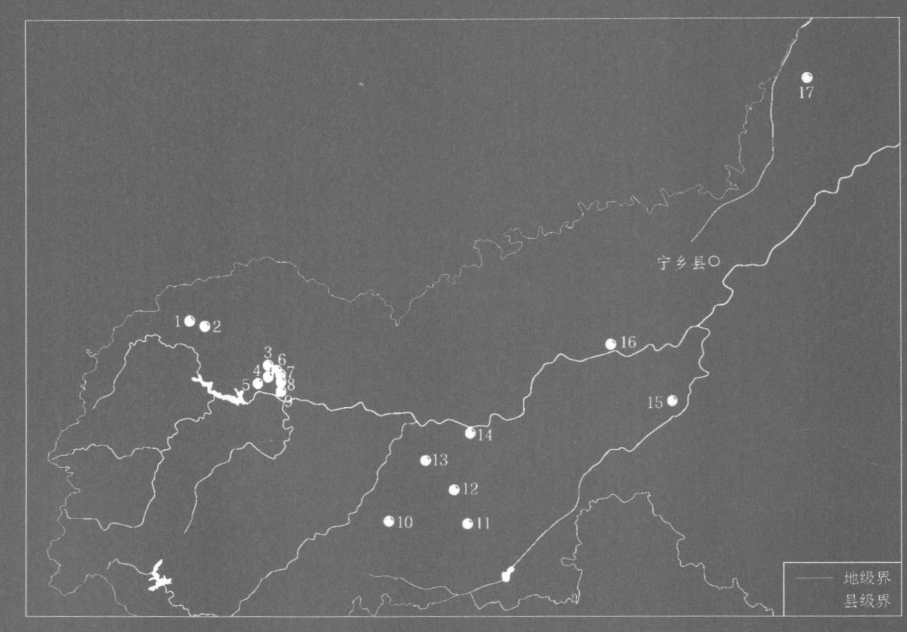

◇ 宁乡出土铜器地点示意图（钟晓青绘）

1. 转耳仑铜铙出土地点
2. 转耳仑铜四羊尊出土地点
3. 水塘湾铜鼎出土地点
4. 寨子山铜人面方鼎出土地点
5. 寨子山铜瓿出土地点
6. 炭河里铜卣、铜瓿出土地点
7. 王家坟山铜卣出土地点
8. 三亩地铜铙出土地点
9. 木梆子山铜器出土地点
10. 陈家湾铜铙出土地点
11. 枫木桥铜钟出土地点
12. 师古寨铜铙出土地点
13. 北峰滩铜铙出土地点
14. 云山铜卣出土地点
15. 坝塘铜鼎出土地点
16. 回龙铺铜卣出土地点
17. 朱良桥铜刀出土地点

《周礼·春官·大宗伯》载："以狸沈祭山林、川泽。""沈"指将贡献投入水中，"狸"即埋，指将祭品瘗埋于坎中。即言祭祀山川，需用埋沉之法。埋沉之物，多为动物牺牲与玉器。从考古发现来看，这一传统至少可以上溯到商周时期。

20 世纪以来，湖南宁乡、浙江安吉、辽宁喀左等地多次发现青铜器。这些器物或放置于祭坎之中，或与玉器伴出，且器物往往形制特异，制作精美。李零指出，这些器物并非以往所简单认为的"铜器窖藏"。其中，如湖南宁乡曾出土有造型优美的四羊方尊、含义神秘的虎食人卣、带"大禾"铭文的人面方鼎，装满玉器的铜卣，装有 224 件铜斧的铜瓿等。它们都发现于河湖岸边和山头山脚，应是古代沉埋祭祀的遗迹。在浙江安吉，曾出土过尺寸硕大的青铜龙盘、造型特殊的青铜器与玉器等，其出土地点位于渡口、山腰附近。又如，辽宁喀左的大凌河畔，其所谓"窖藏"多开凿于河川沿岸丘陵地带的山顶。这些也应是具有类似性质的祭祀遗存。上述种种，正可视作后世投龙于山川的前序。

以血祭祭社稷、五祀、五岳，以狸沈祭山林、川泽，以副辜祭四方、百物。

——《周礼·春官·大宗伯》

天子授河宗璧。河宗伯夭受璧，西向沉璧于河，再拜稽首。祝沉牛马豕羊。

——《穆天子传》

湖南宁乡·三亩地

三亩地位于寨子山南坡。1973 年，村民郭福大在距地表 30 厘米处，发现一个约 150 厘米长、100 厘米宽的椭圆形土坑。坑内发现兽面纹铜铙一件与玉器多件，玉器有玉环、玉块、玉觿、玉兽等。

◇ 内贮玉觿、玉兽等的兽面纹铜铙

①

① 商　玉觿

长 3.7 厘米，宽 1.6 厘米，厚 0.2 厘米

② 商　玉兽

长 7.1 厘米，宽 2.4 厘米，厚 0.3 厘米

1973 年湖南省宁乡市三亩地出土
湖南博物院藏

②

湖南宁乡·寨子村

1959年5月，湖南省宁乡市黄材镇寨子山遗址出土兽面纹铜瓿一件，出土时内有224件铜斧，发现地点距炭河仅1千米许。

内贮224件铜斧的兽面纹铜瓿

商　兽面纹铜瓿

高44厘米，口径23厘米，腹径38厘米

商　铜斧

长8.4厘米，銎径4.3厘米，刃宽5.9厘米

湖南省宁乡市黄材镇寨子村出土
湖南博物院藏

湖南宁乡·王家坟山

1970 年，湖南省宁乡市黄材镇寨子大队的群众在开荒时，于王家坟山发现一件写有“戈”字铭文的商代提梁卣，内贮玉器三百二十余件，包括玉龙、玉猪、玉玦、玉管等。

◇ 内贮玉器三百二十余件的“戈”字商代提梁卣

① 商 玉环

外径 10.6 厘米，内径 6.7 厘米

② 商 玉玦

外径 7.1 厘米，内径 3.4 厘米

③ 商 玉猪

长 6.8 厘米，高 2.1 厘米

1970 年湖南省宁乡市黄材镇王家坟山出土
湖南博物院藏

①

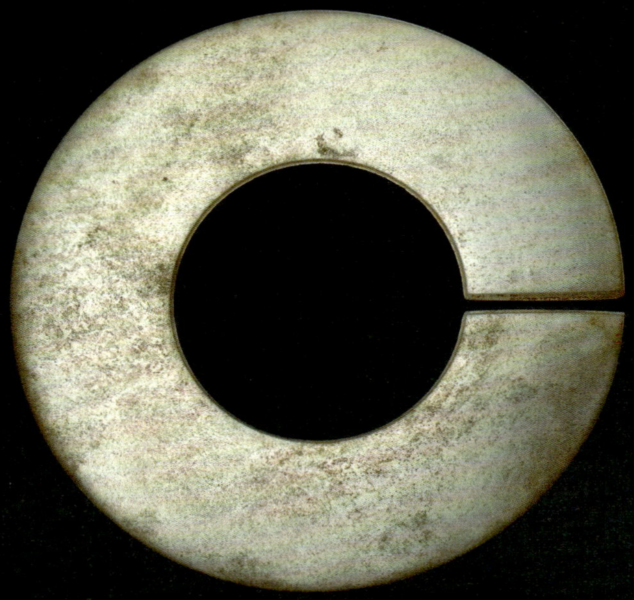

②

③

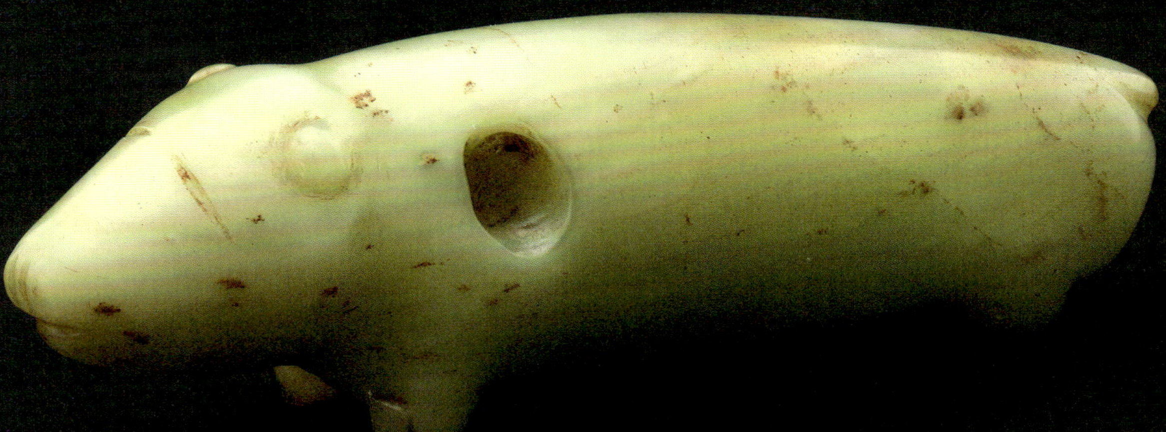

浙江安吉·周家湾

1976 年，浙江省安吉县三官乡周家湾村民在西苕溪万华渡口西北发现一批青铜器和玉器。青铜器包括鼎、觚、爵、案足等，玉器包括器柄、璜、环、珠等。发现地点为一处较矮的土墩，器物埋藏深度略低于现地面。

商　铜案足（一组四件）

通高 10.4 厘米，足底宽 6.5 厘米，足宽 3.5 厘米
1976 年浙江省安吉县三官乡出土
安吉县博物馆藏

商　兽面纹铜鼎

通高 20.2 厘米，口径 15.7 厘米
1976 年浙江省安吉县三官乡出土
安吉县博物馆藏

商　铜觚

通高 27 厘米，口径 18 厘米，底径 8.8 厘米
1976 年浙江省安吉县三官乡出土
安吉县博物馆藏

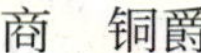

商　铜爵

通高 19.1 厘米
1976 年浙江省安吉县三官乡出土
安吉县博物馆藏

铜觚铭文

商　玉环

环高 2.1 厘米，外径 5.2 厘米，内径 3.9 厘米
1976 年浙江省安吉县三官乡出土
安吉县博物馆藏

商　龙形玉璜

残宽 8.5 厘米，高 1.6 厘米，厚 0.2 厘米
1976 年浙江省安吉县三官乡出土
安吉县博物馆藏

商　嵌绿松石圆雕兽面纹石器柄

通高 7.8 厘米
1976 年浙江省安吉县三官乡出土
安吉县博物馆藏

圆柱形，中有孔，通体刻三组纹饰。上为两组兽面纹，中间为旋涡纹，下饰一组兽面纹，底刻旋涡纹，一侧兽面纹仅存一绿松石镶嵌于眉处。兽面是古人想象中怪兽的面部，将其刻画在器物上所形成的纹饰称兽面纹。

商　玉珠

长 2.5 厘米，径 1.1 厘米
1976 年浙江省安吉县三官乡出土
安吉县博物馆藏

商　玉管

长 2.3 厘米，径 1.0 厘米
1976 年浙江省安吉县三官乡出土
安吉县博物馆藏

商　绿松石珠（一组四件）

长 0.4 厘米—0.7 厘米
1976 年浙江省安吉县三官乡出土
安吉县博物馆藏

浙江温岭·琛山乡

1984年，浙江省温岭县琛山乡（今属温岭市温峤镇）莞渭童村下望头山半山腰出土一件青铜盘。发现时，青铜盘呈平放状态，四周散布着用于塞垫的碎石。

◇ 商　青铜夔纹蟠龙盘

高 26 厘米，口径 61.5 厘米，沿宽 3 厘米
1984 年浙江省台州市温岭市琛山乡出土
温岭市博物馆藏

圆腹圈足。龙身呈顺时针盘坐，饰菱形纹、三角纹。龙头竖两角，龙眼似“臣”字形，双目圆睁。此盘也是目前可见唯一一件在盘心以高浮雕铸昂首龙的商代铜盘。

辽宁朝阳·喀左

1941 年以来，辽宁喀左大凌河畔多次出土青铜器。出土地多位于河川沿岸的丘陵地带，上覆石板，下藏铜器，应即祭坎。

喀左出土铜器中，既有商代孤竹国和箕国铜器，又有西周初年燕国的铜器。李零指出，这里应是长城以北很有传统的祭祀中心。

◇ 喀左出土铜器的地点（钟晓青绘）

◇ 喀左祭坎

◇ 卷体夔纹蟠龙罍
平房子乡北洞孤山窖藏
辽宁省博物馆藏

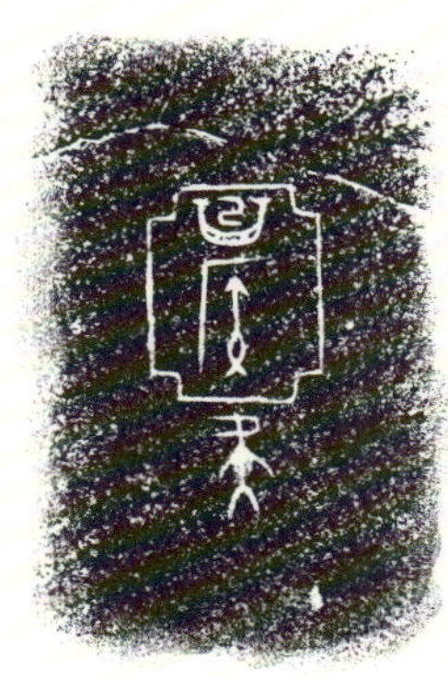

◇ 㝬鼎
平房子乡北洞孤山窖藏
辽宁省博物馆藏

◇ 兽耳衔环罍
平房子乡北洞孤山窖藏
辽宁省博物馆藏

山西侯马

除了山川祭祀，在个人的卜筮、祭祷、盟誓等行为中，也往往使用沉埋牲玉的方式。如侯马盟书为1965年至1966年于山西省侯马市秦村盟誓遗址出土的玉片文物，共五千余件，伴随发现有大量牺牲。出土玉片大多数为圭形，另有圆形及不规则形。盟书以毛笔书写，大多为朱书，也有墨书。玉片上的文字记录着春秋时期晋国卿大夫订盟誓约的言辞，盟主应为晋国世卿赵鞅。盟书一式二份，一份藏在盟府（保存盟约文书的机构），一份埋于地下或沉在河里，以取信于神鬼。盟书文字中常有“岳公”字样，有学者认为应是指晋国的太岳（霍山）山神，或与晋国的太岳崇拜有关。

正面

反面

春秋　侯马盟书

长17.4厘米
1965年—1966年山西省侯马市秦村出土
山西博物院藏

春秋　侯马盟书

长 8.1 厘米
1965 年—1966 年山西省侯马市秦村出土
山西博物院藏

春秋　侯马盟书

长 7.6 厘米
1965 年—1966 年山西省侯马市秦村出土
山西博物院藏

春秋　侯马盟书

长 11 厘米
1965 年—1966 年山西省侯马市秦村出土
山西博物院藏

国主山川

东周秦汉山川的政治寓意

东周以来，山川成为国家合法性的象征。诸侯国皆有本国的重要山川，是最高等级的祭祀对象。

秦统一后，拣选诸侯国山川，合为一套祭祀体系。秦的山川东西二分：崤山以东以嵩山、恒山、泰山、会稽山、湘山为名山，济水、淮水为大川；崤山以西以华山、薄山、岳山（垂山）、岐山、吴岳（吴山）、鸿冢、渎山（岷山）为名山，河水、沔水、湫渊、江水为大川。秦始皇巡游天下，封泰山、禅梁父，又亲祠会稽山、峄山、之罘山、碣石山，留下了诸多刻石。他还开启了泰山封禅的传统，为后代君王继承与模仿。

西汉中期以来，国家祭祀中"五岳四渎"的格局逐渐定型。五岳是东岳泰山、南岳衡山、西岳华山、北岳恒山、中岳嵩山，四渎是江、河、淮、济。五岳四渎镇守四方与中央，是大一统王朝的地理标志，素为帝王所重，历代享祀不绝。

除了国家祭祀中的山川，各地山川继承了先秦以来的地位与意义。山川可兴云致雨，佑护一方，是地方的自然象征。因此，各地官员也都重视本地山川的祭祀。与国家祭祀不同，地方的山川祭祀参与者众，以更为丰富灵活的方式展开。

山有朽壤而崩，可若何？国主山川。故山崩川竭，君为之不举，降服，乘缦，彻乐，出次，祝币，史辞以礼焉。

——《左传·成公五年》

（元鼎元年）六月。得宝鼎于河东汾水上。荐见于宗庙。藏于甘泉宫。鼎大八尺一寸。高三尺六寸。

——《前汉纪》

郡国往往于山川得鼎彝，其铭即前代之古文。

——《说文解字·序》

秦汉山川祭祀图

碣石山
碣石刻石 前215年
三公山
三公山神碑 79年
祀三公山碑 117年
三公之碑 181年
封龙山
封龙山颂碑 164年
无极山
无极山碑 181年
白石山
白石神君碑 183年
之罘山
东观刻石 前218年
之罘刻石 前218年
湫渊
诅楚文 战国
恒山
泰山
泰山刻石 前219年
琅琊台
琅琊刻石 前219年
湫渊
河水
济水
鸿冢
吴岳（吴山）
华山
嵩山
岐山
岳山（垂山）
薄山
汧水
淮水
峄山
峄山刻石 前219年
会稽山
会稽刻石 前210年
会稽山
渎山（岷山）
江水
湘山
九疑山
“华以西”的秦国名山
“华以西”的秦国名川
“崤以东”的六国名山
“崤以东”的六国大川
秦始皇第五次巡游路线

泰山

1954 年，山东省泰安市城西南的东更道村发现战国时代的六件铜缶和一件铁盘。器物埋藏于 3.9 米深的土坑中，每件间隔 3.45 米，东西呈直线整齐排列。发现地北面恰与泰山主峰日观峰相对，应为战国时代祭祀泰山的遗存。

东更道遗址出土铜缶中，有两件有铭。其中，缶盖口沿刻铭为“楚高”，器口沿刻铭为“右冶尹”。铜缶器形与战国晚期的楚式盥缶相同，纹饰亦与楚器相近，但铭文字体属燕，疑为燕取楚器而用之。

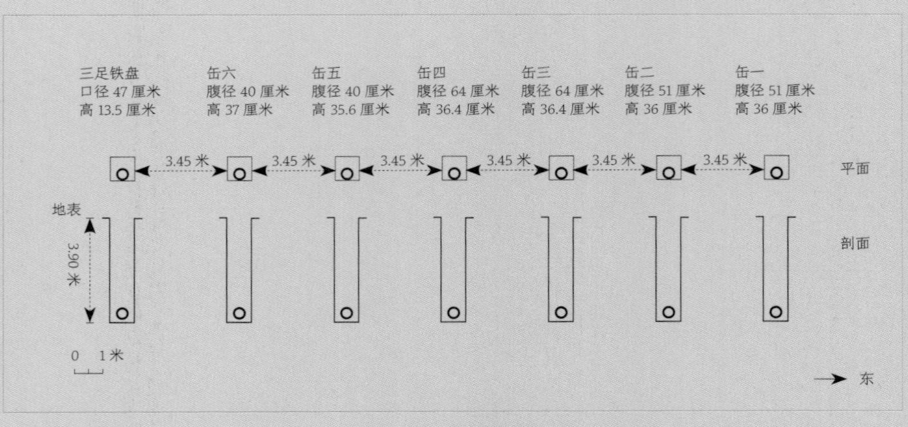

◇ 泰山南天门

战国　铜缶

腹径 64 厘米，高 36.4 厘米
1954 年山东省泰安市东更道村出土
山东博物馆藏

龜歲壹紀
化化民父更清
小遲復乃鄉軌誅
延壽長壯京卷宴
封宣參山新室昌

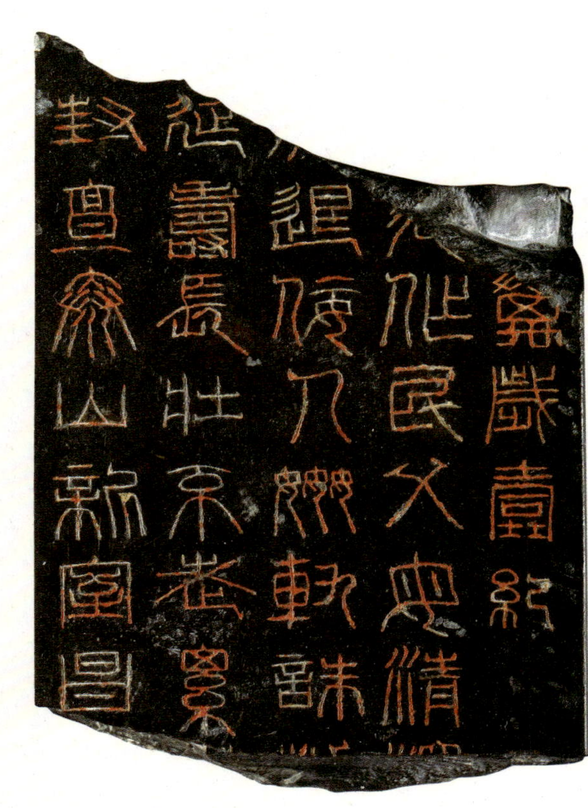

◇ 新莽　玉牒

残长 13.8 厘米，宽 9.4 厘米，厚 2.7 厘米
2001 年汉长安城桂宫第四号建筑遗址出土
中国考古博物馆藏

2001 年汉长安城桂宫第四号建筑遗址出土。玉牒为青石制作，黑色。通体磨光。牒文阴刻、篆隶书，残留刻文五行，存二十九字，字口涂朱。内容为："……万岁壹纪……作民父母，清……退佞人奸轨，诛……延寿，长壮不老，累……封亶泰山，新室昌……"玉牒为王莽封泰山所制，他曾四次计划封禅泰山未成。玉牒本应秘藏于泰山之巅，却因新朝战火而湮没于长安城的废墟之中。

华山

黄甫峪遗址位于陕西华山之东的黄甫峪口，西距华山西山口约 1.5 千米，北距西岳庙约 5 千米，遗址面积 2 万余平方米。

从位置来看，该遗址应是《水经注·河水注》中所记的祭祀华山的“中祠”，即汉代以前的太华山祠所在。

1993 年出土战国时期秦国祭祀华山的秦骃祷病玉版和玉璧、玉圭。东汉延熹八年（165）的《西岳华山庙碑》中所记载的汉武帝在华山下兴建的“集灵宫”，可能就位于黄甫峪遗址。

1993 年陕西华山黄甫峪出土秦骃玉版，同时还出土有玉璧、玉圭等。玉版共两件，皆用墨玉制成。甲版正面刻铭，背面朱书。乙版正反两面均为朱书。两版主要记载了秦王“骃”在久病不愈后，向“华太山”祈祷，希望神灵宽恕他的罪过，让他早日痊愈。秦骃在所愿得偿后，还愿华山神，并献上祭品。祭品以玉器为先导，以牛、羊、豕、车马为祭品，埋于华山。该玉版是研究古代祷病礼俗和山川祭祀的早期实物。

又（有）秦曾孙孪＝（小子）骃，曰：孟冬十月，氒（厥）气𤸫（败）周（凋）。余身曹（遭）病，为我戚忧。忠＝（呻呻）反昃（侧），无闲无瘳。众人弗智（知），余亦弗智（知），而靡又（有）鼎（停）休。吾窮（穷）而无奈之可（何），永（咏）戁（叹）忧盩（愁）。周世既叟（没），典灋（法）蘚（散）亡，惴＝（惴惴）孪＝（小子），欲事天地、四亟（极）、三光、山川、神示（祇）、五祀、先祖，而不得氒（厥）方。羲（牺）豭既美，玉匹（糈）既精，余毓子氒（厥）惑，西东若惷。东方又（有）士姓，为刑灋（法）氏，其名曰陉，洁可以为灋（法），净可以为正。吾敢告之余无辠（罪）也，使明神智（知）吾情。若明神不至其行，而无辠（罪）前（遣），友（宥）刑，贎＝（贤贤）桑（烝）民之事明神，孰敢不清（精）？孪＝（小子）骃敢以芥（介）圭、吉璧、吉丑（钮），以告于荦（华）大＝山＝（大山。大山）又（有）赐，入月已吾腹心以下至于足骭之病能自复如故。请有司用牛羲（牺）贰，亓（其）齿七，洁，囗及羊、豕，路车四马，三人壹家（驾），壹璧先之。囗囗用贰羲（牺）、羊、豕，壹璧先之。而覆（覆）荦（华）大（太）山之阴阳，以通㲻＝咎＝（休咎，休咎）囗囗，亓（其）囗囗里。枼（世）万子孙，以此为尚。句（后）令孪＝（小子）骃之病自复，故告大令、大将军，人壹囗，囗王室相如。

战国　秦骃玉版甲版（左图）

纵 23.2 厘米，宽 4 厘米，厚 0.5 厘米—0.7 厘米

战国　秦骃玉版乙版（右图）

纵 23 厘米，宽 3.9 厘米，厚 0.5 厘米

1993 年陕西省华山市黄甫峪出土

上海博物馆藏

清康熙三十九年（1700）《太华全图碑》

清拓本

纵 131 厘米，横 67 厘米
浙江省博物馆藏

原碑现藏于西安碑林博物馆，刊刻于清康熙三十九年（1700）。三秦观察使河东贾铉为祈雨而攀登华山，至最高点南峰，之后作诗纪事。图中所刻的山形、祠宇、道路等的布局、形态及相互间的距离均较准确，是一幅珍贵的早期华山旅游示意图。

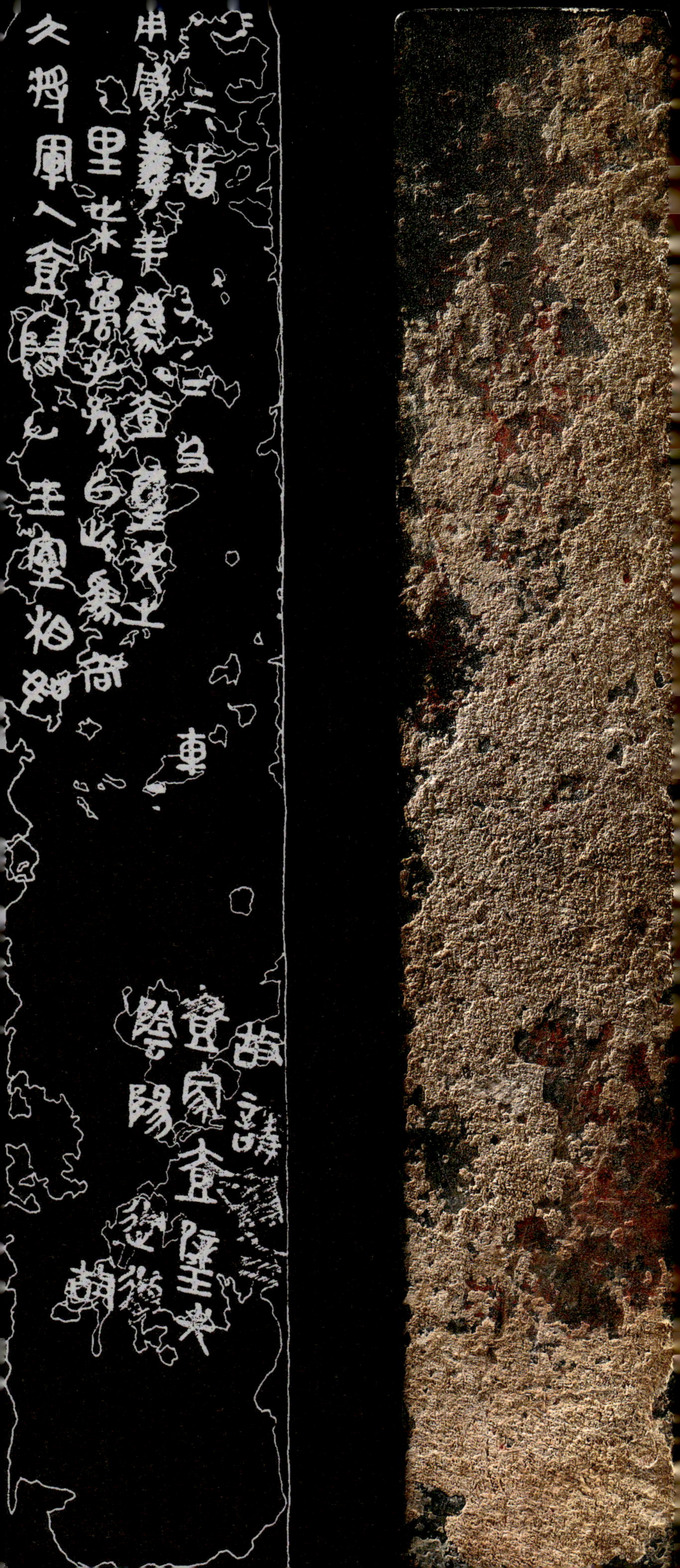

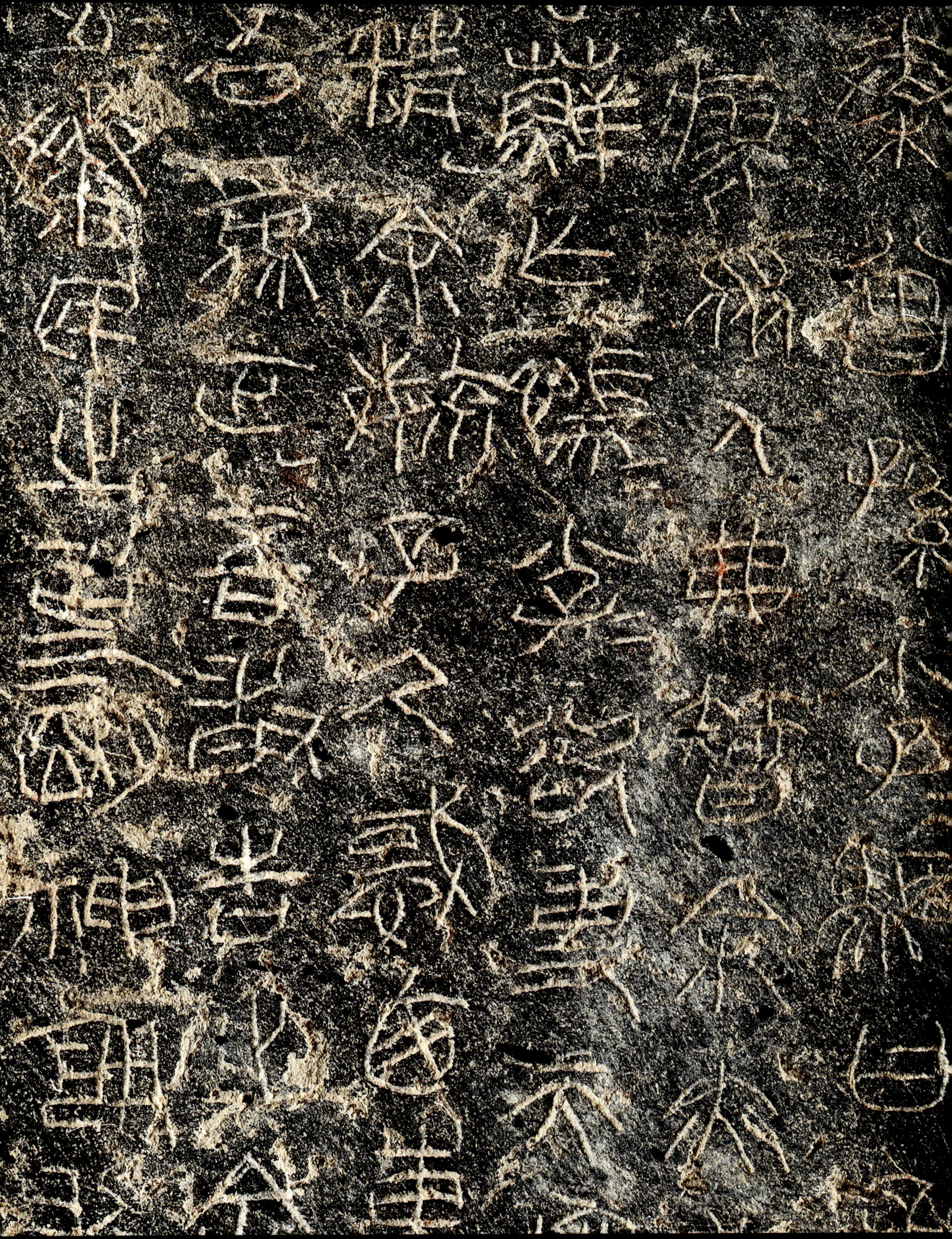

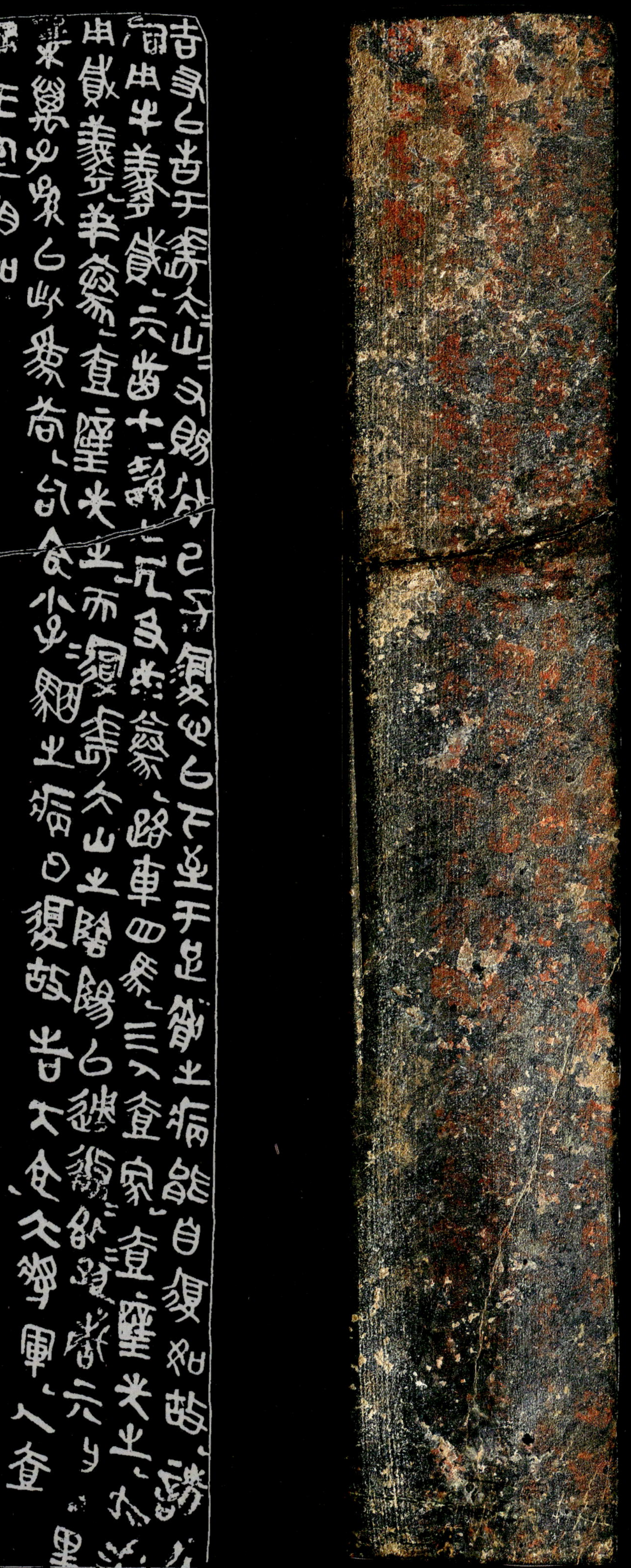

①
③
②
④

⑤

⑦

⑥

战国—西汉　玉璧

① 外径 14.1 厘米，内径 4.8 厘米
② 外径 13.9 厘米，内径 3.9 厘米
③ 外径 14.1 厘米，内径 4.5 厘米
④ 外径 14.5 厘米，内径 4.3 厘米
⑤ 外径 13.5 厘米，内径 5.3 厘米
⑥ 外径 13.3 厘米，内径 5 厘米
⑦ 外径 10.6 厘米，内径 3.2 厘米
1993 年陕西省华山市黄甫峪出土
西岳庙博物馆藏

《周礼》中有“以苍璧礼天”之说，杜光庭《投龙简仪》也提到“璧者，礼天地山川之宝也”。秦骃玉版铭文谓“(小子)骃敢以芥(介)圭、吉璧、吉丑(钮)，以告于华大(太)山”，且埋祭牲之前，需要“壹璧先之”，均可证玉璧在祭祀仪节中的重要角色。这七件玉璧据传同出于黄甫峪，应与华山祭祀有关。

西汉 “与华无极”瓦当（两件）

直径 16 厘米
西岳庙博物馆藏

瓦当中的“华”即华山。“华”字上从山，与秦骃玉版“华大（太）山”之“华”构形一致，是华山之“华”的表意字。

◇ 东汉 《西岳华山庙碑》四明本（右页）

纵 173.5 厘米，横 84.7 厘米
故宫博物院藏

延熹八年（165）立。碑旧在陕西华阴西岳庙中，明嘉靖三十四年（1555）毁于地震。额篆“西岳华山庙碑”六字，碑文共二十二行，满行三十八字，前部叙述修庙、祭祀华山神的原因以及汉代诸帝要求依时节祭祀山川之神的意义；中间为赞辞，四字一句，赞颂华山神。最后为第三部分，记载当地官员的姓名职官。碑文中记载华山庙“宫曰集灵宫，殿曰存仙殿，门曰望仙门”。

西嶽華山廟碑

漢延熹華岳碑宋拓本

宫日集靈宫殿日存仙殿門日望仙門

宫日集灵宫，殿日存仙殿，门日望仙门

吴山

吴山祭祀遗址位于陕西省宝鸡市陈仓区新街庙镇的台地上，遗址范围有8万平方米，目前发现有94座祭祀坑。出土祭祀玉器组合和马骨，以及车马器、农具等。

关于此处遗址的性质，学者曾推测可能是“吴阳下畤”。近来学者根据遗址出土车马器推测，遗址年代上限应早至春秋，并非秦人所设之畤。东周时期，山川祭祀同样是国家祀典的重要内容。综合吴山祭祀遗址年代、所处位置，此处应即秦国祭祀吴山的遗存。

◇吴山主峰 / 熊长云 / 摄

战国—西汉　铁锸

长 14.2 厘米，宽 7 厘米，厚 2 厘米
2018 年陕西省宝鸡市陈仓区吴山遗址出土
宝鸡市陈仓区博物馆藏

战国—西汉　玉琮

长 7 厘米，宽 7 厘米，厚 2.8 厘米
2018 年陕西省宝鸡市陈仓区吴山遗址出土
宝鸡市陈仓区博物馆藏

◇ 吴山祭祀遗址（局部）

战国—西汉　男玉人

长 13 厘米，宽 3 厘米，厚 1.3 厘米
2018 年陕西省宝鸡市陈仓区吴山遗址出土
宝鸡市陈仓区博物馆藏

战国—西汉　女玉人

长 10.8 厘米，宽 1.5 厘米，厚 1.3 厘米
2018 年陕西省宝鸡市陈仓区吴山遗址出土
宝鸡市陈仓区博物馆藏

湫渊

历史上，湫渊是秦国举行国家山川祭祀的场所。《史记·封禅书》记载，秦国四大名川为“河（黄河），祠临晋；沔（汉水），祠汉中；湫渊（朝那湫），祠朝那；江水（长江），祠蜀”。

战国后期秦楚争霸激烈，秦王祭祀湫渊，祈求湫渊的水神“大沉厥湫”保佑秦国获胜，诅咒楚国败亡，因称《诅楚文》。

《诅楚文》为战国时期秦国的石刻文字，北宋时发现三块，根据所祈神名分别命名为“大沉厥湫”“巫咸”“亚驼”。其中“大沉厥湫”石刻，北宋治平年间出土于朝那湫（位于今宁夏回族自治区固原市），即战国秦汉间的湫渊所在。

◇ 湫渊遗址　李零　摄

战国 《诅楚文·湫渊》元拓本

纵 32.4 厘米，横 40.8 厘米
故宫博物院藏

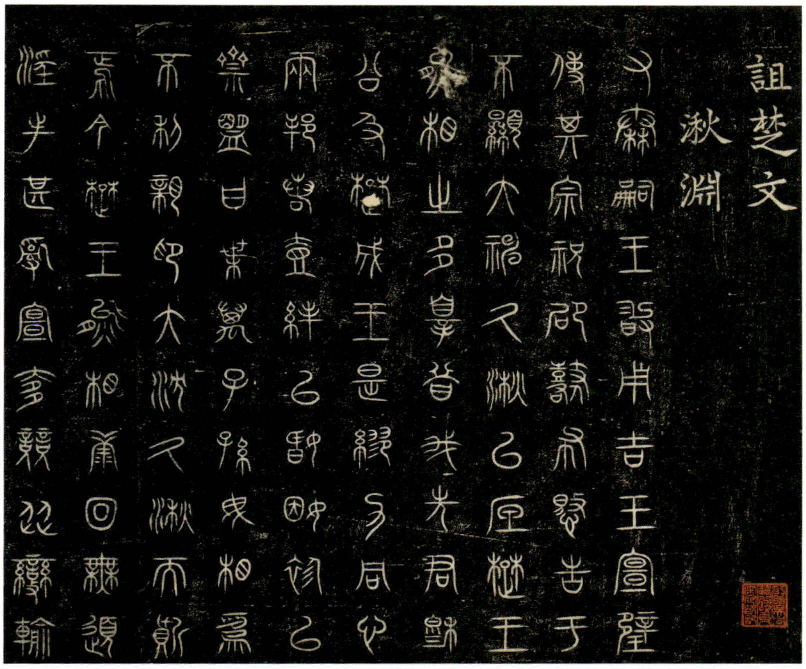

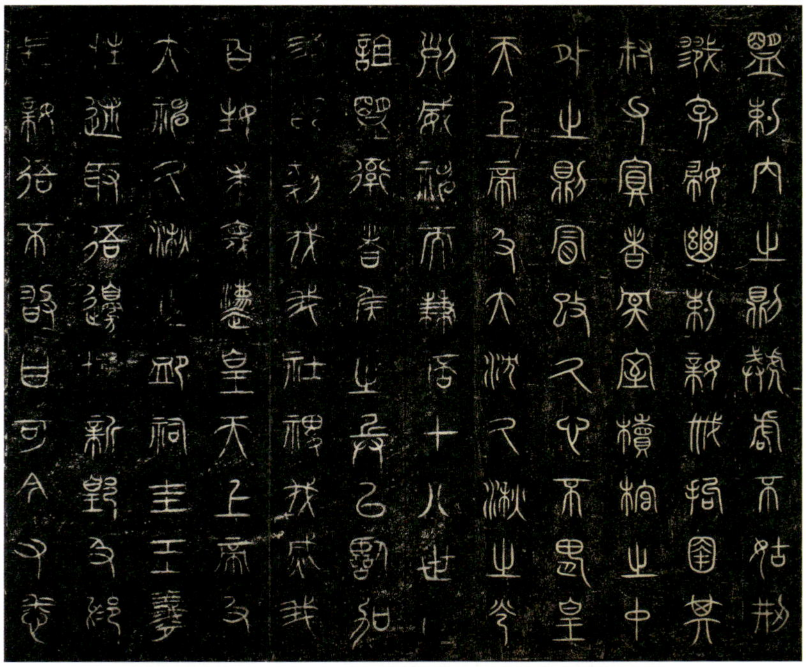

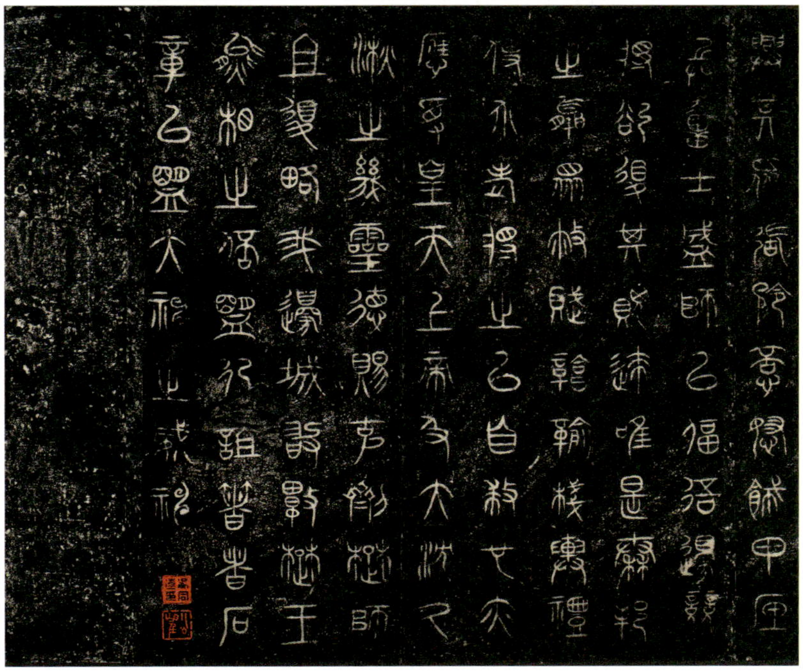

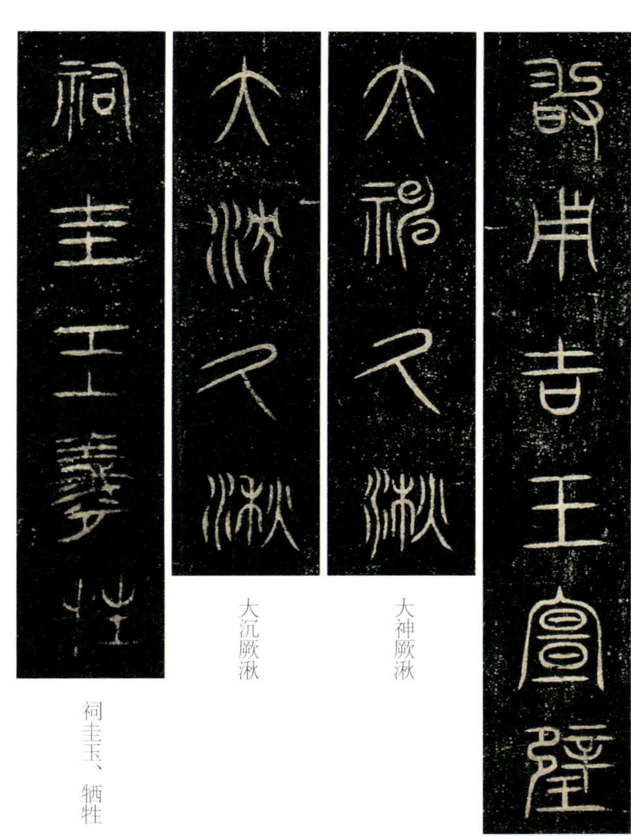

敢用吉玉宣璧

大神厥湫

大沉厥湫

祠圭玉、牺牲

◇ 湫渊庙遗址 李零 摄

秦·东巡名山

秦始皇统一六国后，数次出巡各地，群臣刻石颂德，共有七处，即“秦七刻石”，分别为《峄山刻石》(前219年)、《泰山刻石》(前219年)、《琅琊刻石》(前218年)、《之罘刻石》(前218年)、《东观刻石》(前218年)、《碣石刻石》(前215年)和《会稽刻石》(前210年)。相传均由秦相李斯以小篆写成。秦七刻石原石大多毁损无存，属于秦代原刻者，仅存《泰山刻石》和《琅琊刻石》残石。此外，《峄山刻石》原在山东邹县峄山，早年已毁，有南唐徐铉摹本，北宋刻于长安，元代以长安本复刻于绍兴。《会稽刻石》原在浙江绍兴秦望山，早年已毁，元代以旧拓本复刻于绍兴，清代再次重刻。

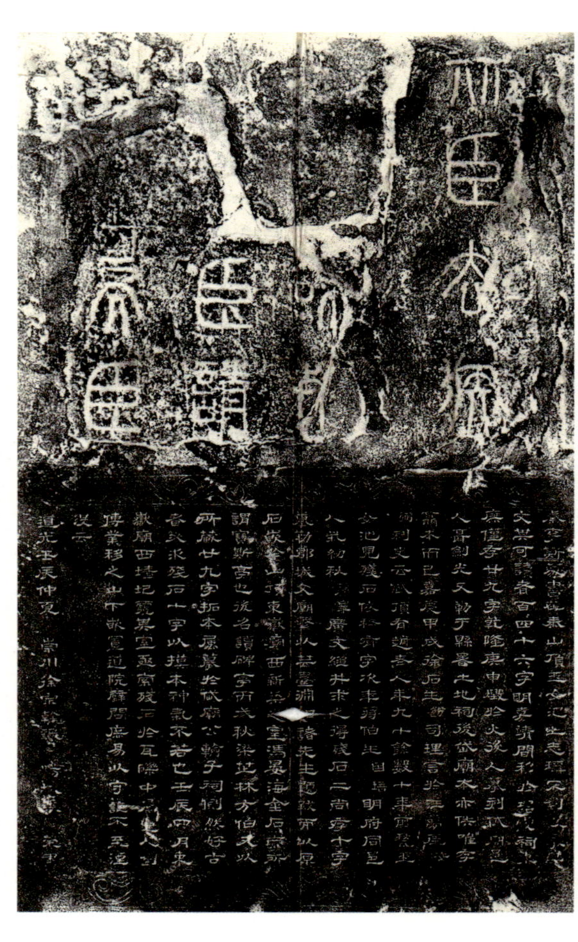

秦　《泰山刻石》清拓本（局部）

纵109厘米，横45.5厘米

浙江省博物馆藏

秦　《琅琊刻石》清拓本

纵82厘米，横68.5厘米

浙江省博物馆藏

秦 《峄山刻石》复刻本民国拓本

纵 199 厘米，横 103 厘米

浙江省博物馆藏

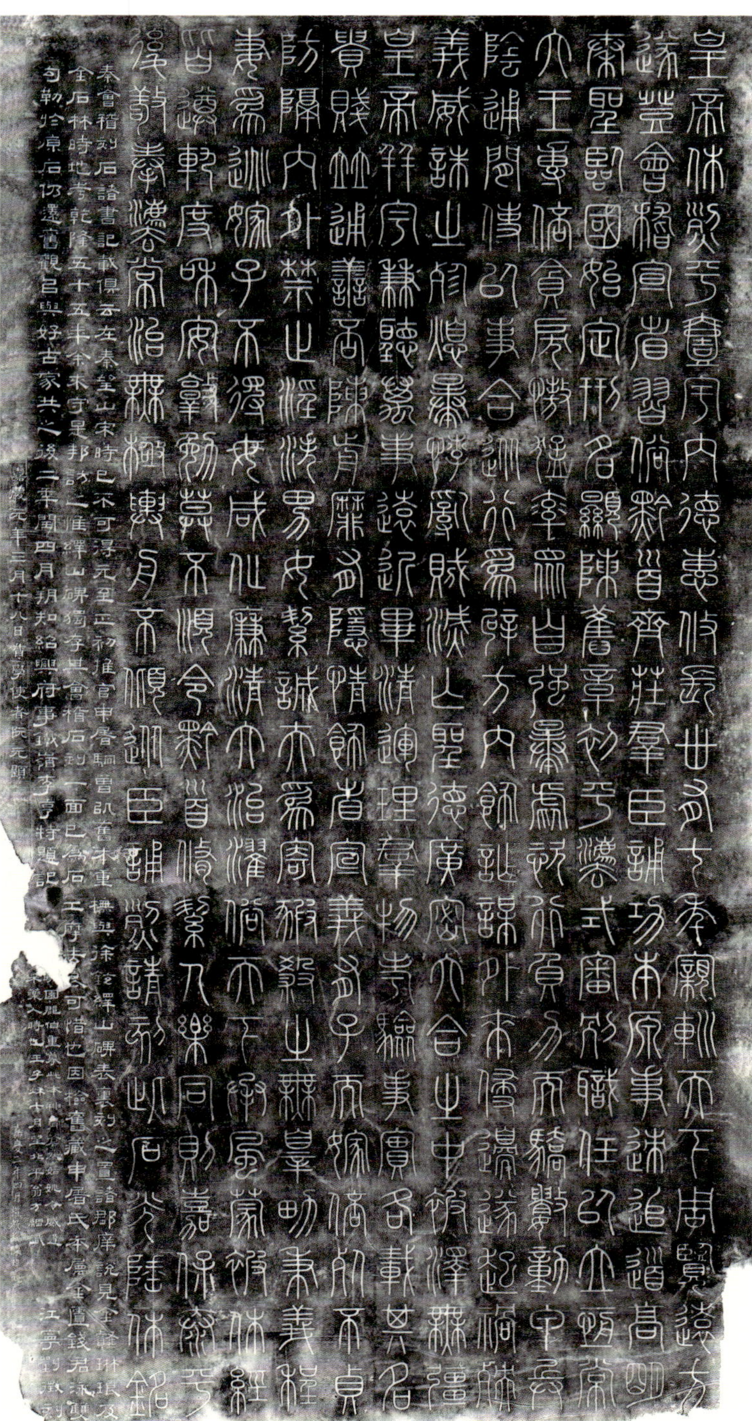

秦 《会稽刻石》复刻本民国拓本

纵 199 厘米，横 103 厘米

浙江省博物馆藏

汉·常山国名山

西汉惠帝七年（前 188）初置常山国，惠帝封三子刘不疑为常山王，都城元氏（今河北元氏县殷村镇故城村）。其后两次废国为郡。东汉永平十五年（72），明帝封皇子刘昞为常山王，都城元氏，常山郡复为国。

常山国的统治范围涵盖今河北中部，境内分布有恒山（即常山）余脉。常山国的统治者将三公山、封龙山、灵山、白石山等作为祭祀的对象，祈求风调雨顺、国泰民安。目前可见有东汉元初四年（117）《祀三公山碑》、东汉光和四年（181）《三公之碑》、东汉延熹七年（164）《封龙山颂碑》、东汉光和六年（183）《白石神君碑》等碑刻文献。

①

②

① 东汉 《祀三公山碑》清拓本

纵 146 厘米，横 70 厘米
浙江省博物馆藏

② 东汉 《封龙山颂碑》清拓本

纵 155 厘米，横 88 厘米
浙江省博物馆藏

③ 东汉 《三公之碑》清拓本

纵 181 厘米，横 97 厘米
浙江省博物馆藏

④ 东汉 《白石神君碑》清拓本

纵 178 厘米，横 77 厘米
浙江省博物馆藏

③ ④

吴·国山

吴天玺元年（276），吴末帝孙皓派遣官员至吴兴郡阳羡县的国山（离墨山）举行禅礼，并在山上树立了《禅国山碑》。碑石如鼓，四面环刻，四十三行，满行二十五字。内容除了为孙皓歌功颂德之外，还罗列了麟、凤、龟、龙、青猊、白虎、丹鸾、嘉禾、甘露等一百多种祥瑞。

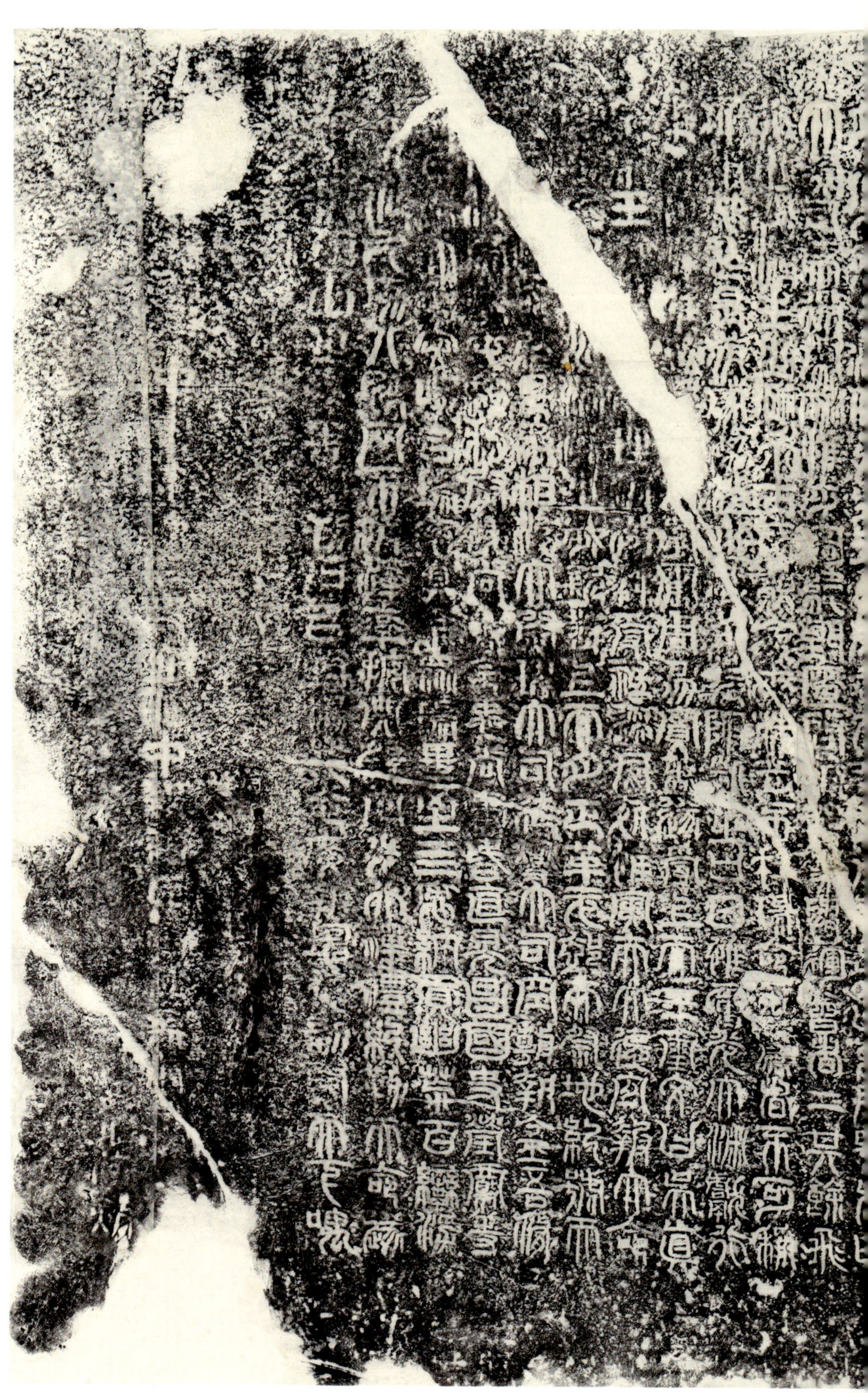

吴 《禅国山碑》清拓本

纵 186 厘米，横 299 厘米
浙江省博物馆藏

高山祠畤

秦汉国家祭祀的山川背景

名称	始建时间	祭祀对象	推测遗址位置
鄜畤	秦文公十年（前 756）	白帝	蔡阳山遗址
密畤	秦宣公四年（前 672）	青帝	下站遗址
吴阳上畤	秦灵公三年（前 422）	黄帝	血池村遗址
吴阳下畤	秦灵公三年（前 422）	炎帝	北斗坊遗址
北畤	汉高祖二年（前 205）	黑帝	地望待考

祠畤是秦汉国家祭祀的重要组成部分，同样与山川关联密切。

大体而言，秦汉祠畤可分为东西两系。西土以秦地的“雍五畤”为核心，东土以齐地的“八主祠”为核心。李零指出，所谓“畤”，最初含义是郊祀上帝之所。古人祭祀的所谓上帝，乃各族血缘所出的始祖，即各族的族神，如太昊、少昊、黄帝、炎帝、颛顼，又称五帝。“八主祠”位于齐地，分别祭祀天主、地主、兵主、阴主、阳主、月主、日主、四时主。王睿指出，八主祭祀体系不同于祖先崇拜，是基于人、人所依赖的自然环境以及人在自然环境中的地位所创造的神明体系。

祠畤祭祀对象虽各有不同，但究其共通之处，均与山川存在或近或远的关系。《史记·封禅书》：“盖天好阴，祠之必于高山之下，小山之上，命曰‘畤’。”可见“畤”的设立依附于“高山”。而八主祠中的六祠，均选择在齐地名山进行祭祀。且从总体布局来看，八主祠如众星拱月一般环绕泰山。泰山是五岳之首，统领天下名山大川，在秦汉祀谱中地位最高。泰山应被视作八主祠的中心。

战国秦汉对于五帝、八主等祭祀“神圣空间”的选址，同样体现出山川对于古人观念根深蒂固的影响。这类祭祀遗存的不断发现，亦可与文献互证，揭示战国秦汉国家祭祀仪典的具体面貌。

雍城周围祭祀遗址分布图

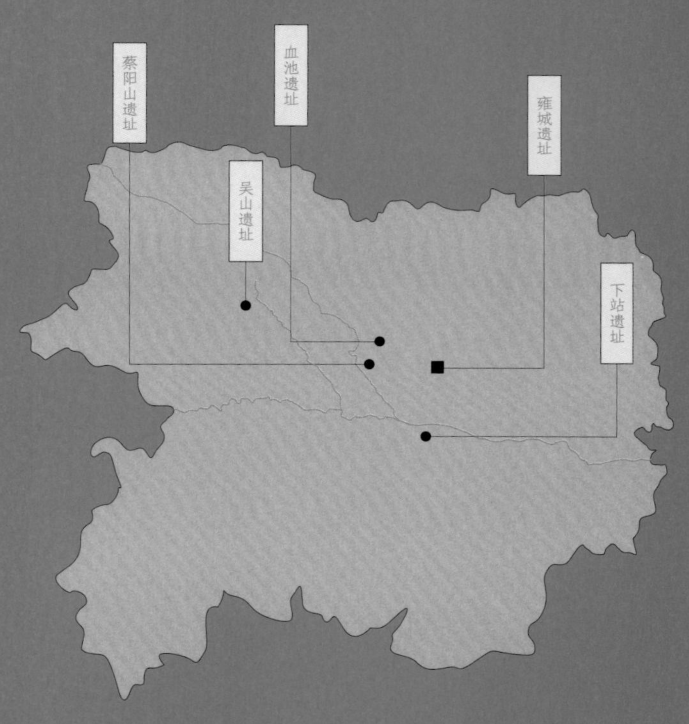

雍五畤 蔡阳山遗址

蔡阳山遗址位于陕西省宝鸡市凤翔区陈村镇蔡阳山村北，目前仅有初步的考古调查工作。

2021 年，张晓磊、范雯静在介绍雍畤文化遗存新发现时，首次提到了灵山南坡蔡阳山的考古调查发现。蔡阳山遗址共勘探发现祭祀坑 177 处，主要为长方形坑、长条形坑。其中，长方形坑最大者长 6 米，宽 4 米，最深 5 米，坑内多见骨、板灰，个别见铜饰。长条形坑主要分布在山顶平台，有东西、南北两种朝向，最深 2 米，坑内含活土、灰点等，未见骨、板灰等。北边原计划勘探的两座山顶，地形高亢、平整，推测应有夯土台等祭祀场所，但可能因水土流失严重，初步勘探表明基本为礓石堆积，未见任何遗迹。2022 年，陈爱东提出此处可能是鄜畤。2024 年，熊长云曾与陆易前往此处踏查，并撰文提出蔡阳山遗址可能为鄜畤的系列证据。

鄜畤建立于秦文公十年（前 756），是秦人至雍地后最早建立的畤，祭祀白帝少昊。《史记·秦本纪》："十年，初为鄜畤，用三牢。"《史记·封禅书》："秦襄公既侯，居西垂，自以为主少皞之神，作西畤，祠白帝，其牲用駵驹、黄牛、羝羊各一云。其后十六年，秦文公东猎汧渭之间，卜居之而吉。文公梦黄蛇自天下属地，其口止于鄜衍。文公问史敦，敦曰：'此上帝之征，君其祠之。'于是作鄜畤，用三牲郊祭白帝焉。"

◇蔡阳山遗址　熊长云　摄

下站遗址

下站遗址位于陕西省宝鸡市陈仓区下站村，地处渭河南岸的台塬之上，距秦雍城遗址 17 千米。遗址总面积约 23 万平方米，目前发现祭祀坑 1400 余座，出土祭祀玉器组合和大量马骨，以及“密”字陶片、车马器、兵器、农具、建筑构件等。

《史记·秦本纪》：“（宣公）四年，作密畤。”又《史记·封禅书》：“秦宣公作密畤于渭南，祭青帝。”下站遗址出土“密”字陶片，且是雍五畤中唯一位于渭南者，可以确定此处是“雍五畤”之一的密畤，始建于秦宣公四年（前 672）。密畤祭祀青帝——太昊。根据清华简《系年》，秦人原出东方的商奄之地，可与密畤祭祀对象相印证。

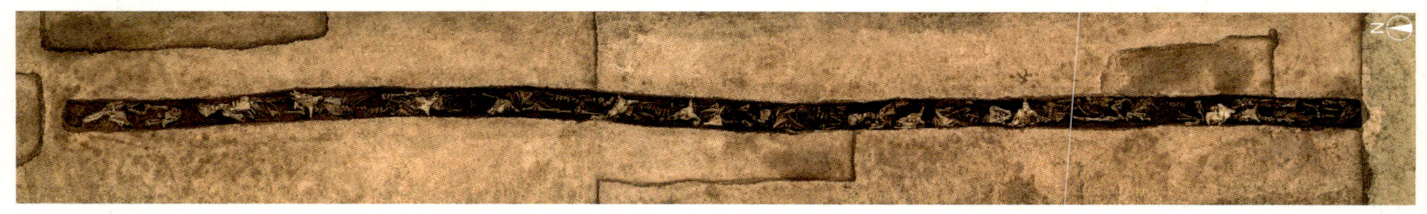

◇ 下站遗址祭祀坑　中国国家博物馆下站考古队　供图

◇ 下站遗址　中国国家博物馆下站考古队　供图

西汉 “密”字陶片（两种）

残高 15.3 厘米，口径 48 厘米，腹部厚 0.75 厘米—0.85 厘米（上图）
残长 12.5 厘米，厚 1.45 厘米（下图）
2020 年陕西省宝鸡市下站遗址出土
中国国家博物馆下站考古队藏

春秋—战国　金龙

长 4 厘米，宽 2.7 厘米
2020 年陕西省宝鸡市下站遗址出土
中国国家博物馆下站考古队藏

春秋—战国　玉箭镞

长 8.7 厘米，宽 2.1 厘米，厚 1 厘米
2020 年陕西省宝鸡市下站遗址出土
中国国家博物馆下站考古队藏

春秋—战国　玉器

边长 3.1 厘米，厚 0.7 厘米
2020 年陕西省宝鸡市下站遗址出土
中国国家博物馆下站考古队藏

①

① 西汉　玉器残件

残长 6.5 厘米，宽 2.3 厘米，厚 0.45 厘米
2020 年陕西省宝鸡市下站遗址出土
中国国家博物馆下站考古队藏

② 西汉　玉器残件

外径 14.4 厘米，孔径 3.2 厘米，残长 13.3 厘米，厚 0.4 厘米
2020 年陕西省宝鸡市下站遗址出土
中国国家博物馆下站考古队藏

③ 西汉　铁铲

长 13.7 厘米，宽 10.2 厘米
2020 年陕西省宝鸡市下站遗址出土
中国国家博物馆下站考古队藏

④ 西汉　“宣房单舍”陶片（局部）

残高 10.3 厘米，口径 16.6 厘米
2020 年陕西省宝鸡市下站遗址出土
中国国家博物馆下站考古队藏

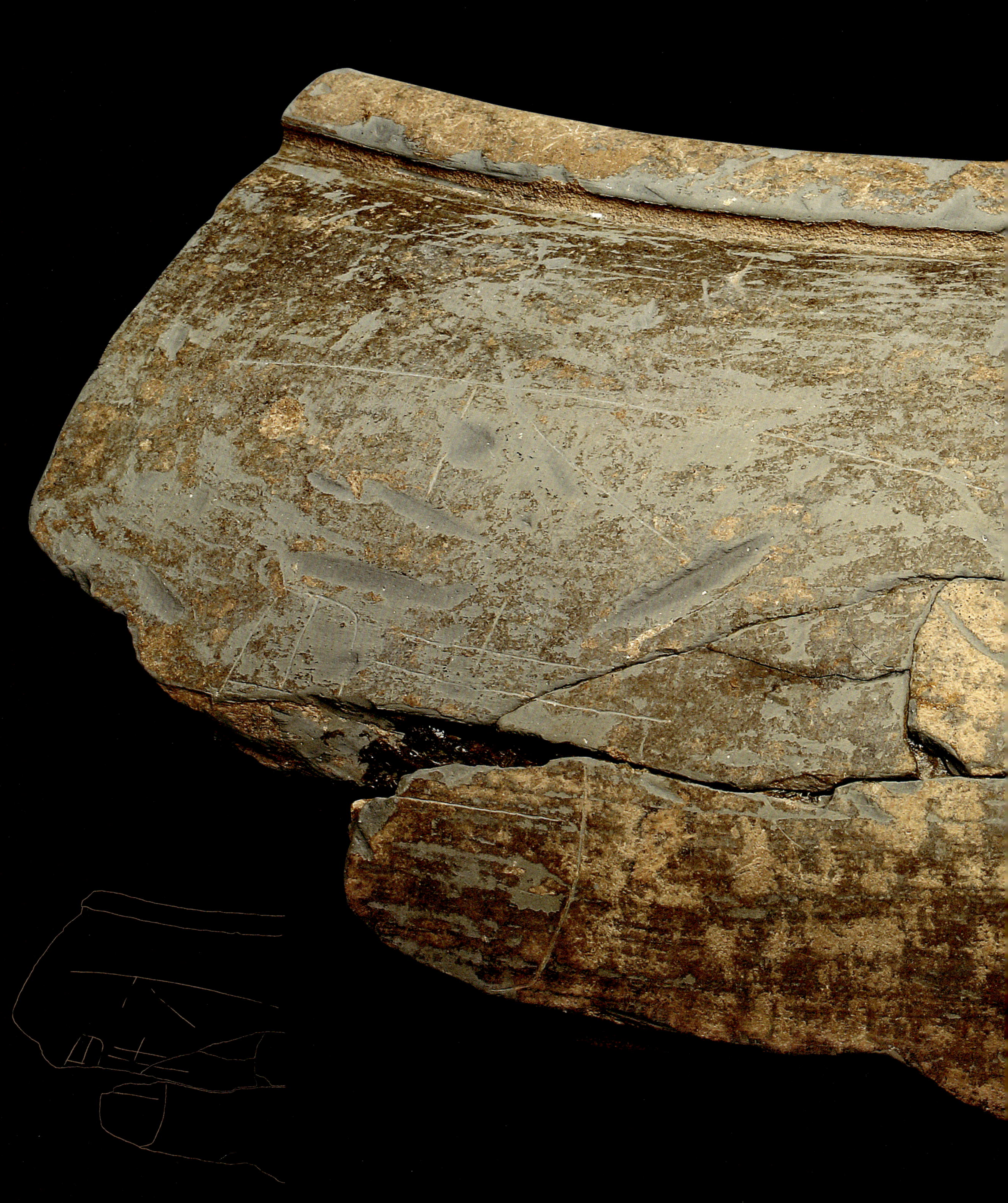

西汉　玉圭

长 8.5 厘米，宽 2.4 厘米，厚 0.5 厘米
2016 年陕西省宝鸡市雍山血池遗址出土
陕西省考古研究院藏

西汉　玉圭

长 5.8 厘米，宽 1.5 厘米，厚 0.4 厘米
2016 年陕西省宝鸡市雍山血池遗址出土
陕西省考古研究院藏

西汉　玉璜

长 9.5 厘米，宽 2.5 厘米，厚 0.43 厘米
2016 年陕西省宝鸡市雍山血池遗址出土
陕西省考古研究院藏

西汉　男玉人

高 7.6 厘米，宽 1.4 厘米，厚 0.56 厘米
2016 年陕西省宝鸡市雍山血池遗址出土
陕西省考古研究院藏

西汉　女玉人

高 6.1 厘米，宽 1.4 厘米，厚 0.45 厘米
2016 年陕西省宝鸡市雍山血池遗址出土
陕西省考古研究院藏

西汉　玉琮

长 3.2 厘米，宽 2.9 厘米，厚 0.45 厘米
2016 年陕西省宝鸡市雍山血池遗址出土
陕西省考古研究院藏

八主祠

战国时期的齐国有祭祀天、地、阴、阳、日、月、兵、四时等八主的传统。祭祀地点分布在山东半岛各地，建有“八主祠”：天主，祠天齐；地主，祠泰山梁父；兵主，祠蚩尤；阴主，祠三山；阳主，祠芝罘；月主，祠之莱山；日主，祠成山；四时主，祠琅琊。

在秦汉国家祭祀体系中，八主祠地位依旧重要，秦始皇、秦二世、汉武帝均曾前往齐地，亲祀八主。皇帝每至山东半岛祭祀“八主”，还常流连于海滨，冀遇仙人。20世纪后期以来，阳主祠、日主祠遗址出土了多组秦汉时期玉器，天主祠、月主祠和四时主祠遗址也出土有秦汉时期瓦当等遗物。

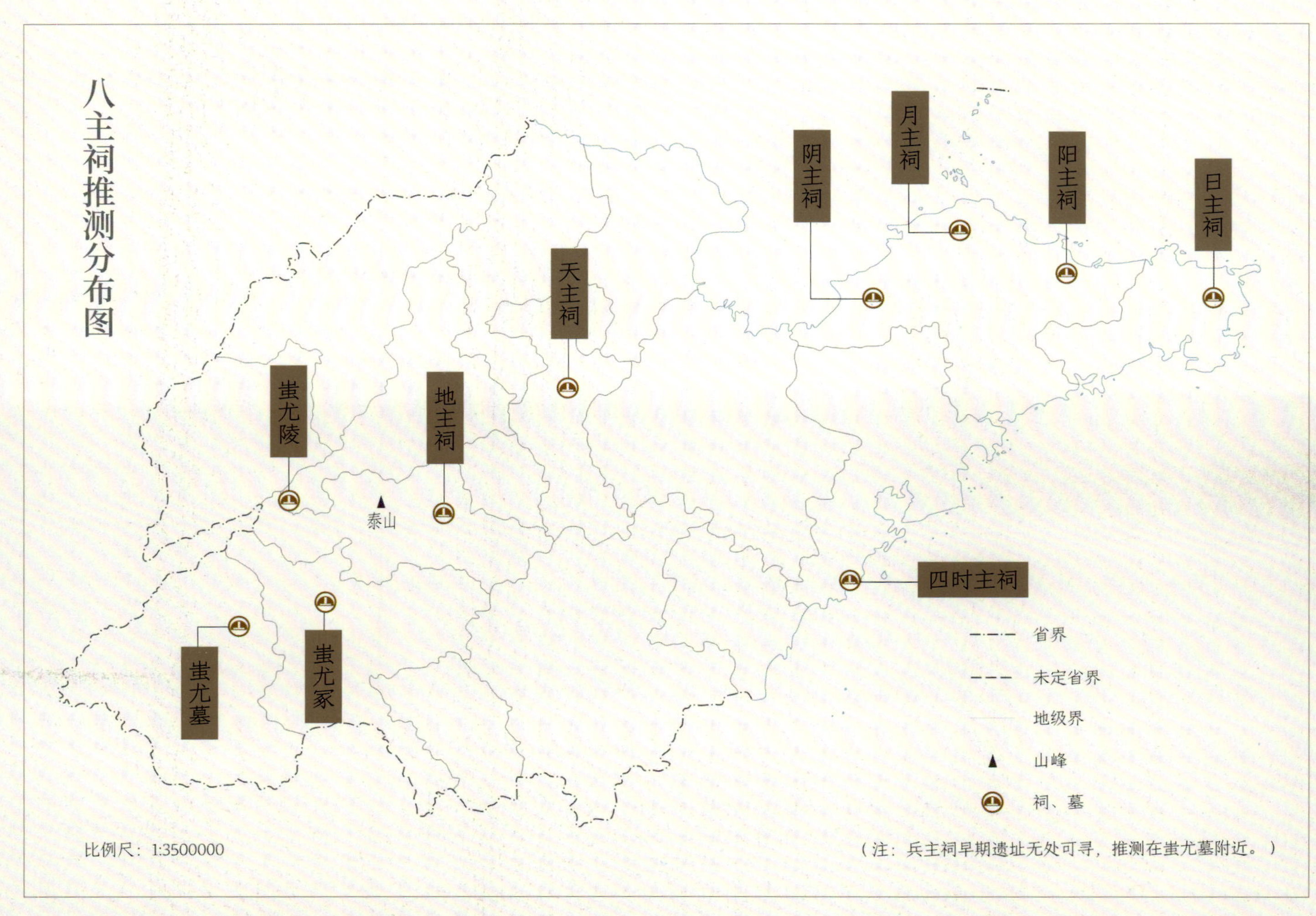

西汉 “天齐”瓦

半径7厘米，厚1厘米
山东省淄博市临淄故城遗址出土
山东博物馆藏

西汉　阳主祠出土玉器一组（左图）

玉璧：直径 16.5 厘米，孔径 4 厘米，厚 0.5 厘米
玉圭：长 11 厘米，宽 1.52 厘米，厚 0.5 厘米
玉觽：长 12 厘米，宽 1.66 厘米，厚 0.5 厘米
1975 年山东省烟台市芝罘岛阳主庙出土
烟台市博物馆藏

◇ 元　《八神阳主庙记》碑拓本（右图）

1975 年山东省烟台市芝罘岛阳主庙出土
王睿　供图

◇ 秦　铭文瓦当

长径 19.2 厘米，短径 18.5 厘米，厚 1.3 厘米—2.3 厘米
山东省荣成市成山镇成山中峰遗址采集
烟台市博物馆藏
王睿　供图

◇ 秦　双勾卷云纹瓦当

残长 8 厘米，厚 0.9 厘米—1.2 厘米
山东省荣成市成山镇成山中峰遗址采集
烟台市博物馆藏
王睿　供图

◇ 秦　树木与卷云纹瓦当

当面直径 13 厘米，厚 1.5 厘米，筒瓦厚 0.55 厘米
山东省烟台市龙口市莱山建筑基址出土
烟台市博物馆藏
王睿　供图

◇ 秦　树木与卷云纹瓦当

当面残长 13.7 厘米，厚 1.1 厘米—1.7 厘米
山东省烟台市龙口市莱山建筑基址出土
烟台市博物馆藏
王睿　供图

求仙访道

早期道教中的神仙与祭祀

山川不仅是国家的象征，也是神仙居所。先秦时人就相信，西方有神山昆仑，可以通天。昆仑形象既频频出现在帝王的祭祀中，也常见于不同形式的艺术表达。秦汉以来，居于海上仙山的仙人又成为帝王钦慕、追寻的对象。西汉末年以后，国家祭祀在空间范围上大为收缩，西方名山与海上仙山不再是国家祭祀的对象，山中仙人却并未退场，仍活跃在不同的信仰体系之中。早期国家祭祀的仪式文本书写在简册之上。东晋以来，纸张成为日常书写的载体，简册、印章、封泥却依然常用于道教的祝祷仪式，是告神的重要媒介。借助相似的媒介与仪式，山川祭祀的古老传统在道教中得到了延续。

东汉　西王母画像镜

直径 18.7 厘米，缘厚 0.6 厘米
浙江省博物馆藏

东汉　车马神人画像镜

直径 21.2 厘米，缘厚 1.1 厘米
浙江省博物馆藏

六朝　仙人骑龙虎画像砖

每块长 32 厘米，宽 13 厘米
2011 年—2012 年浙江省杭州市余杭区小横山东晋南朝墓出土
杭州市文物考古研究所藏

两块砖位于 M109 墓室东西两壁中部对称位置。
龙、虎前均有一玉女（羽人）持仙草引导，玉女飘飞回首，手执仙草伸向后面的龙、虎。龙、虎身躯瘦长，张口按爪，长尾上翘，圆睁的双眼紧盯着前面玉女手执的芝草，昂首向着仙草飞行。龙、虎背上各坐一女性人物，人物身后飘扬一羽扇。东壁一人头戴高大的山形发冠，座下为一虎；西壁一人绾髻于头顶，座下为一龙。

位于东壁

位于西壁

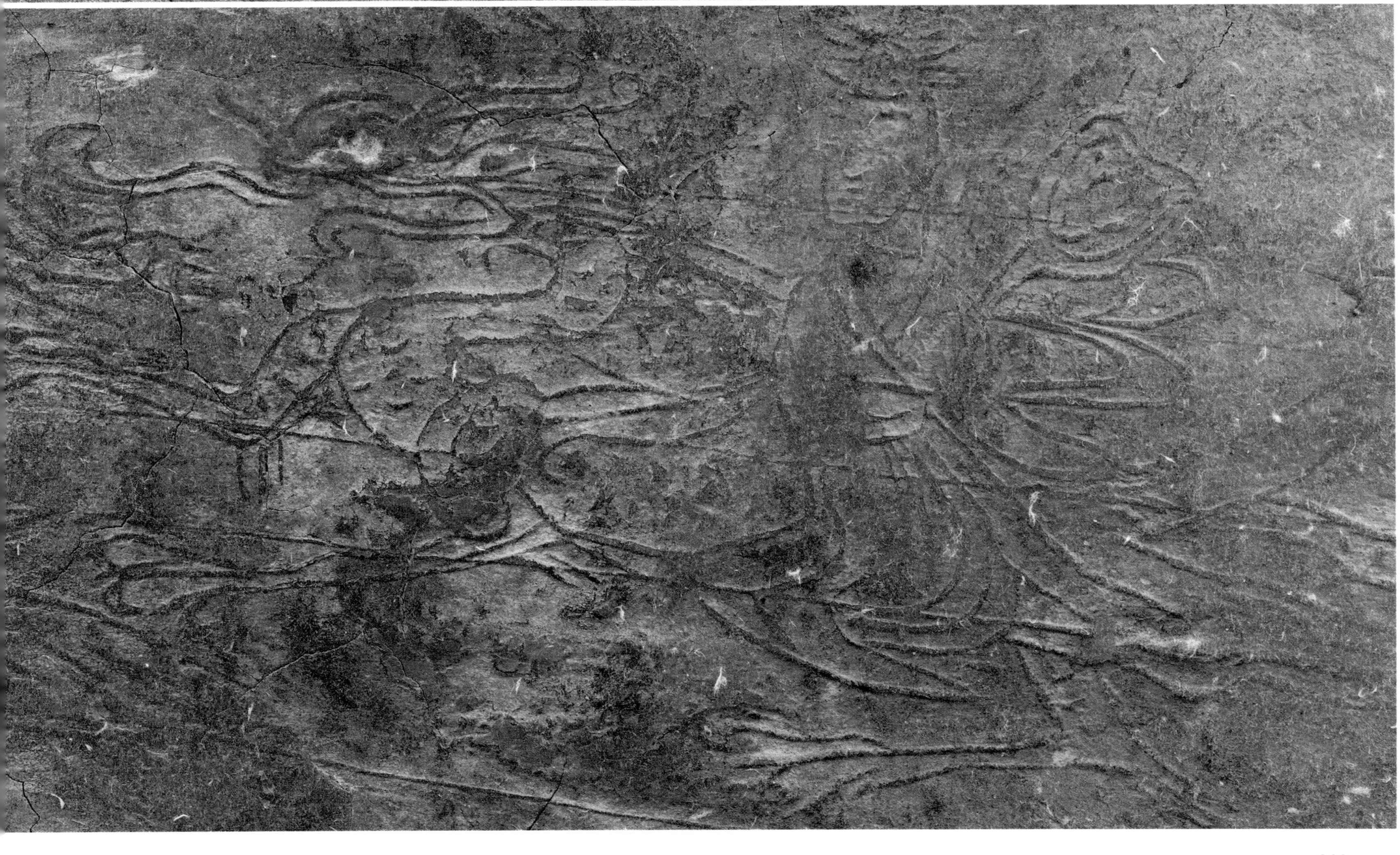

汉代博山炉模拟的即是仙山。博山炉一般可分为三层，基座圈足装饰云纹，基座透雕海浪，炉身错金海浪上变换出三龙，上面是重峦叠嶂般的神仙世界。中有仙人、虎豹及各种生灵穿行。香烟从炉中升起时，如北宋吕大临《考古图》所记："炉象海中博山，下有盘贮汤，使润气蒸香，以象海之回环。"

东汉　铜博山炉

直径 6.1 厘米，通高 17 厘米
金华市博物馆藏

东晋　青瓷博山炉

盖高 10 厘米，盖径 10.2 厘米，高 20 厘米，底径 12.7 厘米
浙江省博物馆藏

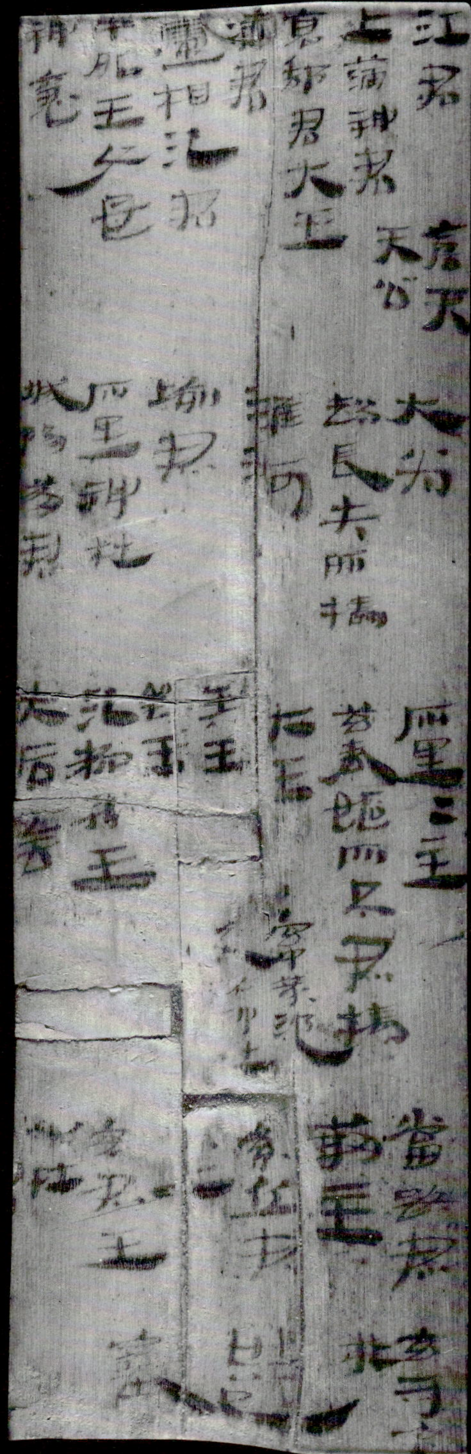

西汉　胡场神灵位名牍

长 23 厘米
1980 年江苏省扬州市西郊胡场村五号汉墓出土
扬州博物馆藏

东汉建安十年（205）“天帝”木牍

长35厘米，宽9厘米
2000年天津市蓟州区刘家顶乡大安宅村枯井出土
天津市文化遗产保护中心藏

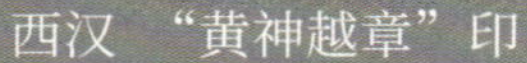

西汉 “黄神越章”印

边长 1.2 厘米
湖南博物院藏

东汉 “天帝刹鬼之印”双面印

纵 2 厘米，横 2 厘米，高 0.5 厘米
浙江省博物馆藏

东汉—三国　“斩鬼使者”封泥

印面边长 3 厘米
2017 年浙江省湖州市妙西乡大山顶出土
浙江省文物考古研究所藏

东汉—三国　道教符号封泥

印面边长 4 厘米
2017 年浙江省湖州市妙西乡大山顶出土
浙江省文物考古研究所藏

石池

第二章

告盟天地

晋唐投龙的兴起

以《山海经》为代表的另一套山川谱系，在东周秦汉的方士群体中逐渐形成，由此，西王母所居的昆仑成为“天下”的中心。东晋以来，在特定政治环境的影响下，围绕以求仙、祈福为目的的“江东名山”，新的洞天世界开始形成。道教借鉴了此前的山川祭祀及盟誓仪式，并创造性地加入了担当神圣信使职责的“龙”，投龙仪式随之出现。在唐代，投龙仪式先后与各地名山、洞天相结合，被正式确立为国家仪典，并发展成为完整的“洞天福地”谱系。武则天、唐玄宗均频繁派遣使者至名山洞天投龙。五代吴越国是最频繁举行投龙仪式的地方政权，存有最多的出土文物。

洞天福地

神圣空间的构造

东晋时期南北分裂的格局催生了地域化的神圣空间构建：南迁士人因无法涉足中原名山，在葛洪《抱朴子》中凝练出二十八处“江东名山”，与《五岳真形图》及上清经《茅君传》《真诰》中的洞天体系高度重合，集中于江南与东南沿海。

《真诰》提出“大天”与“小天”的宇宙模型：每一洞天（如王屋山“小有清虚之天”）为独立仙界单元，周界分明，仙人居所与尘世并行，形成“嵌套式”神圣空间。

至盛唐司马承祯，这种地域遗产被整合为覆盖天下的神圣网络：他创制的《天地宫府图》将五岳降格为“三十六小洞天”，另设“十大洞天”“七十二福地”，构建起以浙江天台山为核心、辐射长安—洛阳与江南的层级体系，通过建立五岳真君祠、神化王子乔等举措，使道教神仙凌驾传统山岳神灵，服务于玄宗朝“道教王朝”的政治想象。

晚唐杜光庭在《洞天福地岳渎名山记》中进一步扩展维度，将天界三境、海外十洲三岛、五岳四渎纳入同一谱系。中国名山与天界、海外仙境并列，既在垂直维度（天、地、水三界）打开神圣边界，又于平行维度（海陆空间）拓展地理想象。罗酆山“外宫—内宫”结构（山上为外宫，洞中为内宫）暗示地面与地下皆属广义洞天范畴，消解了绝对的空间分层。

洞天福地体系的核心，在于通过物质性（宝物、泉水）与结构性（洞门、坛石）的对应，将自然山川转化为修道者与神仙共存的“理想生态”。福地作为“人间仙界”，兼具实用（益寿、疗疾）与超越（通神、合丹）功能，体现道教“即世成真”的修行观。此体系不仅是地理谱系，更是一套融合宇宙论、生态学与社会组织的宗教哲学模型，深刻影响了东亚文化对自然与神圣关系的认知。

十大洞天

十大洞天是“洞天福地”体系中层级最高的仙境群，以《云笈七签》《天地宫府图》等经典为理论依据，被赋予“贯通三界”的至高地位，被认为是维持宇宙秩序的能量节点，部分洞天与帝王政治紧密关联（如王屋山为黄帝祈天之所），成为“君权天授”的象征。

十大洞天推动了中国山岳崇拜的体系化，其所在名山多被历代帝王封禅祭祀，并融入佛教、儒家文化（如青城山佛道共存、嵩山儒释道交融）。

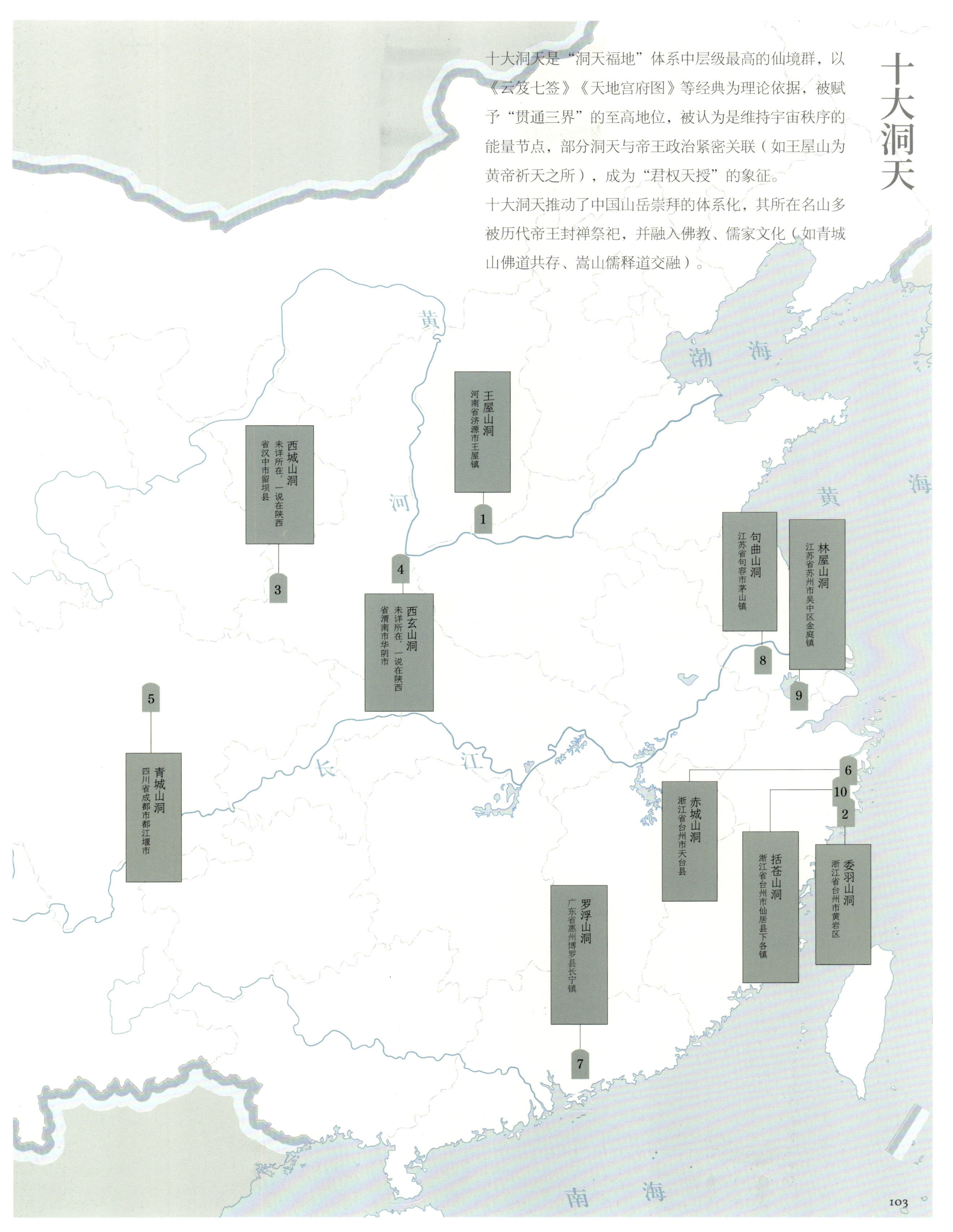

三十六小洞天

按《真诰》所言，宏观的“大天”之内有三十六所“洞天”，不过只介绍了前十处的名称。司马承祯将这十处列为“十大洞天”，又单独开列“三十六小洞天”，这两者虽然没有本质的差异，但后者在宗教层面的重要性稍次于前者。

正是如此，司马承祯将五岳列为三十六小洞天的第二至第六位，通过“降格”传统岳渎祭祀地位，以此凸显道教对世俗山川体系的超越。其余小洞天多集中于浙江天台山周边（如四明山、会稽山）及长江中下游地区（如庐山、武夷山），形成以江南为中心、辐射南北的分布格局，反映唐代道教重心南移的趋势。

1. 霍桐山洞
福建省宁德市蕉城区霍童镇
2. 东岳太山洞
山东省泰安市泰山区
3. 南岳衡山洞
湖南省衡阳市南岳区
4. 西岳华山洞
陕西省渭南市华阴市
5. 北岳常山洞
河北省保定市（后改至山西省大同市）
6. 中岳嵩山洞
河南省郑州市登封市
7. 峨眉山洞
四川省乐山市峨眉山市
8. 庐山洞
江西省九江市濂溪区
9. 四明山洞
浙江省宁波市余姚市
10. 会稽山洞
浙江省绍兴市会稽山区
11. 太白山洞
陕西省西安市周至县
12. 西山洞
江西省南昌市新建县西山镇
13. 小沩山洞
湖南省株洲市醴陵市东堡乡
14. 潜山洞
安徽省安庆市潜山县
15. 鬼谷山洞
江西省鹰潭市贵溪县冷水镇
16. 武夷山洞
福建省南平市武夷山市
17. 玉笥山洞
江西省吉安市峡江县水边镇
18. 华盖山洞
浙江省温州市鹿城区
19. 盖竹山洞
浙江省台州市临海市汛桥镇
20. 都峤山洞
广西省玉林市容县
21. 白石山洞
广西省贵港市桂平市麻垌镇
22. 岣漏山洞
广西省玉林市北流市北流镇
23. 九嶷山洞
湖南省永州市宁远县
24. 洞阳山洞
湖南省长沙市浏阳市洞阳镇
25. 慕阜山洞
湖南省岳阳市平江县南江镇（与湖北通城、江西修水交界）
26. 大酉山洞
湖南省怀化市辰溪县潭湾镇
27. 金庭山洞
浙江省绍兴市嵊州市金庭镇
28. 麻姑山洞
江西省抚州市南城县
29. 仙都山洞
浙江省丽水市缙云县
30. 青田山洞
浙江省丽水市青田县鹤城镇
31. 钟山洞
江苏省南京市玄武区
32. 良常山洞
江苏省句容县茅山小茅峰之北
33. 紫盖山洞
湖北省宜昌市当阳市半月镇
34. 天目山洞
浙江省杭州市余杭区余杭镇
35. 桃源山洞
湖南省常德市桃源县桃花源镇
36. 金华山洞
浙江省金华市婺城区

省级行政中心
长春
沈阳
呼和浩特
北京
天津
渤 海
银川
太原
石家庄
西宁
济南
兰州
黄 海
黄
河
西安
郑州
合肥
南京
上海
成都
武汉
杭州
重庆
长
江
东
海
南昌
长沙
福州
贵阳
台北
昆明
广州
南宁
香港
澳门
南 海
海口
1
2
3
4
5
6
7
8
9
10
11
12
13
14
15
16
17
18
19
20
21
22
23
24
25
26
27
28
29
30
31
32
33
34
35
36

七十二福地

在《真诰》的叙事中，地面的“福地”与地下的“洞天”相互对应，是一对共生关系。司马承祯创设性地将“福地”单独开列成为一个新的范畴，并以“地数”七十二来排列，对应“洞天”之三十六。无论是“十”“三十六”还是“七十二”都应被视作是一种虚数而非定数。

1. 地肺山
江苏省镇江市句容市茅山镇

2. 盖竹山
浙江省台州市临海市汛桥镇

3. 仙磕山
浙江省温州市乐清县雁荡镇

4. 东仙源
浙江省台州市黄岩区委羽山东仙宫

5. 西仙源
浙江省台州市温岭市温峤镇西源山

6. 南田山
浙江省宁波市象山县鹤浦镇

7. 玉溜山
浙江省台州市玉环市

8. 清屿山
东海中，位置待考

9. 郁木洞
江西省吉安市峡江县水边镇

10. 丹霞洞
江西省抚州市南城县

11. 君山
湖南省岳阳市洞庭湖中

12. 大若岩
浙江省温州市永嘉县大箬岩镇

13. 焦源
福建省南平市建阳区

14. 灵墟
浙江省台州市天台县

15. 沃洲
浙江省绍兴市新昌县

16. 天姥岑
浙江省绍兴市新昌县

17. 若耶溪
浙江省绍兴市市区

18. 金庭山
安徽省巢湖市荆亭山

19. 清远山
广东省清远市

20. 安山
越南广宁省汪秘市安子山

21. 马岭山
湖南省郴州市苏仙区苏仙岭

22. 鹅羊山
湖南省长沙市开福区新港镇

23. 洞真墟
湖南省长沙市岳麓山

24. 青玉坛
湖南省衡阳市南岳区衡山会仙桥

25. 光天坛
湖南省衡阳市南岳区衡山上封寺

26. 洞灵源
湖南省衡阳市南岳区南岳镇

27. 洞宫山
福建省南平市政和县杨源乡

28. 陶山
浙江省温州市瑞安市陶山镇

29. 三皇井
浙江省温州市瓯海区仙岩山

30. 烂柯山
浙江省衢州市柯城区石室乡

31. 勒溪
福建省南平市建阳区崇雒乡砚山

32. 龙虎山
江西省鹰潭市贵溪市上清镇

33. 灵山
江西省上饶市清水乡

34. 泉源
广东省惠州市博罗县长宁镇

35. 金精山
江西省赣州市宁都县梅江镇翠微峰

36. 阁皂山
江西省宜春市樟树市阁山镇

37. 始丰山
江西省丰城市秀市镇

38. 逍遥山
江西省南昌市新建区西山镇

39. 东白源
江西省宜春市奉新县上富镇白源村

40. 钵池山
江苏省淮安市清河区南昌路

41. 论山
江苏省句容市边城镇仑山

42. 毛公坛
江苏省苏州市吴中区金庭镇

43. 鸡笼山
安徽省马鞍山市和县西埠镇

44. 桐柏山
河南省南阳市桐柏县城关镇

45. 平都山
重庆市丰都县名山镇

46. 绿萝山
湖南省常德市桃源县漳江镇

47. 虎溪山
江西省九江市濂溪区

48. 彰龙山
湖南省株洲市醴陵黄达嘴镇彰仙岭

49. 抱福山
广东省清远市连州市保安镇

50. 大面山
四川省成都市都江堰市青城山镇

51. 元晨山
江西省九江市都昌县苏山乡

52. 马蹄山
江西省上饶市鄱阳县磨刀石乡

53. 德山
湖南省常德市武陵区德山镇

54. 高溪蓝水山
陕西省西安市蓝田县

55. 蓝水
陕西省西安市蓝田县

56. 玉峰
陕西省西安市蓝田县玉山镇

57. 天柱山
浙江省杭州市余杭区中泰乡

58. 商谷山
陕西省商洛市丹凤县商镇

59. 张公洞
江苏省无锡市宜兴市湖父镇

60. 司马悔山
浙江省台州市天台县天宫寺

61. 长白山
山东省滨州市邹平县

62. 中条山
山西省运城市永济市

63. 茭湖鱼澄洞
浙江省宁波市余姚市

64. 绵竹山
四川省德阳市绵竹市紫岩山

65. 泸水
四川省攀枝花市仁和区平地镇

66. 甘山
重庆市彭水县

67. 瑰山
位置待考

68. 金城山
山西省大同市浑源县

69. 云山
湖南省邵阳市武冈市文坪镇

70. 北邙山
河南省洛阳市老城区邙山镇

71. 卢山
福建省福州连江县炉山

72. 东海山
江苏省连云港市连云区云台山

长春
沈阳
呼和浩特
北京
天津
渤海
银川
太原
石家庄
西宁
兰州
济南
黄海
黄
河
郑州
西安
合肥
南京
上海
杭州
成都
武汉
重庆
长
江
东
海
南昌
长沙
贵阳
福州
台北
昆明
广州
南宁
香港
澳门
1
2
3
4
5
6
7
9
10
11
12
13
14
15
16
17
18
19
21
22
23
24
25
26
27
28
29
30
31
32
33
34
35
36
37
38
39
40
41
42
43
44
45
46
47
48
49
50
51
52
53
54
55
56
57
58
59
60
61
62
63
64
65
66
68
69
70
71
72

“洞天福地”体系的空间特质体现为自然与超自然的精密对应。在垂直维度，《真诰》揭示茅山“洞天—福地”的共生机制：地下洞天（如华阳洞）作为仙人治所，通过埋藏的黄金丹砂向地表传导“金玉津气”，使福地泉水具疗疾益寿之效（如柳汧泉因中茅峰埋丹砂而现赤色）；地面福地则因“地脉—水脉—灵脉”贯通成为理想人居，静舍择址必邻近灵泉（如菌山石穴水宜炼丹），形成“洞门—坛石—静舍”的仪式轴线。平行维度上，罗酆山“外宫—内宫”结构（山上与洞中制度等同）暗示天地皆属广义洞天范畴，杜光庭更将十洲三岛纳入谱系，使神圣空间突破地理边界。

通过宝物埋藏塑造灵脉、洞坛建构仪式轴线、静舍连接仙凡，道教将山川转化为“即世成真”的修行生态。司马承祯与杜光庭的谱系重构，不仅完成从地域信仰到国家叙事的升级，更在晚唐危机中维系文化认同，其融合宇宙论、生态观与社会组织的思想模型，深刻塑造了东亚文明对自然神圣性的认知方式。

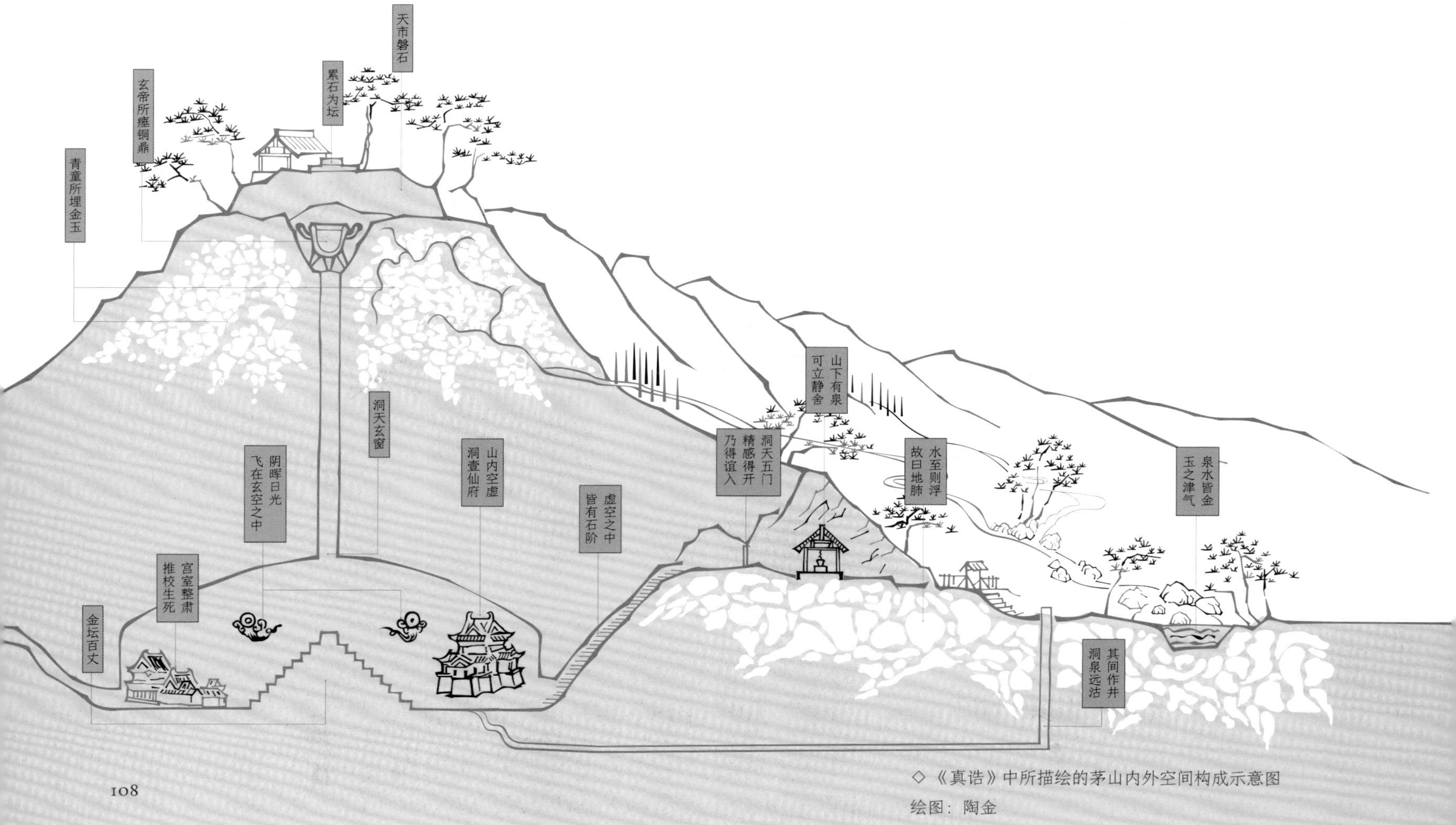

◇《真诰》中所描绘的茅山内外空间构成示意图

绘图：陶金

上部：
以玉京山为中心分布的天界山岳。

中部：
以昆仑山为“中岳”的地界山川。中国的各处五岳名山、洞天福地均由昆仑山“祖脉”衍派而出，又有海外四岳，以及十洲。

下部：
以“酆都山”为中心的地府世界。

◇ 杜光庭洞天福地岳渎名山图
绘图：解群
设计：陶金
本图以唐末高道杜光庭所作《洞天福地岳渎名山记》中的山岳体系为基础绘制而成。

三界五方

六朝投龙

道教投龙仪式最早见诸文献记载，可追溯至六朝时期道教教团内部师徒之间授受的立盟仪式，是道教对上古祭祀文化与方士传统的继承、融合与改革。汉代以来的方士传统中，传道授业，都需建立严格的盟誓，特别强调“法不轻泄”。据六朝道教科律，弟子立盟受道，须通过“纳质”（以贵重信物品为誓）的形式，将金龙、金钮、玉鱼、五色缯、青丝（象征头发）、赤帛（象征鲜血）等信物投入东流水或投于绝岩之中，以示对道以及师门科律的忠诚与敬畏。这一传统不仅体现了道教秘传的宗教特质，更暗含上古“沉璧献玉”祭祀仪式的遗风。此外，道教绍续上古宗教的文书传统，在仪式中往往效仿公文形式与神明沟通。所以，写有立盟、祈愿文字的“简文”在六朝道教中常与贵重的信物一同被投埋于山水之中。

六朝投龙的兴盛，折射出道教的制度转型：作为信物的“龙”，写有祈愿的“简”分别被投埋于山、水、土之中，并最终上达于天，对应了道教的“三界”宇宙观。青丝代发、金钮为信，投龙仪式将祭祀的“货赂神明”转向“以德感天”，强化“谢罪立功”的救赎逻辑。从仪式功能的角度来说，这一时期的投龙仪式既服务于个人修行（立盟授道），更承担家族伦理责任（黄箓斋拔度先祖），成为联结个体、宗族与天地的精神纽带。

熊长云、陶金近来考证指出，金坛茅山与金华双龙洞出土的金龙，应是六朝投龙的两例珍贵遗存，可与传世文献对于六朝投龙仪式的记载互证。

三界五方：投龙对象与投龙地

道教“灵宝经派”的三界指天、地、水三界；五方指东、西、南、北、中五个方位，与五行（木、金、火、水、土）相对应。

天界：神灵居所，象征宇宙的最高层次
天界五方对应东、西、南、北、中五斗

地界：人类和万物居所，象征宇宙的中间层次
地界五方对应五岳，是投龙的主要地点

水界：水神和水族居所，象征宇宙的基础层次
水界五方对应五海，也是投龙的主要地点

三元八节：投龙时间

三元：
上元日：正月十五；中元日：七月十五；下元日：十月十五

八节：
立春、春分、立夏、夏至
立秋、秋分、立冬、冬至

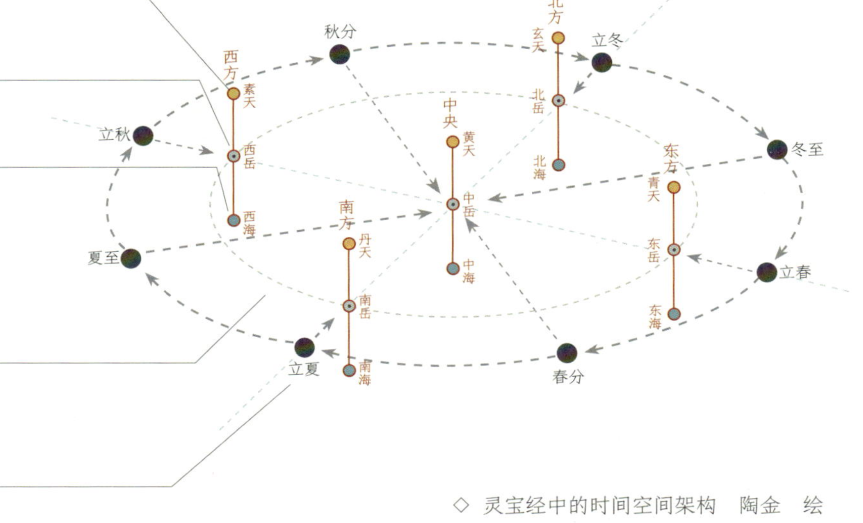

◇ 灵宝经中的时间空间架构　陶金　绘

“三官”是道教“三界”宇宙观的具象化体现，是道教最早尊奉的三位神灵：天官、地官和水官，又被称为“三元大帝”。

◇ 明三官像（从左至右依次为：地官、天官、水官，现存北京东岳庙）　高成明　摄

三官是道教信仰中的重要神明。学者普遍认为他们主要有三种神职：一是负责掌管所有人类的“录籍”，监察、记录人类的善恶，天官赐福、地官赦罪、水官解厄；二是在奉道者立盟受道时“证盟”；三是掌管天、地、水三界，统摄天、地、水三个维度中繁杂多元的日月星宿、名山、大川诸神。

台北故宫博物院藏《三官出巡图》就描绘了道教神仙“三官大帝”巡游天地的盛况。全幅画分列上、中、下三层。三官大帝乘云车驾麒兽，旌幢扈从，随行者除仙人外，更有造型多变、表情生动有趣的鬼怪水族。

天官

上元天官大帝掌管天界，所辖三宫九府主要统领位阶最高的天神、日月星宿，并负责管理已得道者及“见在福中”百姓的功过录籍。每年的正月十五、七月十五、十月十五日，地官与水官上参天官，将三界的簿录进行核校，并由天官下达奖惩的命令。

地官

中元地官大帝掌管地界，所辖三宫九府主要统领五岳真人、地上诸仙、土府之神，并负责管理普通百姓、学道者的善恶录籍。每年的八节之日，他与地界诸神，以及天官一同核校簿录。

水官

下元水官大帝掌管水界，所辖三宫九府主要统领水帝、九江、三河、四海水神、水中精怪，并负责管理水中死鬼谪役年劫、长夜死魂的功过录籍。所有的庚申、甲子之日，他都与水界诸神，以及天官、地官一同核校簿录。

明　铜鎏金三官坐像

通高35厘米—36厘米

武当博物馆藏

◇ 宋　传马麟《三官出巡图》

纵174.2厘米，横122.9厘米

台北故宫博物院藏

天官

地官

水官

"五方"是道教"五方"空间观念的具象化体现，又以五老作为神格化的代表。

五方五老，在道教神话体系中地位尊崇，是天地开辟之前的先天神灵，而五岳大帝则是他们在具体山岳上的化身或代表，指五岳（泰山、衡山、嵩山、华山、恒山）的五位神祇，分别是东岳天齐大生仁圣帝（东方青帝）、南岳司天大化昭圣帝（南方赤帝）、西岳金天大利顺圣帝（西方白帝），北岳安王大贞玄圣帝（北方黑帝）和中岳中天大宁崇圣帝（中央黄帝）。

明 《五岳上帝像》轴

纵 250 厘米，横 106 厘米
首都博物馆藏

投龙时间：八节日、甲子日
投龙地点：水简——清泠之渊①
山简——本命岳②
土简——中庭③
投龙用具：简（香樟木银木制，以青色纸包裹）、
金龙一只、金钮九只（用青丝缠绕在简上）
投龙主体：受道弟子本人

投龙仪程：
〉上香，召出身中功曹、使者，传奏祈愿
〉读简文
〉念诵祝文
〉投简
〉再上香，召回身中功曹、使者

① "清泠之渊"是道教投龙仪式中的水府名，通常指代江河深潭，象征水官居所，用于投沉水简以通神灵。

② "本命岳"是道教信仰中与个人出生年干支对应的守护山岳，属五岳之一，常见于本命年仪式及投龙科仪。

③ "中庭"指道教投龙仪式中坛场的核心区域，用于陈列金龙、玉简等信物，象征天、地、人三才交汇之所。

投龙简原本是道教斋仪的结尾环节，所投之简分为山简、水简、土简三份，与道教的三官信仰关系密切。其中山简启告五岳，水简启告水府，用于削除奉道者在录籍中的罪名。土简较为特殊，用于启告土府之神，用于营卫奉道者祖先的身形，以待炼化更生。东晋灵宝经《赤书玉诀》中，刊载有最早的三简内容及制作、使用方法。

水简

灵宝某帝，先生某甲，年如干岁，某月生，愿神愿仙，长生不死，三元同存。九府水帝、十二河源、江河淮济、溟泠大神，乞削罪名，上闻九天，请诣水府，金龙驿传。

太岁某年某月某朔某日某时，于某国告文。

用以启告水官所统领的水府诸神，祈求他们赦免立盟受道者以往的罪过，在簿录中削去罪名，并为其上言天界，记上“仙名”。

右朱书银木简上，以青纸裹简，青丝缠之，金龙负简以投三河之渊。初用金钮九只，连简沉之后投，不须三过都止。

元始五老，上帝高尊，十方至真，太华灵仙，赤文告命，无幽不闻，上御九天，请下玉文。日月五星，北斗七元，中告五岳，四方灵山，下告河海，十二泉源，九府水帝，溟泠大神，今日上告，万愿开陈，请投玉简，乞削罪名，千曾万祖，九族种亲，罪根连染，及得我身，普蒙削除，绝灭种根，记名水府，言上帝前，七祖父母，去离八难，上登九天，衣食自然，我罪释散，万神咸闻，请以金钮，关明水官，请如斯陈，金龙驿传。

山简

灵宝某帝，先生某甲，年如干岁，某月生，命属某帝，名系泰山，愿神愿仙，长生度世，飞行上清。五岳真人、至神至灵，乞削罪籍，上闻九天，请诣灵山，金龙驿传。

太岁某甲子某月某朔某日某时，于某岳告文。

用以启告地官所统领的五岳真人，祈求他们赦免立盟受道者以往的罪过，在簿录中削去罪名。

右朱书银木简，青纸裹之，青丝缠之，金钮九只，金龙负之，埋本命之岳，悉如上法。

玄上开明，元始监真，上帝五老，赤书丹文，天地本始，总领三元，摄气召会，催促降仙，高上符命，普告十天，日月星宿，五岳灵山，天下地上，溟泠大神，监生主录，南上三司，开领玉简，勒名丹篇，削落罪书，上补帝臣，千曾万祖，九族种亲，皆蒙解脱，五道八难，去离三恶，魂升九天，生死开度，万劫长存，今日上告，万神咸闻，请以金钮，关盟真官，请如所告，金龙驿传。

土简

灵宝某帝，先生某甲，年如干岁，某月生，命系九天，东斗领籍，愿神愿仙，长生度世，飞行上清。中皇九地戊己黄神、土府五帝，乞削罪录，勒上太玄，请诣中宫，投简记名，金钮自信，金龙驿传。

太岁某甲子某月某朔某日某时，于某郡县中告文。

用以启告地官所统领的土府诸神。与“山”“水”二简不同的是，“土简”不但祈求削去罪名，记上仙名，更还在祝文中强调使受道者的九玄七祖“腐骸更荣”。这是道教特有的尸解复生思想，即祖先因其子孙的善功，而得以“一荣俱荣”。

右朱书银木简，青纸裹之，青丝缠之，金纽九只，金龙负之，埋所住中宫，悉如上法。

天开地张，九炁分灵，三元同符，十方朗清，五老上帝，开真领生，丹书赤文，元始上精，普告天下，九土皇灵，今日上告，万仙定生，我愿我仙，请投玉名，土府太皇，勒除罪刑，奏简上宫，列簿华青，早得飞腾，天地同灵，九祖种亲，腐骸更荣，魂升南宫，受化仙庭，日吉告命，万神咸听，请以金钮，表盟至情，请如所告，金龙驿呈。

茅山

投龙仪式最早见于成书于东晋的灵宝经。如《太上洞玄灵宝赤书玉诀妙经》中提到“金龙负简，以投三河之渊”“金龙负之，埋本命之岳”“金龙负之，埋所住中宫”，又称“金龙驿传”“金龙驿呈”。可见金龙已成为六朝道教仪式的重要组成部分。不过，此前学界普遍认为六朝金龙实物尚未发现。

熊长云、陶金提出，1985年江苏省常州市金坛区薛埠镇东进村采石场出土金龙，应属罕见的六朝金龙。其出土地属茅山，正是中古道教的核心区域。该金龙呈片状，经錾刻、剪裁成型。龙首高昂，吻部上翘突出，曲颈，四足，三爪，爪皆上翻，身披鳞片，尾粗壮上扬，作行走状。

这件金龙造型与唐宋时代龙纹有明显差异，而更接近汉晋时期的早期龙纹面貌。其原始造型，可比照河南省南阳市八一路新莽至东汉早期墓所见龙纹画像石。研究者指出，这种龙纹在汉代多有发现，应有通用粉本。与金坛金龙造型、时代更为接近的龙纹，见于前燕、东晋墓葬中出土的金属带具，如辽宁省朝阳市前燕奉车都尉墓出土鎏金带具、广东省广州市大刀山东晋墓出土带具等。从这类具有明确墓葬年代信息的文物判断，金坛金龙的年代很可能接近东晋，而这正是投龙仪式最早见于传世文献的时代。

东晋或稍晚　金龙

长 6 厘米，宽 4 厘米
1985 年江苏省常州市金坛区薛埠镇东进村采石场出土
常州市金坛区博物馆藏

双龙洞

留异金龙于 2025 年 4 月由高旭彬首次公布，是目前唯一具有铭文及明确人物信息的六朝金龙实物。

金龙呈长方薄片状，龙居下部，外有方框。龙作行走状，曲颈，长身，四足，足似蹄，长尾，全身无鳞片。龙腹之下另有一小方框，其中似有刻画痕迹。龙身外框内布密布鱼子纹。方框外一侧刻铭“洞玄弟子留异誓愿造”九字，楷书，略带隶意。前八字笔画粗细重叠，唯末字“造”为细笔刻画。推测整体先由细笔刻成，后再加粗刻制，末字“造”未作加粗，应更强调“誓愿”之意。

留异（486—564），东阳长山（今浙江省金华市）人，活动于南朝梁陈时。据《陈书 · 留异传》，留异出身望族，起家蟹浦戍主，历任晋安、安固二县令。侯景之乱时，回乡募兵，占据东阳郡。先后追随临城公萧大连、侯景。陈霸先掌权后，出任缙州刺史兼东阳太守，册封永兴县侯。天嘉五年（564），兵败被俘，坐罪处死。留异金龙发现于金华双龙洞，正与留异的活动范围吻合。

留异金龙与茅山出土金龙均为片状，造型相似。从龙纹的具体特征来看，留异金龙已略脱去汉魏龙纹面貌，其时代较茅山金龙为晚。这件金龙的发现与公布不仅为六朝金龙的断代提供重要坐标，也为研究投龙仪式在六朝的兴起与传播提供珍贵史料。

◇ 熊长云　摹

◇ 南朝·梁　留异金龙

长 9.4 厘米，宽 4.1 厘米，厚 0.3 毫米，重 7 克
1987 年浙江省金华市双龙洞内出土
高旭彬　提供

帝道永康

唐代投龙

唐代，投龙正式从道教内部仪式转变为国家仪典，并与覆盖天下的名山谱系相衔接，奠定了此后投龙仪典的理论与实践基础。唐代的制度革新，在仪式层面兼具了灵宝经派“三元玉简”与上清经派“投刺”传统，并创制了“金箓斋＋河图醮”双轨仪程，引入象征王权的玉璧，形成“龙—简—璧—钮、青丝”标准化信物组合。在功能层面则转向王朝治理，暗含政权合法性诉求，并寄托王朝永续的期待。在空间层面，首先是初期的“五岳四渎”，然后是玄宗朝的地方“名山水府”，最后是正式与源自上清经中的“洞天福地”体系挂钩。由此，山简的投埋场所也从山巅转移至岩洞之中。

唐代投龙的国家化过程，塑造了东亚文明的经典范式，折射出中古时期中国宗教与政治互动的独特模式：帝王通过收编道教仪式，将神圣空间转化为权力展演的舞台；道教则借助皇权支持，完成从边缘到主流的意识形态蜕变。投龙仪式的演变，不仅是宗教仪式的创新史，更是中国文明如何通过重构“天人关系”确立文化主体性的见证。

隋唐以来，“岳镇海渎”的国家祭祀体系，被确立为“五岳”“五镇”“四海”“四渎”。

五岳为东岳泰山、中岳嵩山、西岳华山、南岳衡山、北岳恒山（大茂山）。五镇为仅次于五岳的名山：东镇沂山、中镇霍山、西镇吴山、南镇会稽山、北镇医巫闾山。

四海为东海、南海、西海、北海。四渎为江渎、河渎、淮渎、济渎。“渎”，为独流大海的大川。

“岳镇海渎”均有相应的祭祀祠庙。保存至今的有东岳庙（山东泰安）、中岳庙（河南登封）、西岳庙（陕西华阴）、北岳庙（河北曲阳）、南岳庙（湖南衡阳）、北镇庙（辽宁北镇）、东镇庙（山东潍坊）、南海庙（广东广州）、济渎庙（河南济源）等。

唐　五岳纹方镜

纵 11.9 厘米，横 11.9 厘米
上海博物馆藏

食毕，五方案及四座案上香，上香讫，
唱礼师、诸师、各思存心礼师，一拜。
法师叩齿三通，密呪曰：
谨敕吾身中所佩仙灵直符、军职将吏
出者严庄显服冠带垂缨，罗列卤簿，在臣
左右。又敕身中五体真官、五藏六府、九宫十
二室、四支五体、髓恼筋骨、肌肤血脉、孔窍荣卫、
一百八十关阶、三百六十骨节、千二百形影、
万二千精光、左三魂、右七魄、三鬼五神、头上
朱雀、足履玄武、左扶青龙、右据白虎、五神
卫从。青龙扶迎，白虎扶逐，朱雀道前持幡
幢，玄武从后负钟鼓。心不受病，肺不受奸，
肾不受眠，脾不受死，胆不受怖，胃不受秽。
吾起奋翼，吏兵道引，五神卫侧。如吾所敕，
急急如生官老君律令。都讲唱各鸣天鼓，
法师发炉。
太上玄元五灵老君当召功曹使者、左右
龙虎君、捧香使者、三炁正神，悉上开启三天。
太上玄元道君，臣今正尔登坛烧香奉为大
唐开元神武皇帝投告龙璧筒辞于此州
厶水府或山洞，营献廿四盘醮礼，奉请九天
真君、扶桑太帝、龙王、五岳四渎、廿四化神君、
此州土地、名山水府、神仙诸灵官，歆飨醮
礼。愿得八方正真生炁来入臣等身中，令所
启速达，径御正真玉皇帝机前。次长跪
请神唱，各称名位。
维大唐开元厶年太岁厶子厶月朔厶日
吉时，系天师厶化厶炁，臣厶乙监官。
奉为大唐开元神武皇帝上。

——《开元立成投龙章醮威仪法则》残卷
中国国家图书馆藏，BD14841E

謹勅吾身中所佩仙靈直符軍職將吏出者
嚴莊顯服冠帶垂纓羅列鹵簿在臣左右叉
勅身中五體真官五藏六府九宮十二室四
支五體髓腦筋骨肌膚血脉孔竅榮衛一
百八十關階三百六十骨節千二百形景
萬二千精光左三魂右七魄三鬼五神頭上
朱雀足履玄武左扶青龍右據白虎五神衛
從青龍扶迎白虎扶逐朱雀道前持旛幢
玄武從後負鍾鼓心不受病肺不受姦腎不
受眠脾不受死膽不受怖胃不受穢吾赳奮
翼吏兵道引五神衛側如吾所勅急急如生
官老君律令　都講唱各鳴天鼓　法師散爐
太上玄元五靈[illegible]

食不得令孝子屠兒產婦見亦須鮮潔其壇
纂燈擎鋪設懸繒幡花一如壇圖其食當日
造當日用晝日奏章夜設醮造食了裝盤訖
並運於巽門床上蓋覆著訖欲至時先鼓角
三聲警神訖即音聲從壇東南巽地幡花
香火引龍璧案及道衆官人父老次位左行
遶壇至地戶龍璧案及法事人登壇官人父
老各依次位立端心合掌其不合入壇內者
八卦外立立定休音樂壇上聲磬磬聲絕
法師執刀水於壇外八卦內結界呪訖即從
巽門運食盤從地戶登壇起北座從西下以
次東下食畢五方案及四座案上香訖都
講唱礼師　諸師各思存心礼師一拜　法師叩
齒三通密呪曰

唐　天地含象五岳纹镜

直径 20.3 厘米
上海博物馆藏

圆形，方钮，钮顶四个山字交错相连，四正外方格内亦为连山纹，合为五岳，四隅是四字铭文方格，铭文作连续跳读："天地含象，日月贞明，写规万物，洞鉴百灵。"外一周水波纹，象征"四渎""四海"，八卦纹围成大方格，其外是日、月、星、辰，各以云头纹相托。三弦纹带缘。

此镜的纹饰图案与唐代著名道士司马承祯绘制的《上清含象剑鉴图》中的第一种基本相符，如"外圆内方，取向天地""内置连山，以旌五岳""中列爻卦""其方周流为水，以泻四溟"等。图案再现了古代"日月星辰""岳镇海渎"的天文地理观。其"象"字铭方格逆时针错位九十度，表明铭文是先刻好字模，再压印到镜范上的，故才会出现此"错版"之误。

投龙时间：未知
投龙地点：水简——地方水府、
山简——五岳、地方名山、洞天
土简——法坛
投龙用具：简（香樟木或银木制，以青色纸包裹）
金龙一只，金钮九只（用青丝缠绕于简上）
投龙主体：地方官、道众、童子、地方父老

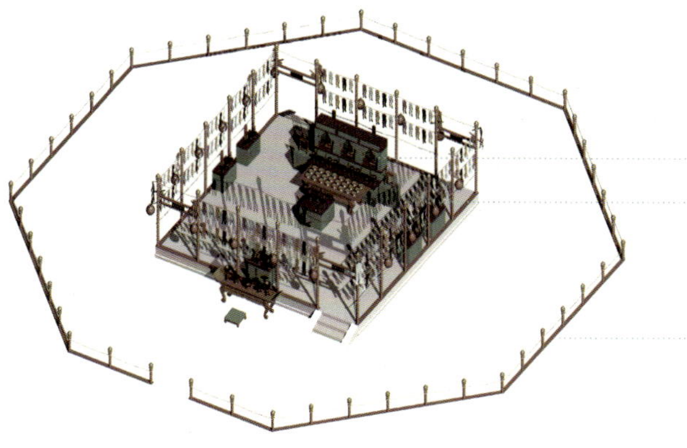

法坛：醮坛一层，高一尺四寸，方二丈四尺
坛上竖立竹、木制成的“纂”杆，杆上“铺设悬缯幡花”

坛外被单独界定出来的“八卦”区域

◇《大唐开元立成投龙章醮威仪法则》中举行投龙仪式的醮坛　　陶金　复原

投龙仪程：

〉选定场所（举行投龙的各州，检索本地地理图经，选定适合投龙的名山洞府、水府）
〉建立坛场（在洞穴或水府外二百步修筑四方醮坛，民间则敷列醮席。也可以泛舟水上，作为水府的仪式之所）
〉预先斋戒（举行仪式的道众、地方官、童子，以及瞻礼仪式的父老预先斋戒三日，并于仪式当日准备供奉仙官的供食二十四盘）
〉登坛（道众鸣乐，以灵幡、鲜花、香火引龙璧以及道众、地方官、父老登坛，其他人员于坛外肃立）
〉结界（法师手持宝剑、净水盂，在坛外旋行界）
〉上供（将供食传送坛上，并于五方案上焚香）
〉法师上香（召出身中功曹、使者，传奏祈愿）
〉三上香，献酒（长跪念诵启白之文）
〉读简文（法师起身，将简在香上熏过后朗读后用青纸封包，再以青丝将简与龙、钮、璧与简系于一起）
〉念祝文（将“简龙钮璧”置于香烟中念诵）
〉投简（道众、地方官等再次行礼后投于山、水之中）
〉唱诵《投龙颂》
〉念诵《三礼》
〉召回身中神
〉再上香
〉唱诵《学仙颂》
〉撤供食，参与人员下坛

山简

今谨有某州县乡里大道弟子某官姓名年若干岁命属某帝名系某岳谨为国为家存亡眷属及某事随意言之于某州县宫观住宅修建黄箓大斋若干日夜行道事讫投简灵山愿神愿仙长生度世飞行上清五岳真人至神至灵乞削罪籍上名九天请诣灵山金龙驿传

国号某年某太岁某月某朔某日三洞法师臣某于某灵山洞府告文

水简

今谨有某州县乡里某官某乙年号岁奉为家国普及存亡请福祈恩增延禄寿于某处奉修无上黄箓大斋若干日夜行道事讫投简水府愿神愿仙三元同存九府水帝十二河源江海淮济冥灵大神乞削罪录上名九天请诣水府金龙驿传

国号某年太岁某某月朔某日某三洞法师臣某于某处灵泉水府告文

土简

今谨有某州县乡里某官某乙奉为家国普及存亡请福祈恩增延禄寿于某处奉修无上黄箓大斋若干日夜行道事讫投简灵坛中黄九地戊己黄神土府五帝乞削罪名请诣中宫勒简太玄金钮自信金龙驿传

国号某年太岁某月某日某三洞法师臣某于某处灵坛土府告文

上言：大周圀（国）主武曌，好乐真道，长生神仙，谨诣中
岳嵩高山门，投金简一通，乞三官九府除武曌罪名。
太岁庚子七匝（月）甲申朔七囝（日）甲寅，小使恧（臣）胡超稽首再拜谨奏。

◇ 武则天嵩山金简

长 36.2 厘米，宽 8 厘米，厚约 0.1 厘米
1982 年发现于嵩山峻极峰
河南博物院藏

金质，重 223.5 克，含金量 96% 以上。其上双钩
三行六十三字。该金简是七十七岁的武则天遣使
到中岳嵩山投龙时使用的金简。简文请求解除灾
长生。简文上有五个武则天自造字，为“圀（
（照）”“囝（日）”“匝（月）”“恧（臣）”。

將凡醮儀行用或用三五儀竊所乖丹其
龍璧皆奉　勑在内在外修金録等齋
有鎮壇龍璧齋畢其時即合投告海岳名
山水府以齋意申盟善功乞削罪源上聞
根本所由令得衆聖咸聞若不具明虛費傳
驛令功德院修撰立成投龍章醮威儀法則
不造壇奉　勑投告若着定州名山水府
自然依准若定州未定名山水府事須責圖
經撿古迹詮定堪投處所令遣造壇壇去投
洞穴或水府二百步令修築高一尺四寸方

Pelliot chinois
Touen-houang 235

□□□□□□□□□上诚愿养育苍生，频
□□□□□□□□□不独为己躬，先为一
切苍生，告□□□□□，召灵圣，乞年谷丰
稔，无诸灾疾。比者投龙文仪多不周具，或
将凡醮仪行用，或用三五仪，窃所乖互。其
龙璧，皆奉敕在内、在外修金录（箓）等斋，
有镇坛龙璧，斋毕，其时即合投告海岳名
山水府，以斋意申盟善功，乞削罪源，上闻
九天。比来出使，但知行投龙威福，不言龙
璧本缘，设何斋诚，而令散投，或正月埋砂，
有龙璧各三，此即镇国辟瘟功德。假令本命
降诞功德，保护主上圣躬，皆须申明
根本所由，令得众圣咸闻。若不具明，虚费传
驿。今功德院修撰立成投龙章醮威仪法则，
所投龙璧州，各附一本，并坛图铺设次序。
非直出使省功，天下诸州皆得惬解，功德
圆满，神灵欢泰。比投龙使不索龙、璧、舆，亦
不造坛。奉敕投告，若省定州名山水府，
自然依准。若定州、未定名山水府，事须责图
经，检古迹，诠定堪投处所，令遣造坛。坛去投
洞穴或水府二百步，令修筑高一尺四寸、方
二丈四尺，泥拭净洁。坛四面百步以来，扫
洒平持如法。其道众及监官专当及父老缘
坛驱使，人皆令沐浴清斋三日。行道启请亦
须索鼓角，警集土地神祇，索音声，须乐
神。擎醮食，取童子学生并食，手皆令沐浴。其
食不得令孝子、屠儿、产妇见，亦须鲜洁。其坛
纂灯擎，铺设悬缯幡花，一如坛图。其食当日
造，当日用。昼日奏章，夜设醮。造食了，装盘讫，
并运于巽门床上，盖覆著讫。欲至时，先鼓角
三声，警神讫，即音声。从坛东南巽地，幡花
香火引龙璧案及道众、官人、父老，次位左行，
绕坛至地户，龙璧案及法事人登坛，官人、父
老各依次位立，端心合掌。其不合入坛内者，
八卦外立，立定，休音乐。坛上声磬，磬声绝，
法师执刀水于坛外八卦内结界，咒讫即从
巽门运食盘，从地户登坛起北座从西下，以
次东下，食毕，五方案及四座案上香讫……

——《开元立成投龙章醮威仪法则》残卷
法国国家图书馆藏，P.2354

驛令功德院修撰立成投龍章醮威儀法則
所投龍璧州各附一本并壇圖鋪設次序
非直出使省功天下諸州皆得悞解功德
圓滿神靈歡泰此投龍使不虔龍璧輩亦
不造壇奉　勅投告若省定州名山水府
自然依准若定州未定名山水府事須責圖
經檢古迹詮定堪投處所令遣造壇壇去投
洞穴或水府二百步令修築高一尺四寸方
二丈四尺泥拭淨潔壇四面百步以來掃
灑平持如法其道衆及監官專當及父老緣
壇驅使人皆令沐浴清齋三日行道啓請亦
須虔鼓角警集土地神祇虔音聲須樂
神筝進食取童子擧土升真手皆令求谷其

投龙仪制

灵宝派经典《赤书玉诀》虽非唯一范本，但明确规范了“三元玉简”（山简、水简、土简）的制作与投埋规则：简文需刻写国号、年号、祈愿内容及法师姓名，投于名山洞穴、水府龙穴，以告天、地、水三官。这一程式为唐代投龙提供了基础框架，但实际执行中常被其他道派仪式融合改造。晚唐高道杜光庭系统编纂科仪，将投龙细化为独立单元，规定需投“金龙一枚、玉璧一双、玉简一通”，并详述斋醮、诵经、投沉等环节。他强调“金龙为信，玉璧为礼，简章为辞”，将道教象征物与先秦礼制符号（璧）彻底融合，成为后世投龙的标准化模板。

《玉匮明真科》云：修黄箓宝斋，当以上金三两铸三龙，龙各重一两。（国家用上金，公侯大臣次金，庶人银铜涂并可）副以玉简。（即玉札也）提修斋，所为及国号、太岁月日、法师姓名。投奠方所，投于名山大洞、灵泉龙穴，及斋坛或住宅之中，以告盟天、地、水三府。……

《科》曰：投三简之法，当用金钮九只，以副于简。（三简用二十七钮也）金钮代歃血，青丝代割发，造盟达诚最为重也。故以青丝缠钮，璧附于简及龙，而后放之也。（钮法国家，用金；臣、庶以银涂金、铜涂金可）钮径九分，圆，其外如环之行也。

——杜光庭《太上黄箓斋仪》

龙

《科》曰：龙者，乘云气，御阴阳，合则成体，散则成章，变化不测，入地升天，故三十六天极阳之境，可以驿传信命，通达玄灵者，其惟能龙乎？（龙者，阳畜也。夫天用莫如龙，地用莫如龟，人用莫如马也）是以上天以龙为驿骑，往来人间矣。五金之最，坚刚不渝。天地所宝，通灵合神。故以上金铸之。取法龙形，投之洞府，告盟三元也。洞府真官，所司寮属，告龙信简文，录其善功，以奏言于上圣。……

简

《科》曰：简也，者告也。纪也，札也。纪世之善，告于上真。法：长一尺二寸，象十二辰；广二寸四分，法二十四真气；厚二分，法二仪；上下正方，法日之方景，正气通达，无所避让。

璧

《科》曰：璧者，礼天地山川之宝也。以玉为之，投山简用圆璧一，其色苍，径三寸，虚其中。（山简为九天之信，故用苍璧，用以法天也）投水简用六出之璧，其色黑，径三寸，虚其中（水简为九海水官之信，故用玄璧，水之色也。六出，水之数也）。投土简用黄璧，正方，径二寸，虚其中（土简为九地之信，黄者，土之色也，方者，地之形也）。璧与龙副于简封之外，以青丝缠之。

上言大周圀主武曌好樂真道長生神仙謹詣中

岳嵩高山門投金簡一通乞三官九府除武曌罪名

太歲庚子七𠥱甲申朔七𡆠甲寅小使𢘑胡超稽首再拜謹奏

◇熊长云 摹

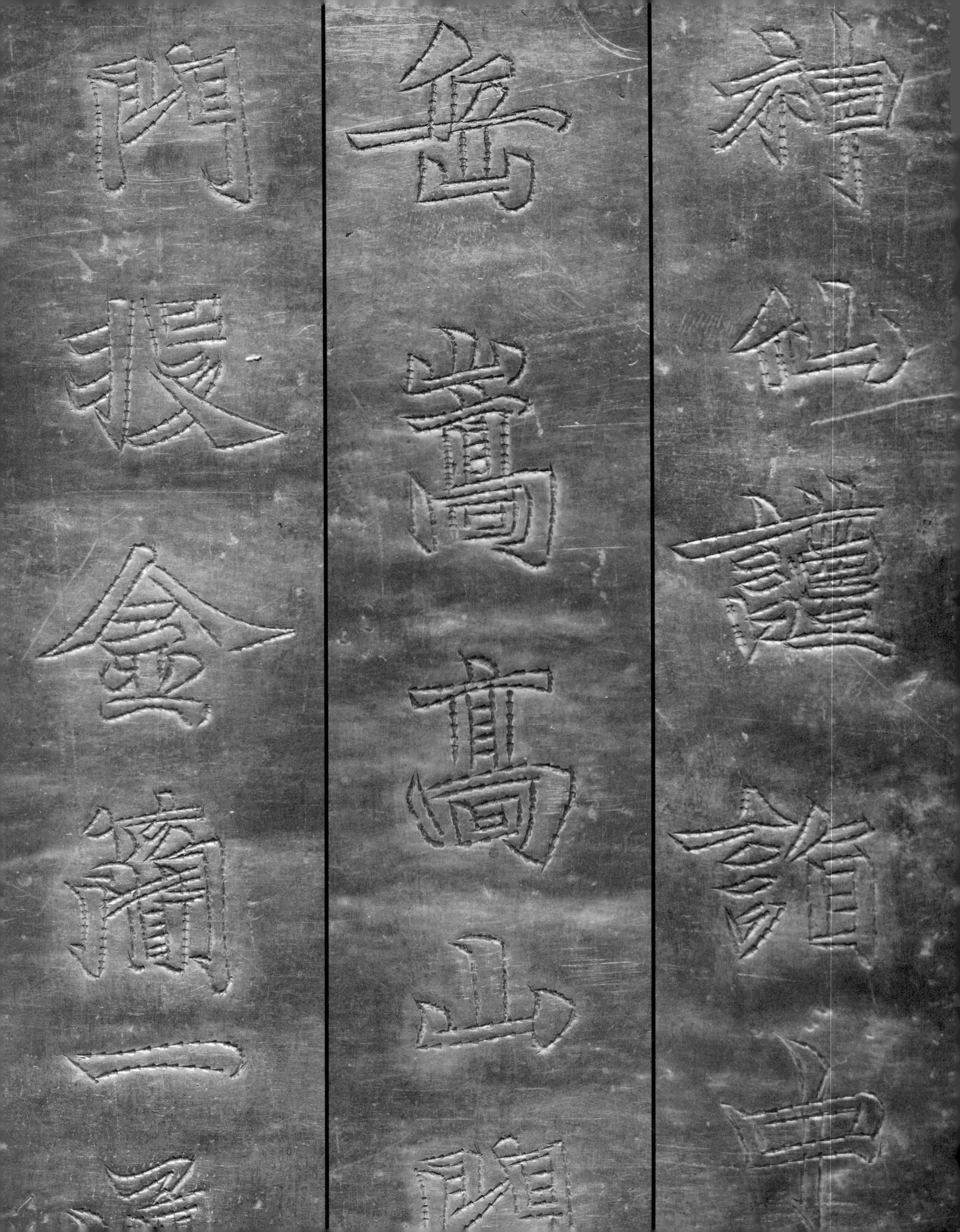
神仙謹詣中
岳嵩高山門
門投金簡一通

首再拜謹奏

三霄九府
太歲庚子

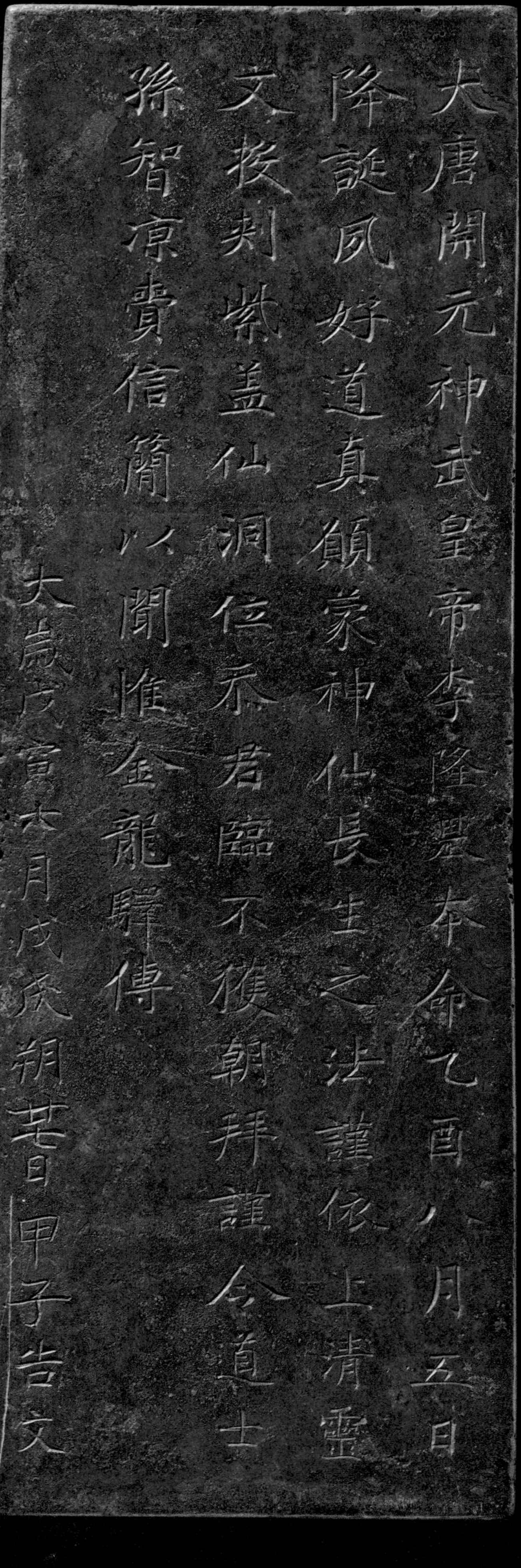

大唐开元神武皇帝李隆基，本命乙酉八月五日
降诞。凤好道真，愿蒙神仙长生之法，谨依上清灵
文，投刺紫盖仙洞。位忝君临，不获朝拜，谨令道士
孙智凉赍信简以闻。惟金龙驿传。
太岁戊寅六月戊戌朔廿七日甲子告文。

唐玄宗衡山紫盖洞铜简

长 31.5 厘米，宽 11.8 厘米，厚 0.8 厘米
清道光年间衡山水帘洞投龙潭出水
贵州省博物馆藏

铜简呈长方形，重 3720 克，通体苍翠如玉，正面楷书刻唐玄宗李隆基投龙告文，背面刻奉旨投龙的官吏与道士名录。简文记录开元二十六年（738），五十三岁的唐玄宗派遣内侍张奉国带道士孙智凉等人，专程从长安来到南岳紫盖洞（朱陵洞）投龙，以祈长生。

内史朝散大夫行内侍省掖庭局令上柱国
张奉国，本命甲午八月十八日生。道士涂处道、
判官王越宾，壬寅八月十日。傔人秦延恩。

八月五日降
誕夙好道真
領衆神仙長

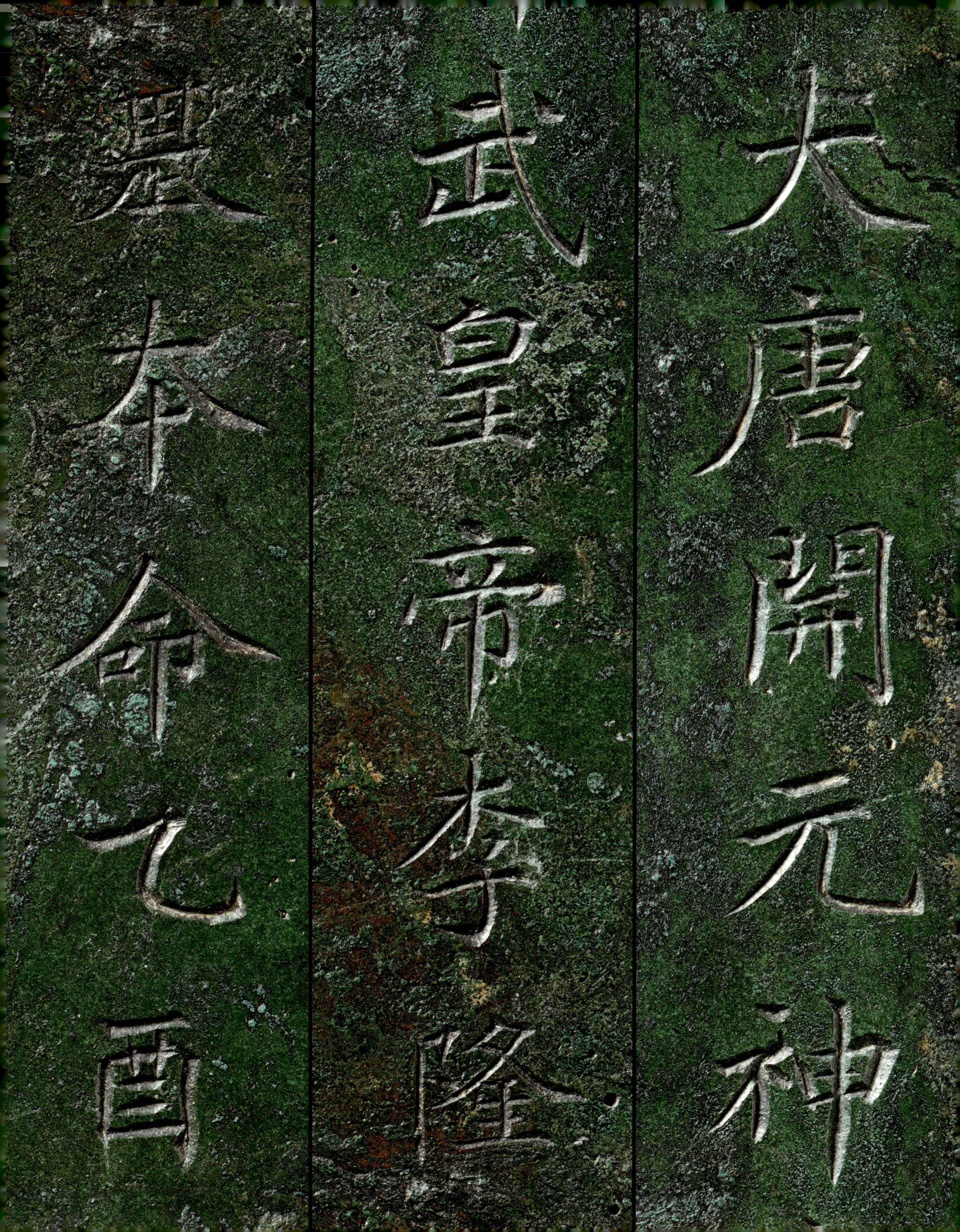
大唐開元神
武皇帝李隆
基本命乙酉

位忝君臨不
獲朝拜謹令
道士孫智涼

生之法謹依
上清靈文校
刻紫蓋仙洞

太歲戊寅六
月戊戌朔廿七日
廿七日甲子告文

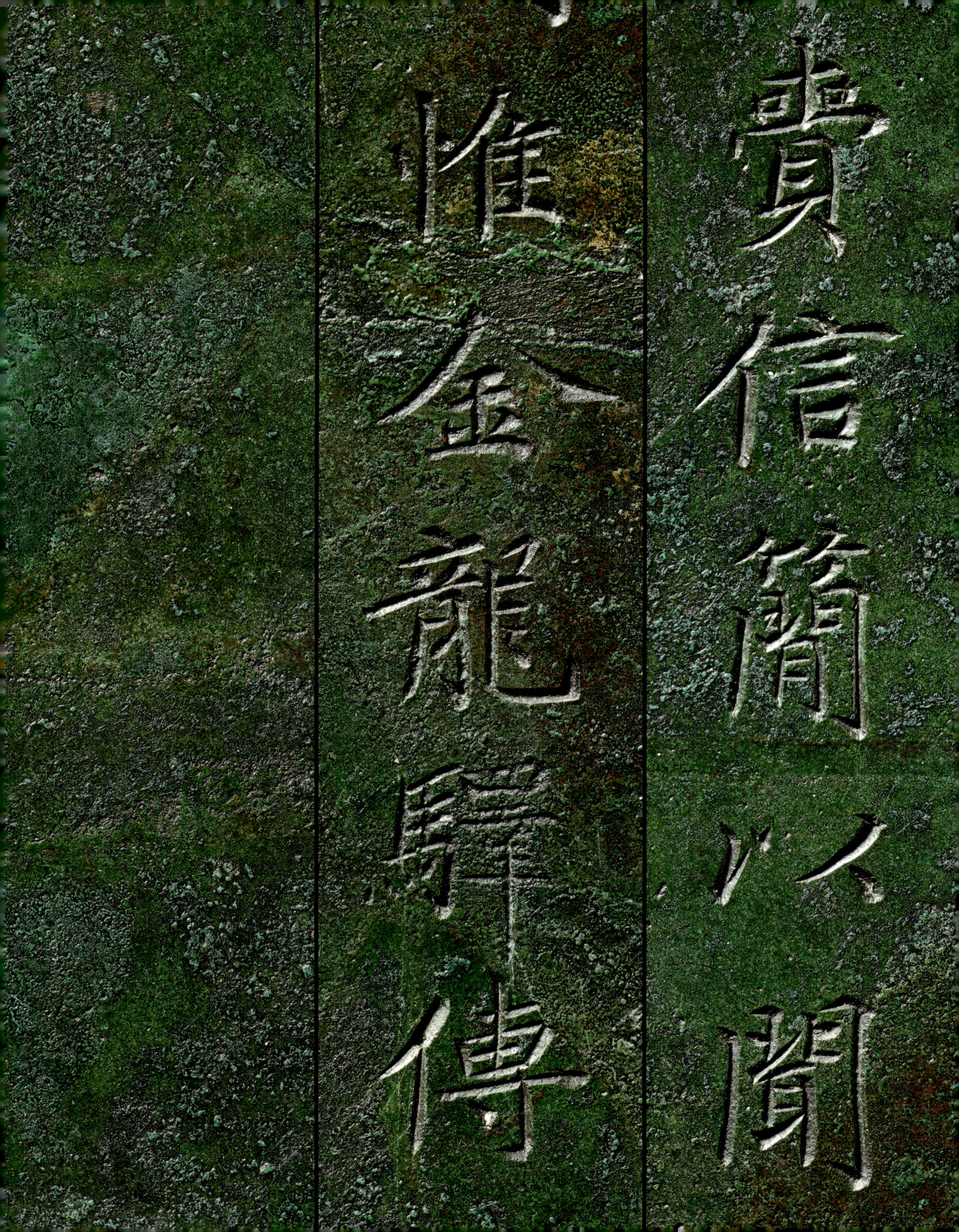
賁信簡以聞
惟金龍驛傳

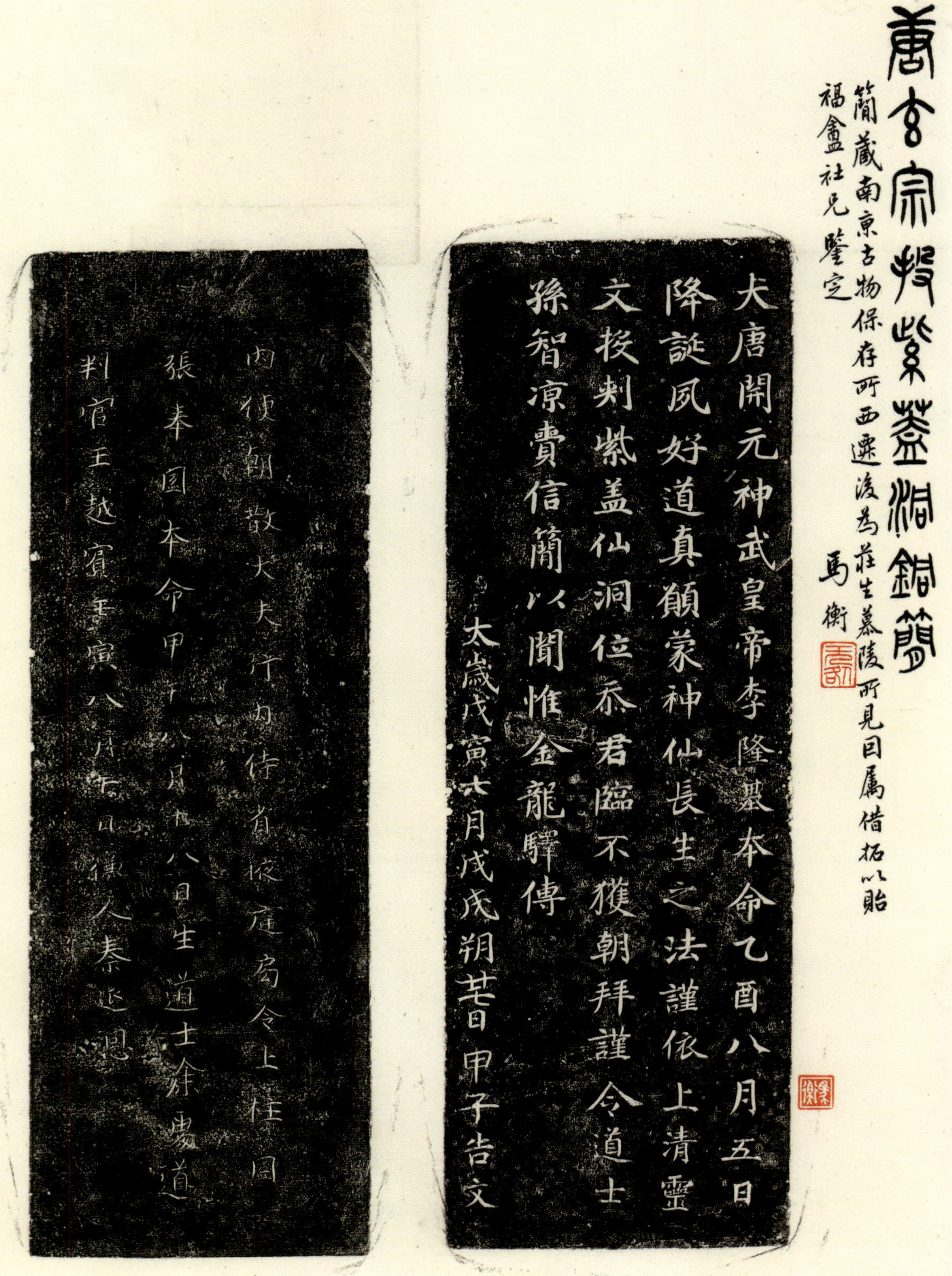

唐玄宗投紫蓋洞銅簡

簡藏南京古物保存所，西遷後為莊生慕陵所見，因屬借拓以貽
福盦社兄鑒定
馬衡

大唐開元神武皇帝李隆基本命乙酉八月五日
降誕夙好道真願蒙神仙長生之法謹依上清靈
文投刺紫蓋仙洞位忝君臨不獲朝拜謹令道士
孫智涼賫信簡以聞惟金龍驛傳
太歲戊寅七月戊戌朔廿三日甲子告文

內使朝散大夫行內侍省掖庭局令上柱國
張奉國本命甲午八月十八日生 道士孫處道
判官王越賓壬寅八月一日 傔人秦延憩

唐玄宗铜简民国拓本

纵 62 厘米，横 37 厘米
浙江省博物馆藏

据庄严《唐玄宗投紫盖洞简记》，此简在贵州省安顺市华严洞暂存期间，曾请其同事郑世文传拓数份。此又见马衡《跋唐玄宗投紫盖洞告文铜简》：“庄生尚严（按：即庄严）拓以见示，叹为精绝。因商诸主管者借拓数本，宇内始有流传。”今所见马衡先生题付王福庵、丁洁平拓本来源即此。

唐玄宗投紫蓋洞銅簡

此簡為南京古物保存所所藏，莊子慕陵拓得以貽潔平世兄，舉以屬題，因録近作一首於後。

有唐開元廿六年，七月甲子歲戊寅。明皇時年五十四，兩京來往倦風塵。軍國大計委牛李，深居習靜好道真。欲求神仙長生術，霞轍甘循漢與秦。洞天福地徧祠禱，金龍信簡空沉淪。偽言賢士野無餘，府兵上下停魚書。更以蕃將代漢將，鐵輔藩籬盡撤除。忘愁天天等燕雀，不知宮闕將丘虛。況復縱情娛聲色，絕代佳人傾人國。一朝鼙鼓動漁陽，有辭可藉清君側。馬嵬玉隕權相誅，持平敢謂罪斯得。履霜堅冰有自來，勸勤誤國緣多惑。簡文一百卌七言，視作愛書寧過刻。子

馬衡

大唐開元神武皇帝李隆基本命乙酉八月五日
降誕夙好道真願蒙神仙長生之法謹依上清靈
文投刺紫蓋仙洞位忝君臨不獲朝拜謹令道士
孫智涼賫信簡以聞惟金龍驛傳
太歲戊寅六月戊戌朔廿七日甲子告文

內使朝散大夫行內侍省掖庭局令上柱國
張奉國本命甲子[illegible]八日生道士[illegible]
判官王越賓[illegible]

◇ 唐玄宗铜简民国拓本

纵 62 厘米，横 37 厘米
熊长云　供图

马衡题七言长诗又见《马衡诗钞》手稿，为 1940 年 5 月所作。丁洁平为丁辅之三子，曾任职于故宫博物院南京分院重庆办事处，后任故宫博物院青铜器库主任。

神武皇帝李隆基本命乙

道真顏蒙神仙長生之法

盖仙洞位忝君臨不獲朝

信簡以聞惟金龍驛傳

璧

贵州省博物馆藏唐玄宗开元二十六年铜简，投于“紫盖仙洞”，即山简，任超在拍摄时发现其正面上有一圆形锈蚀，呈环状，应为玉璧的锈蚀痕迹。锈蚀外径9.3厘米，内径3.5厘米，环宽3厘米，折唐尺正好为三寸，完全符合杜光庭对投山简所用圆璧“径三寸”的描述。

青丝

玉璧状圆形锈蚀的环状内部，有左右两处对称的缠绕痕迹。两处缠绕痕迹的宽度即是玉璧的肉宽，均为3厘米。左侧缠绕痕迹的厚度为0.6厘米，右侧缠绕痕迹的厚度为0.9厘米。应为青丝缠绕痕迹，也是现存唯一的青丝痕迹。

钮

1991年至1992年在山西长治市襄垣县仙堂山黑龙洞出土鎏金铜钮一枚，直径4.5厘米，环状，截面圆形。这枚鎏金铜钮的形制符合杜光庭《太上黄箓斋仪》描述：“钮径九分，圆，其外如环之行也。”但尺寸更大，应是玄宗时期金钮的形制。

唐　鎏金铜钮

直径4.5厘米，粗0.8厘米，重70克
1991年—1992年山西省长治市襄垣县仙堂山黑龙洞内出土
襄垣县文物博物馆藏

林屋洞

1982年整修苏州太湖西山林屋洞时，出土了四条金龙，两条鎏金铜龙、两条铜龙。其中两条金龙，纯金质，重40.2克，符合杜光庭"当以上金三两，铸三龙，龙各重一两"的描述，身体成合瓦状，经剪裁、捶打、錾刻成型，蛇颈，身躯细长，无背鳍，兽足，虎尾，体现了唐代走龙的特征。另两条金龙，纯金质，片状，经剪裁、捶打成型，重约10克。

唐　金龙

长 23.5 厘米，高 8.5 厘米
1982 年江苏省苏州市林屋洞出土
苏州博物馆藏

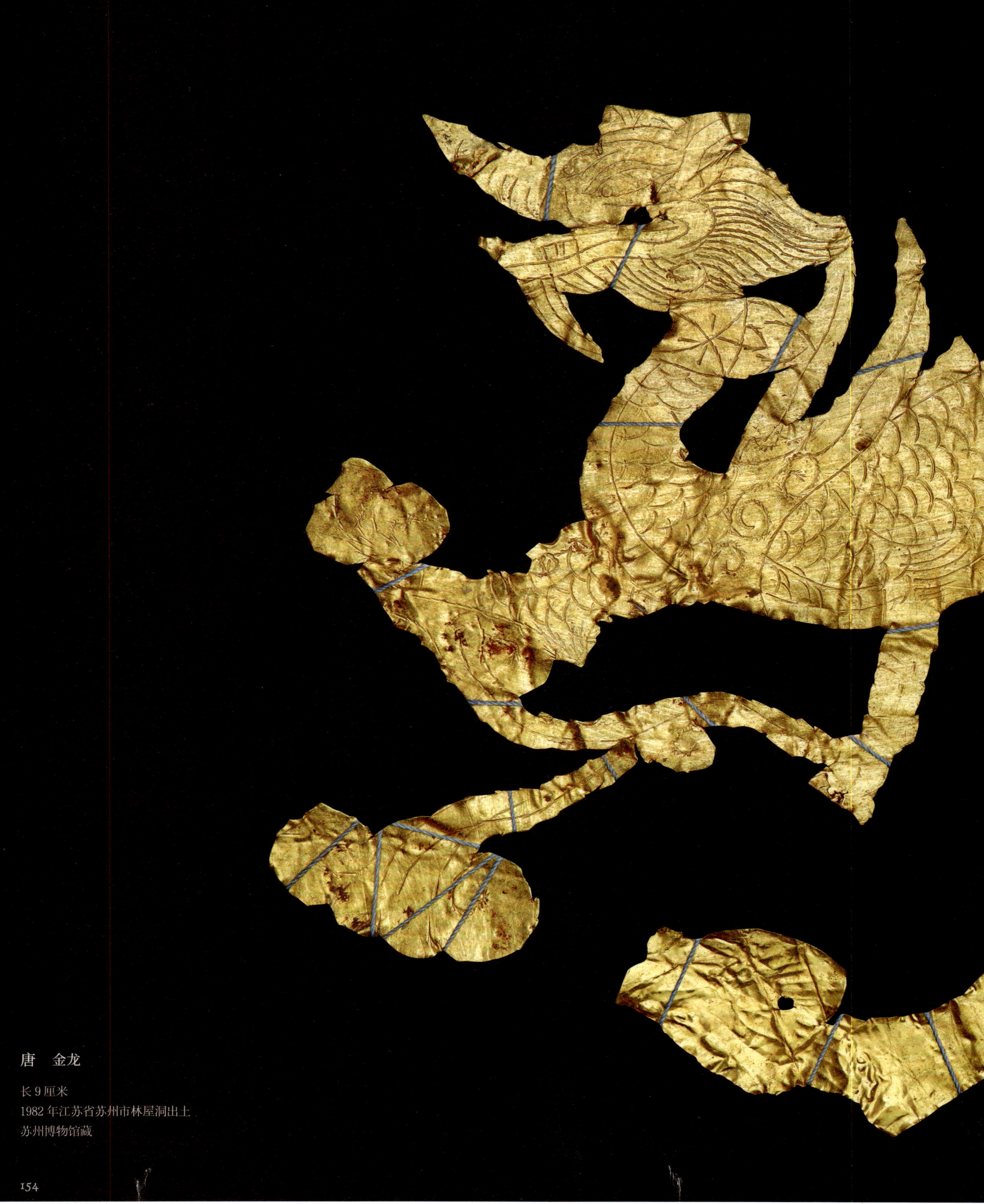

唐　金龙

长 9 厘米
1982 年江苏省苏州市林屋洞出土
苏州博物馆藏

华阳洞

20 世纪末，江苏省句容市茅山华阳洞相继出土鎏金铜龙十六条。其中十四条为立体走龙，上颚较长，无角，蛇颈，有背鳍，兽蹄，具有唐五代时期走龙特征。

铜龙

长 5.7 厘米—16.5 厘米，高 4 厘米—8 厘米
20 世纪末江苏省句容市茅山华阳洞出土
句容市博物馆藏

铜龙

长 8 厘米，高 6 厘米，宽 3 厘米
20 世纪末江苏省句容市茅山华阳洞出土
句容市博物馆藏

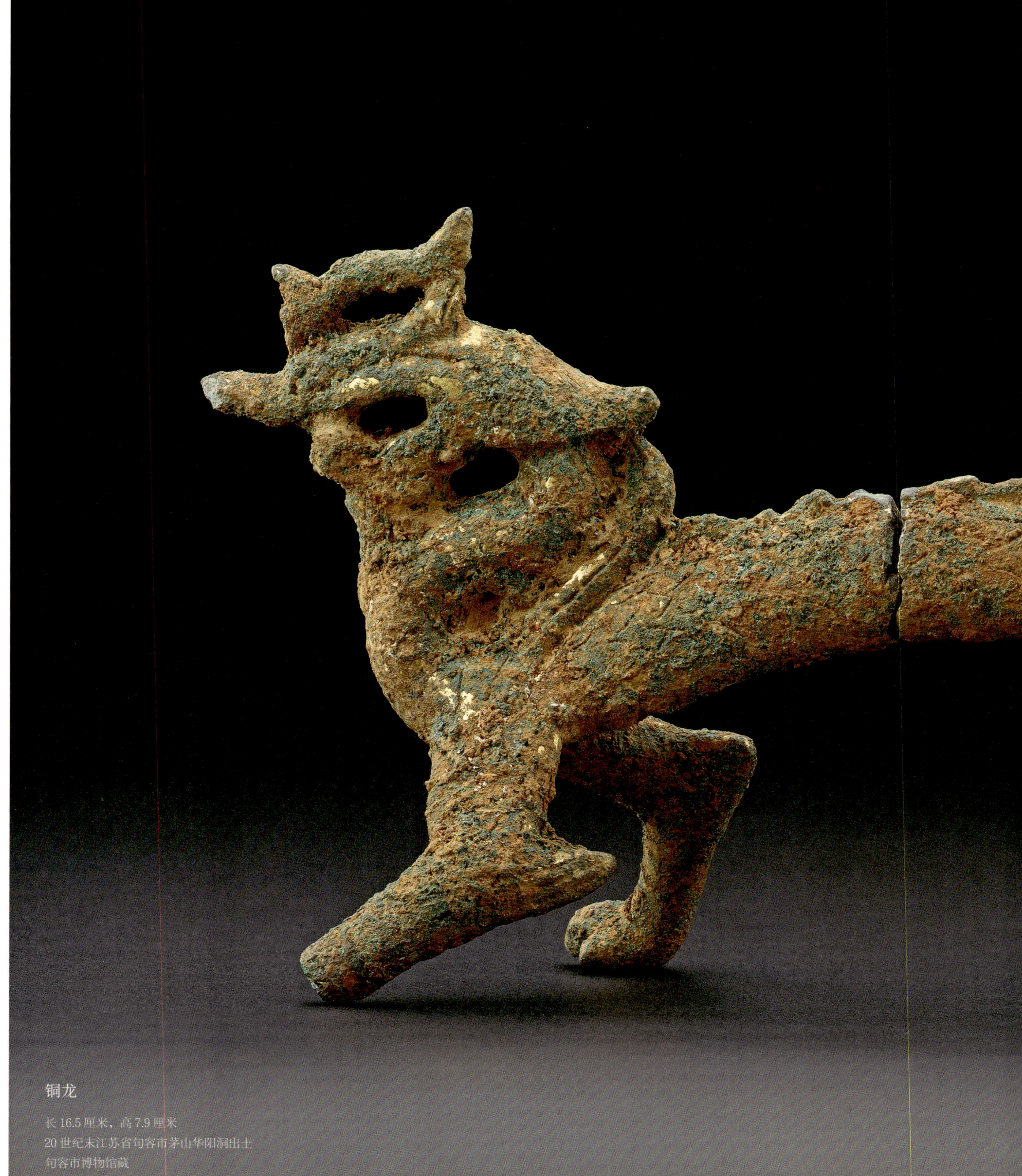

铜龙

长 16.5 厘米，高 7.9 厘米
20 世纪末江苏省句容市茅山华阳洞出土
句容市博物馆藏

铜龙

长 6 厘米，高 4 厘米，宽 1.5 厘米
20 世纪末江苏省句容市茅山华阳洞出土
句容市博物馆藏

铜龙

长 12.5 厘米，高 4.2 厘米
20 世纪末江苏省句容市茅山华阳洞出土
句容市博物馆藏

铜龙

长 6.3 厘米，高 6.5 厘米，宽 1.4 厘米
20 世纪末江苏省句容市茅山华阳洞出土
句容市博物馆藏

仙堂山

1991 年—1992 年间于山西省长治市襄垣县仙堂山琉璃岩（黑龙洞）清淤过程中出土铜龙九件和鎏金圆环状铜钮一件，现收藏于襄垣县文物馆。这些龙、钮应为唐玄宗开元、天宝年间分别九次举行投龙之遗物。

唐　鎏金铜龙

长 10.8 厘米，高 7.5 厘米，厚 1.2 厘米
1991 年—1992 年山西省长治市襄垣县仙堂山黑龙洞内出土
襄垣县文物博物馆藏

唐　铜龙

长 17 厘米，高 6 厘米，厚 1.5 厘米
1991 年—1992 年山西省长治市襄垣县仙堂山黑龙洞内出土
襄垣县文物博物馆藏

唐　铜龙

长 17.5 厘米，高 8 厘米，厚 1.5 厘米
1991 年—1992 年山西省长治市襄垣县仙堂山黑龙洞内出土
襄垣县文物博物馆藏

唐　铜龙

长 17.5 厘米，高 13 厘米，厚 2.5 厘米
1991 年—1992 年山西省长治市襄垣县仙堂山黑龙洞内出土
襄垣县文物博物馆藏

唐　铜龙

长 7.6 厘米—9 厘米，高 3.5 厘米—4.8 厘米
1991 年—1992 年山西省长治市襄垣县仙堂山黑龙洞内出土
襄垣县文物博物馆藏

孔水洞

20世纪末，北京房山孔水洞相继出土鎏金铜龙七条。其中五条出土于孔水洞，两条出土于房山煤矿。这些鎏金龙可能与《大房山投龙璧记》中提到的开元二十三年、二十四年和二十七年的投龙行为有关。

唐　鎏金铜龙

长19.5厘米，高9.5厘米
20世纪末北京矿物局房山煤矿出土
首都博物馆藏

唐　鎏金铜龙

长 19.5 厘米，高 9.5 厘米
20 世纪末北京市房山区孔水洞出土
北京市房山区文物保护所藏

仙都山

1997 年，浙江省丽水市缙云县仙都山金龙洞出土铜龙两条。上颚较长，鹿角，蛇颈，身躯修长，无背鳍，具有唐五代时期走龙特征。左前足与左后足均单独榫接。

唐—五代　鎏金铜龙

长 17.5 厘米，腹宽 1.5 厘米，厚 0.7 厘米
1997 年浙江省丽水市缙云县仙都山金龙洞出土
缙云县博物馆藏

唐—五代　鎏金铜龙

长 17.5 厘米，腹宽 1.5 厘米，厚 0.7 厘米
1997 年浙江省丽水市缙云县仙都山金龙洞出土
缙云县博物馆藏

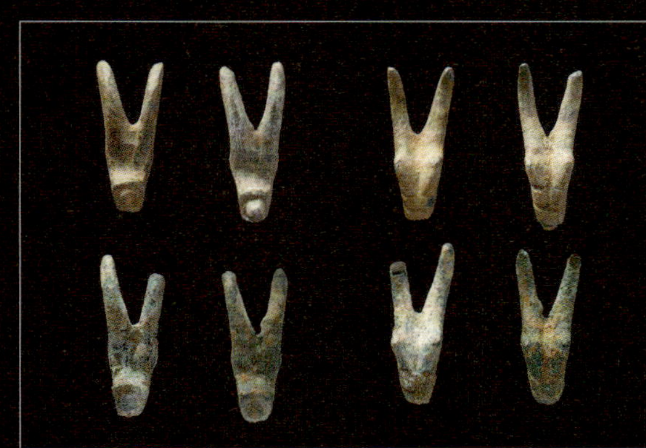

唐—五代　铜爪一组

长约 4.5 厘米
1997 年浙江省丽水市缙云县仙都山金龙洞出土
缙云县博物馆藏

简

朱书木简有“投名”字样，应是投龙的告文简。从木简的材质和内容来看，应为道观或道士的投龙行为。据南北朝时期的《太上洞玄灵宝赤书玉诀妙经》记载，“朱书银木简，青纸裹之，青丝缠之，金钮九只，金龙负之，埋本命之岳，悉如上法。”

墨书木简有“男官弟子叶□□奉 / 道精诚，修行勤谨，素志专一，于法有功 / 天师门下都功治职”等字样，内容是向叶某授予道教的都功职位，可见其应为授予道教职务的都功版。据南北朝时期的《正一法文传都功威仪》记载：“版用银木，长九寸、广五寸，分作七行，朱书，黄纹袋盛，与治录同处。无银木，槐梓亦得。”

唐—五代　仙都山墨书木简一组

长 10 厘米，宽 2 厘米，厚 0.2 厘米
1997 年浙江省丽水市缙云县仙都山金龙洞出土
缙云县博物馆藏

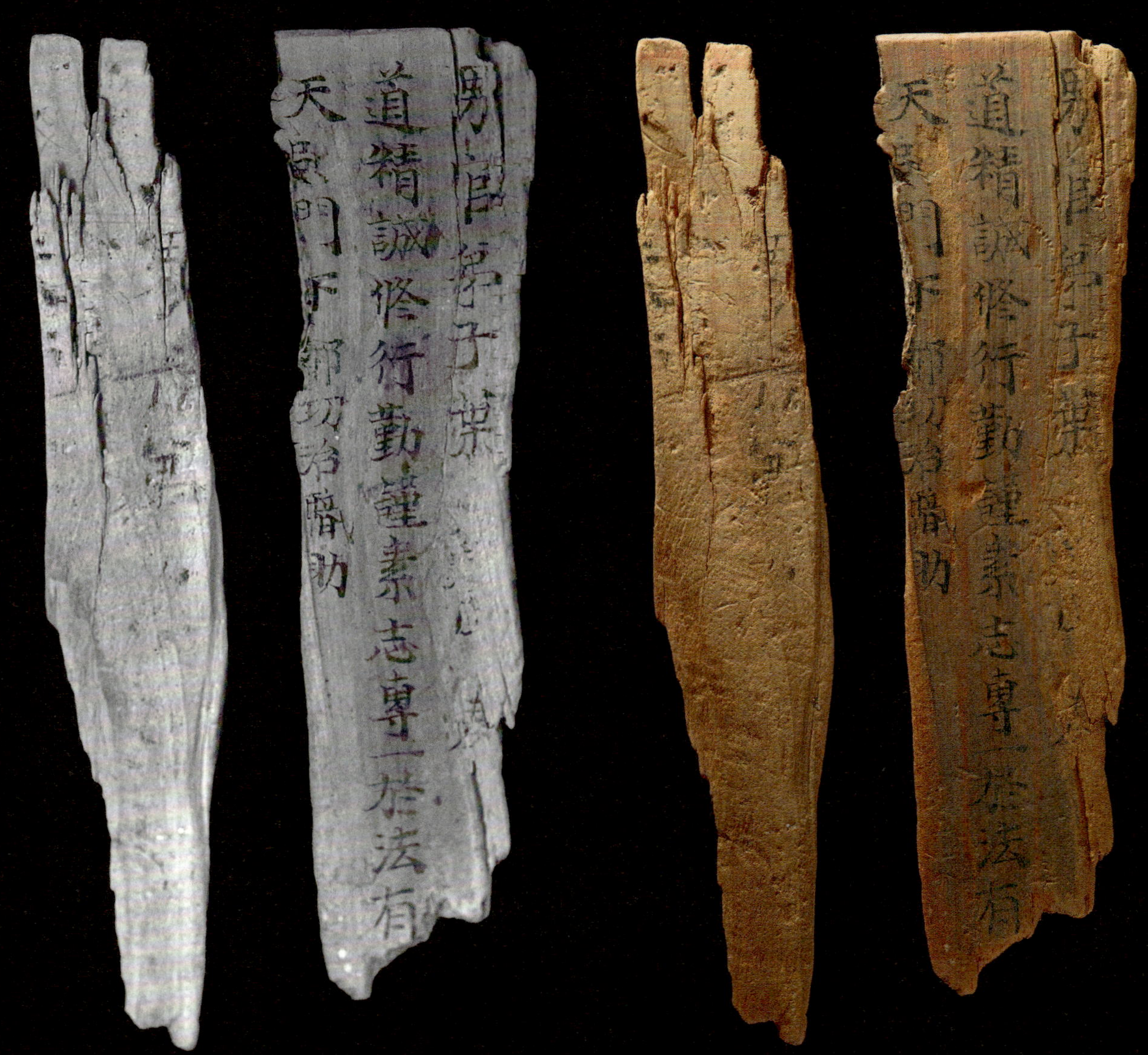

唐—五代　仙都山朱书木简一组

长 11 厘米，宽 8 厘米，厚 1.4 厘米
1997 年浙江省丽水市缙云县仙都山金龙洞出土
缙云县博物馆藏

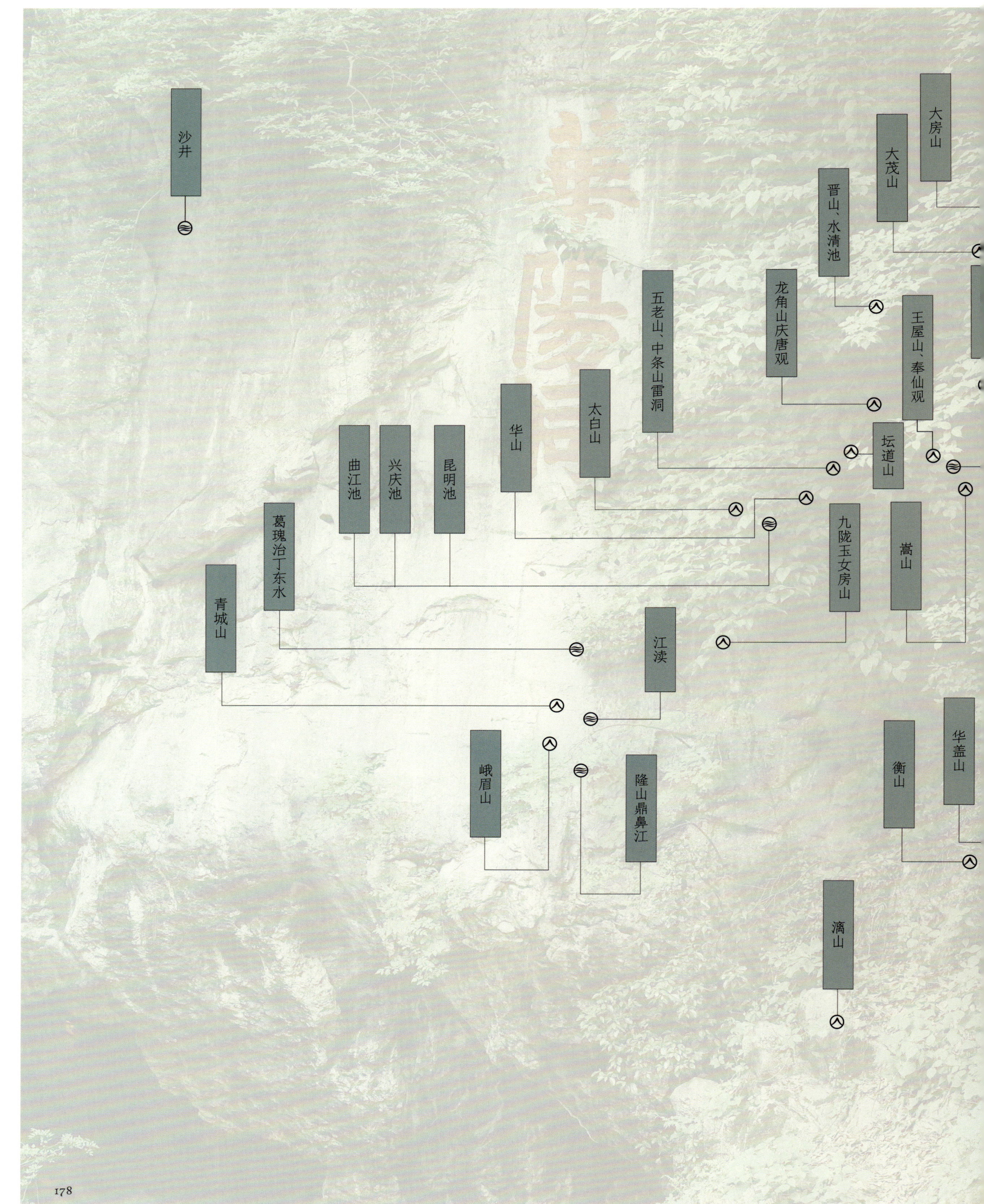

沙井
大房山
大茂山
晋山、水清池
龙角山庆唐观
五老山、中条山雷洞
王屋山、奉仙观
坛道山
太白山
华山
曲江池
兴庆池
昆明池
葛瑰治丁东水
九陇玉女房山
嵩山
青城山
江渎
峨眉山
隆山鼎鼻江
衡山
华盖山
潜山

唐代诸帝投龙纪事图

肃宁
云门山
东海庙
泰山顶介丘
泰山
济渎庙
淮渎庙
茅山
（姜偃）天目山
林屋洞
张公洞
四明山永昌潭
会稽山阳明洞
金庭山桐柏潭
铜井潭
独耸山
华林山
麻姑山瀑布
玉笥山
天台山三井
罗浮山

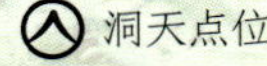

洞天点位
水府点位

唐代诸帝投龙年表

注：所标为帝王生卒年。

唐太宗

599—649（年）

两次

序号	时间	地点
①	贞观九年（635）四月	茅山
②	贞观九年（635）六月	茅山

唐高宗

628—683（年）

八次

序号	时间	地点
①	龙朔三年（663）	不详
②	龙朔年间（661—663）	漓山龙潭
③	麟德元年（664）正月	江渎池不详
④	麟德元年（664）二月	隆山郡鼎鼻江
⑤	麟德元年（664）四月	九陇玉女房山
⑥	乾封元年（666）二月	泰山顶介丘
⑦	永淳二年（683）	天台山三井
⑧	弘道二年（684）	衡山

武则天

624—705（年）

十一次

序号	时间	地点
①	天授二年（691）二月	泰山
②	天授二年（691）四月	淮渎庙（唐县）
③	天授三年（692）正月	济渎庙（济源）
④	天授三年（692）十二月	嵩山
⑤	圣历元年（698）十二月	泰山
⑥	久视元年（700）七月	嵩山
⑦	久视二年（701）	泰山
⑧	长安元年（701）十二月	泰山
⑨	长安元年（701）	不详
⑩	长安四年（704）九月	泰山
⑪	长安四年（704）十一月	泰山

唐中宗

656—710（年）

三次

序号	时间	地点
①	神龙元年（705）	泰山
②	景龙二年（708）二月	泰山
③	景龙三年（709）二月	太白山、昆明池

唐僖宗

862—888（年）

两次

序号	时间	地点
①	乾符二年（875）五月	青城、峨嵋、茅山、天台、罗浮、五岳等十八处
②	中和年间（881—885）	葛瑰治丁东水

唐武宗

814—846（年）

四次

序号	时间	地点
①	会昌元年（841）十二月	不详
②	会昌五年（845）十月	不详
③	会昌五年（845）	不详
④	会昌年间（841—846）	茅山

唐文宗

809—840（年）

一次

序号	时间	地点
①	大和三年（829）	会稽山

唐敬宗

809—827（年）

一次

序号	时间	地点
①	宝历元年（825）五月	天台山三井

662—716年

唐睿宗

四次

①景云二年（711）四月	响堂山
②景云二年（711）八月	泰山、莱州东海
③景云二年（711）十一月	姜堰天目山石井
④景云二年（711）	茅山

685—762年

唐玄宗

二十七次

①先天二年（713）七月	龙角山庆唐观
②先天二年（713）	金庭山桐柏潭
③开元元年（713）	张公洞天申宫
④开元元年（713）	西岳华山
⑤开元以来（713—756）	会稽山阳明洞
⑥开元八年（720）七月	泰山
⑦开元十三年（725）	华林山
⑧开元十八年（730）六月	青城山
⑨开元十九年（731）五月	兴庆池
⑩开元二十一年（733）	肃宁
⑪开元二十三年（735）七月	泰山
⑫开元二十三年（735）	大房山
⑬开元二十四年（736）	大房山
⑭开元二十五年（737）	天台山三井
⑮开元二十六年（738）六月	衡山
⑯开元二十六年（738）八月	华林山
⑰开元二十七年（739）三月	大房山孔水洞
⑱开元年间（713—741）	玉笥山
⑲天宝二年（743）	四明山永昌潭
⑳天宝二年（743）	五老山玉真洞
㉑天宝四载（745）七月	蜀郡江潭
㉒天宝五载（746）	麻姑山瀑布
㉓天宝七载（748）三月	茅山华阳洞天
㉔天宝十一载（752）十一月	云门山
㉕天宝十三载（754）五月	茅山
㉖天宝年间（742—756）	华山
㉗玄宗统治时期（712—756）	仙堂山黑龙洞（襄垣仙洞）

711—762年

唐肃宗

四次

①乾元元年（758）二月	曲江池
②乾元元年（758）五月	曲江池
③乾元年间（758—760）	歙县铜井潭
④乾元年间（758—760）	休宁独耸山

726—779年

唐代宗

三次

①大历七年（772）正月	泰山瑶池
②大历八年（773）九月	泰山瑶池
③大历年间（766—779）	龙角山珍珠洞

742—805年

唐德宗

一次

①贞元十八年（802）秋	晋山（太原附近）

778—820年

唐宪宗

一次

①元和十四年（819）	西山游帷观东（投龙烟潭）

的投龙纪，最为集中地见于《岱岳观记碑》。

唐高宗显庆六年（661）道士郭行真立，是泰山现存最早代碑刻，亦是唐代帝王投龙的重要实物资料。碑身六面，碑文记载了唐代六帝一后在一百三十七年间的斋醮、造像之事二十余则，其中涉及投龙仪式的多达十一则。为：

1. 武则天天授二年（691）投龙记
2. 武则天圣历元年（698）投龙记
3. 武则天久视元年（700）投龙记
4. 武则天长安元年（701）投龙记
5. 武则天长安四年（704）投龙记
6. 武则天长安四年（704）投龙记
7. 武则天神龙元年（705）投龙记
8. 唐中宗景龙二年（708）投龙记
9. 唐睿宗景云二年（711）投龙记
10. 唐玄宗开元八年（720）投龙记
11. 唐代宗大历七年（772）投龙记

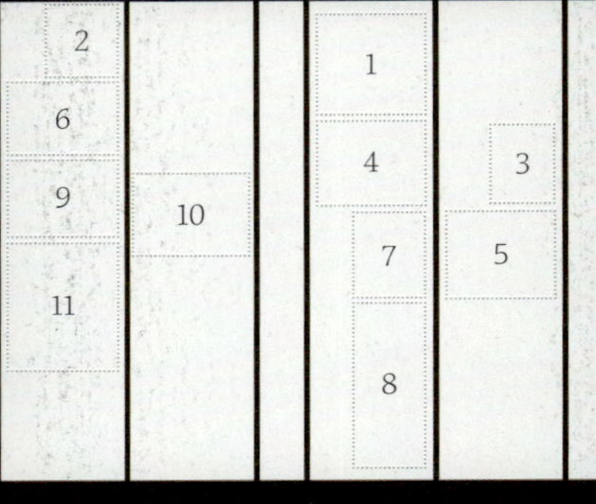

北碑西面　　南碑西面

唐　《岱岳观记碑》拓本

泰安市博物馆藏

南碑南面　　南碑东面　　北碑东面　　北碑北面

武则天投龙 · 天授二年（691）

武则天掌握政权后，将东都洛阳作为政治中心，临近洛阳的嵩山受到推崇。696 年，武则天举办隆重的中岳封禅典礼，封埋玉册，并将年号改为“万岁登封”。据文献和出土资料，武则天至少投龙十一次，投龙地包括泰山、嵩山、济渎庙、淮渎庙等地。

● 投龙时间

天授二年二月朔十日

● 投龙地点

东岳泰山

● 参与人员

金台观主中岳先生马元贞，弟子杨景初、郭希玄，内品官杨君尚、欧阳智琮

● 投龙仪式

章醮投龙，作功德一十二日夜

大周天授二年岁次辛卯二月癸卯朔十日壬子，金台观主中岳先生马元贞，将弟子杨景初、郭希玄，内品官杨君尚、欧阳智琮，奉圣神皇帝敕，缘大周革命，令元贞往五岳四渎投龙作功德。元贞于此东岳行道章醮投龙，作功德一十二日夜。又奉敕敬造石元始天尊像一铺，并二真人夹侍，永此岱岳观中供养。
祇承官宣德郎行兖州都督府仓曹参军事李叔度。

此记刻于《岱岳观记碑》南碑东面第一层，为武则天登基改国号为周后，首次敕使在东岳行道投龙记。

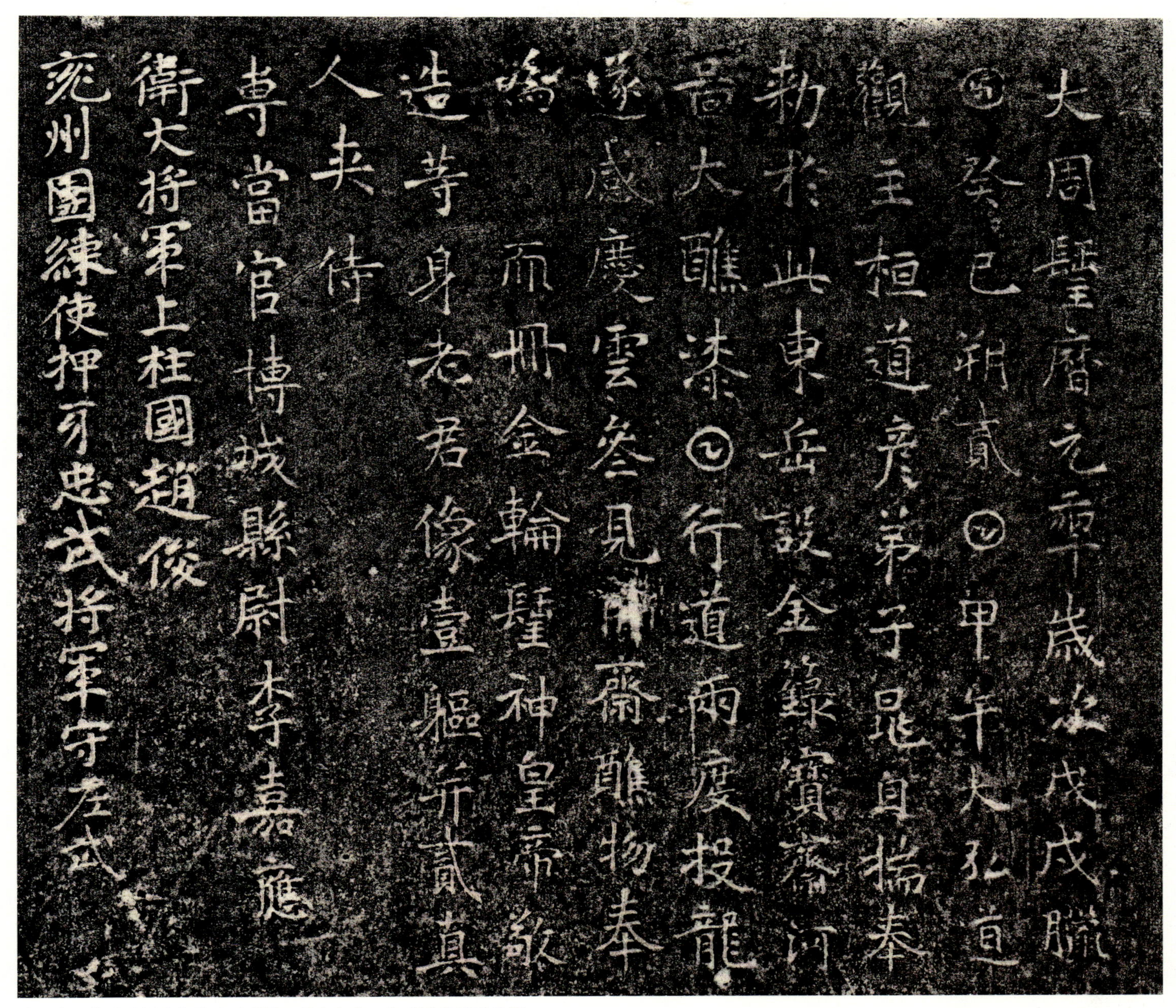

此记在《岱岳观记碑》北碑西面第一层右上角。为武则天于周圣历元年敕令东岳行道投龙记。

大周圣历元年岁次戊戌腊
月癸巳朔贰日甲午，大弘道
观主桓道彦、弟子晁自揣，奉
敕于此东岳设金箓宝斋河
图大醮，漆日行道，两度投龙，
遂感庆云叁见。□斋醮物，奉
为天册金轮圣神皇帝，敬
造等身老君像壹躯，并贰真
人夹侍。
专当官博城县尉李嘉应。
卫大将军上柱国赵俊
兖州团练使押牙忠武将军守左武

● **投龙时间**

圣历元年腊月朔日

● **投龙地点**

东岳泰山

● **参与人员**

大宏道观主桓道彦、弟子晁自揣

● **投龙仪式**

设金宝斋河图大醮，漆日行道，两度投龙

久视元年（700）

1982年在嵩山峻极峰发现武周久视元年（700）武则天投龙金简。简文中同时提到了请三官九府除罪名、求仙，以及位于中岳绝顶的投简场所，都与灵宝“三元玉简”的旨趣相同。然而，其文辞格式与《赤书玉诀》的记载不同，且缺乏标志性的“金龙驿传”文句，反映唐代投龙、投简仪式的发展脉络可能更为复杂且多元。

久视二年太岁辛丑正月乙卯朔二日丙子，神都清元观主麻慈力亲承圣旨，内赍龙璧、御词、缯帛及香等物，诣此观中斋醮。功毕，伏愿我皇万福，宝业恒隆。敬勒昌龄，冀同砺而无朽。侍者道士麻弘倩。

● **投龙时间**

久视二年正月朔二日

● **投龙地点**

东岳泰山

● **投龙祈愿**

伏愿我皇万福，宝业恒隆。敬勒昌龄，冀同砺而不朽

● **参与人员**

神都清元观主麻慈力、侍者道士麻弘倩

● **投龙仪式**

内赍龙璧、御词、缯帛及香等物，观中斋醮

此记刻于《岱岳观记碑》北碑东面第二层之右，为武则天久视二年敕令东岳行道投龙记。

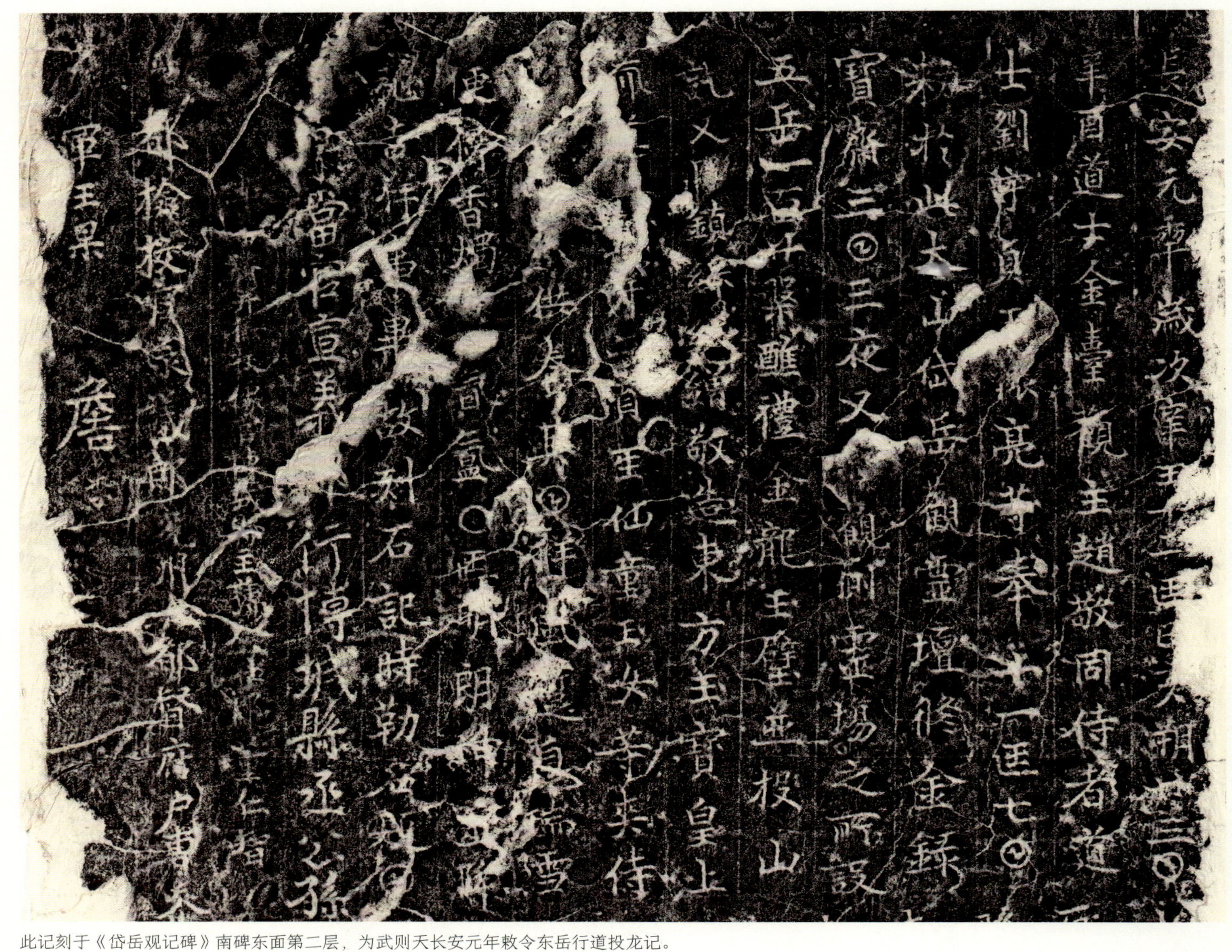

此记刻于《岱岳观记碑》南碑东面第二层，为武则天长安元年敕令东岳行道投龙记。

长安元年岁次辛丑十二月己亥朔廿三日
辛酉，道士金台观主赵敬同，侍者道
士刘守贞、王怀亮等奉十一月七日
敕，于此太（泰）山岱岳观灵坛，修金箓
宝斋三日三夜。又于观侧灵场之所设
五岳一百廿盘醮礼，金龙、玉璧并投山
讫。又用镇彩纹缯敬造东方玉宝皇上
天尊一铺，并二真人仙童玉女等夹侍，
□□□□供养。其日祥风暂息，瑞雪
便停，香烟氤氲，星月明朗，神灵降
祉吉祥。事毕，故刻石记时，勒石题日。
专当官宣议郎行博城县丞公孙
专当斋并检校像官博城县主簿登仕郎董仁智
都检校官奉议郎兖州大都督府户曹参
军王杲。

● **投龙时间**

长安元年十二月朔廿三日

● **投龙地点**

东岳泰山

● **参与人员**

道士金台观主赵敬同，侍者道士刘守贞、王怀亮等

● **投龙仪式**

泰山岱岳观灵坛，修金箓宝斋三日三夜；于观侧灵场之所，设五岳一百廿盘醮礼，金龙玉璧并投山讫

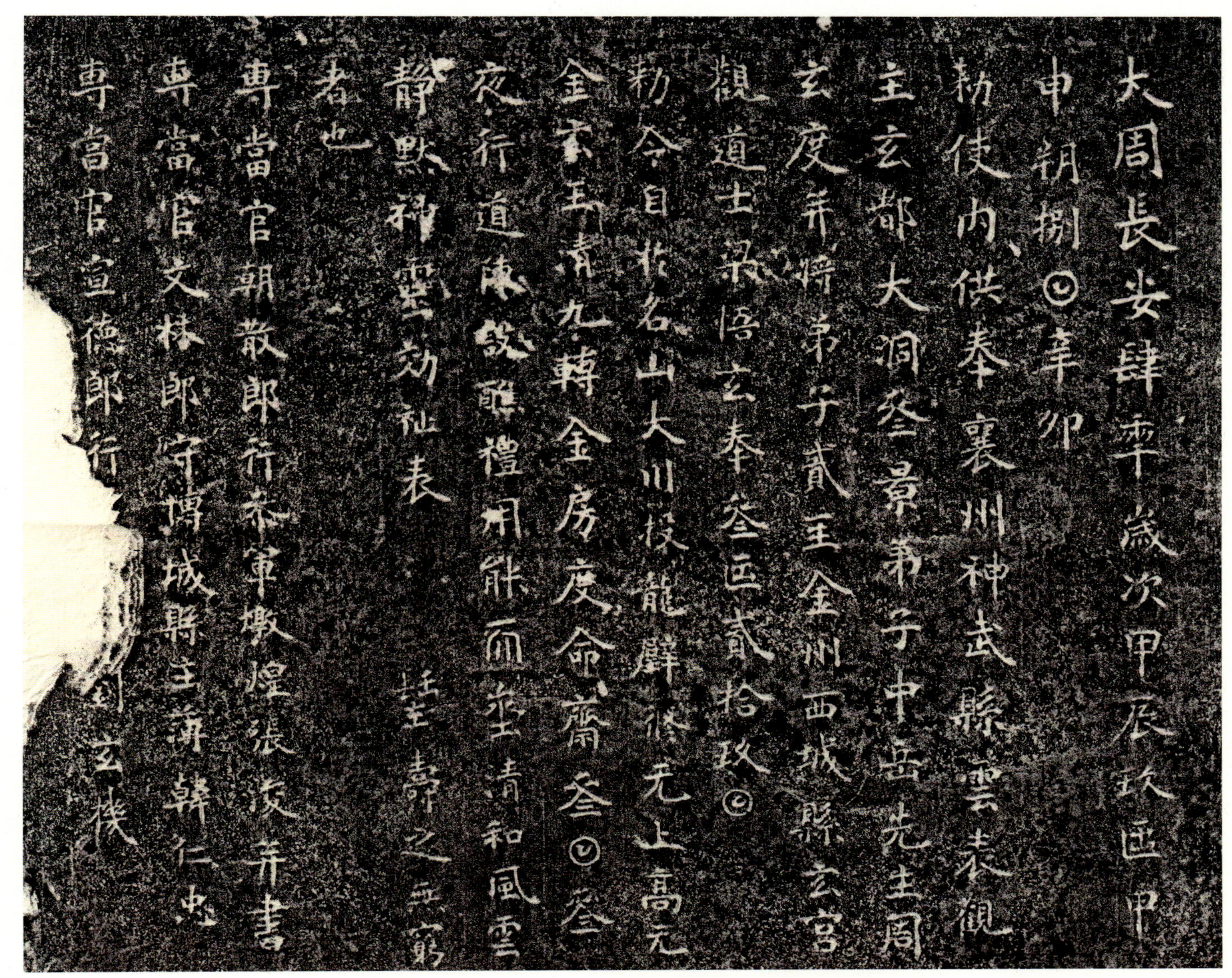

此记刻于《岱岳观记碑》北碑西面第二层，为武则天长安四年敕令东岳行道投龙记。

大周长安肆年岁次甲辰玖月甲申朔捌日辛卯，敕使内供奉、襄州神武县云表观主、玄都大洞叁景弟子中岳先生周玄度，并将弟子贰人，金州西城县玄宫观道士梁悟玄，奉叁月贰拾玖日敕令，自于名山大川投龙璧，修无上高元金玄玉清九转金房度命斋叁日叁夜行道，陈设醮礼，用能天地清和，风云静默，神灵效祉，表圣寿之无穷者也。

专当官朝散郎行参军敦煌张浚并书，

专当官文林郎守博城县主簿韩仁忠，

专当官宣德郎行□□□刘玄机。

● **投龙时间**

长安四年九月朔八日

● **投龙地点**

东岳泰山

● **投龙祈愿**

表圣寿之无穷

● **参与人员**

内供奉、襄州神武县云表观主、玄都大洞叁景弟子中岳先生周玄度，并将弟子贰人，金州西城县玄宫观道士梁悟玄等

● **投龙仪式**

于名山大川投龙璧，修无上高元金元玉清九转金房度命斋叁日叁夜行道，陈设醮礼

此记刻于《岱岳观记碑》北碑东面第三层。为武则天最后一次敕令东岳行道投龙记。

● **投龙时间**

长安四年十一月朔十五日

● **投龙地点**

东岳泰山

● **投龙祈愿**

以兹功德，奉福圣躬

● **参与人员**

大宏道观威仪师那虚应，法师阮孝波，承议郎行官□丞刘怀悊、邵□□等

● **投龙仪式**

于东岳岱岳观中建金箓大斋四十九日，行道设醮，奏章投龙荐璧

大周长安四年岁次甲辰十一月癸未朔十五月丁酉，大宏道观威仪师那虚应，法师阮孝波，承议郎行官□丞刘怀悊、邵□□等，奉敕于东岳岱岳观中建金箓大斋四十九日，行道设醮，奏章投龙荐璧，以本命镇彩物，奉为皇帝敬造石玉宝皇上天尊一铺十事，并壁画天尊一铺十三事，敬写《本际经》一部，《度人经》十卷，以兹功德，奉福圣躬。其月四日已前行道之时，忽见日彩扬光，加以抱戴，俄顷之际，云色稍殊，遂有紫霞间起，黄云顿兴，遍覆坛场，并成舆盖。睹斯嘉瑞，敢不书之□斋醮既终，勒文于石。专当官宣德郎行兖州都督府参军事王处诣，专当官文林郎守博城县主簿韩仁忠，专当官岳令刘玄机。

● **投龙时间**

神龙元年三月朔廿八日

● **投龙地点**

东岳泰山

● **参与人员**

大宏道观法师阮孝波，道士刘思礼，品官杨嘉福、李立本等

● **投龙仪式**

于岱岳观建金箓宝斋四十九人九日九夜行道，并设醮投龙

大唐神龙元年岁次乙巳三月庚辰朔廿八日丁未，大弘道观法师阮孝波，道士刘思礼，品官杨嘉福、李立本等，奉敕于岱岳观建金箓宝斋卌九人九日九夜行道，并设醮投龙。功德既毕，以本命镇彩等物，奉为皇帝、皇后，敬造石玄真万福天尊像一铺。给事郎、试太子中允刘秀良书。

唐中宗投龙

· 神龙元年（705）

据文献资料，唐中宗至少投龙三次，投龙地包括泰山、太白山、昆明池等地。

此记刻于《岱岳观记碑》南碑东面第三层。为唐中宗李显复国号为唐后当年，以皇帝、皇后名义敕令投龙记，此时已不再使用武则天造字。

景龙二年（708）

● **投龙时间**

景龙二年二月朔十二日

● **投龙地点**

东岳泰山

● **投龙祈愿**

皇猷永固，与灵岳而恒安；国祚长隆，等玄都而自久

● **参与人员**

大龙兴观□□□□□

● **投龙仪式**

往东岳陈章醮，荐龙璧
于岱岳观并□□□□□，设金箓行道九日九夜，烧香燃灯□□，并设五岳名山河图等醮□三座

大唐景龙二年岁在戊申二月甲子朔十二日乙亥，大龙兴观□□□□□，奉
敕往东岳陈章醮，荐龙璧，以其月廿七日辛卯，于岱岳观并□□□□□，
设金箓行道九日九夜，烧香燃灯□□，并设五岳名山河图等醮□三座。
功德事毕，奉用本命纹缯及余镇彩，敬造镇国□□□铺。□□
皇猷永固，与灵岳而恒安；国祚长隆，等玄都而自久。朝议郎行兖州□□□
军事王干、朝散郎行兖州都督府参军□□，上柱国兼真安乐公主府□□□□，
乾封县令上柱国张怀贞，儒林郎行乾封县主簿骑都尉韩仁忠等，恭承
睿旨，沐浴身心，虔拜灵坛，勤亦至矣。稽首无上而为之颂曰：
太（泰）山岩岩兮凌紫氛，中有群仙兮乘白云。陈金荐璧兮□□□，□□□□兮□□□。

此记刻于《岱岳观记碑》南碑东面第四层右，为唐中宗于景龙二年敕令投龙记并颂。

唐睿宗投龙

・景云二年（711）

据文献资料，唐睿宗至少投龙四次，投龙地包括响堂山、泰山、莱州东海、姜堰天目山、茅山等地。

（景云二年岁次辛亥四月丙子）朔廿七日壬寅，□□□楚琼、太清观道士杨太（希、相）州使长史颜谋道、县令□□□、道士李摠玄等廿三人、智（力寺）卅人，并道俗五百余人，于□□□北岩投金龙玉璧，其则□□□郁呈祥，开王业于万年，□□□乃上符宝命，远应□□□贞石云尔。

◇ 响堂山投龙记拓本

纵 40 厘米，横 40 厘米

雷闻　供图

● **投龙时间**

景云二年四月朔廿七日

● **投龙地点**

响堂山

● **投龙祈愿**

□□□郁呈祥，开王业于万年

● **参与人员**

□□□楚琼、太清观道士杨太（希）、相州使长史颜谋道、县令□□□、道士李摠玄等廿三人、智（力寺）卅人，并道俗五百余人

● **投龙仪式**

于□□□北岩投金龙玉璧

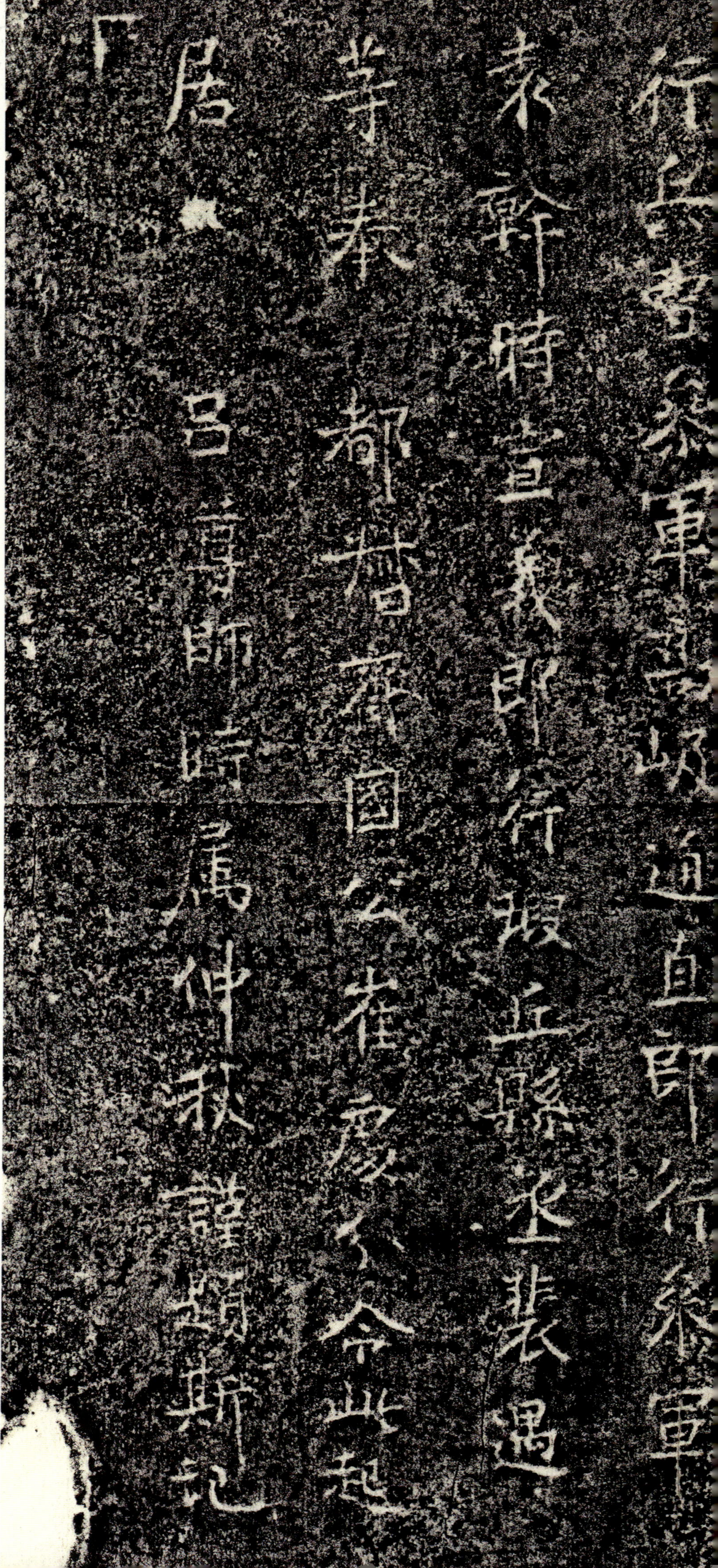
行兵曹參軍高峻通直郎行參軍
袁幹時宣義郎行瑕丘縣丞裴遇
等奉都督齊國公崔處分令此起
居呂尊師時屬仲秋謹題斯記

● **投龙时间**

景云二年八月朔十四日

● **投龙地点**

东岳泰山及莱州东海

● **参与人员**

蒲州丹崖观上座吕皓仙，弟子二人，蒲州灵仙观道士杜含光，丹崖观道士王元庆，道士孙藏晖

● **投龙仪式**

东岳及莱州东海投龙，并道次灵迹修功德；三日三夜四十九人金箓行道，设斋醮并投龙□□□

大唐景云二年岁次辛亥八月癸卯朔十四日景辰，蒲州丹崖观上坐吕皓仙，奉今年闰六月十九日敕，往东岳及莱州东海投龙，并道次灵迹修功德，将弟子二人，蒲州灵仙观道士杜含光，丹崖观道士王元庆，道士孙藏晖，于此三日三夜卌九人金箓行道，设斋醮并投龙□□□。朝议郎行仓曹参军陆大鹣，朝议郎行兵曹参军高峻，通直郎行参军袁幹时，宣义郎行瑕丘县丞裴遇等，奉都督齐国公崔处分，令此起居吕尊师。时属仲秋，谨题斯记。

此记刻于《岱岳观记碑》北碑西面第三层。为唐睿宗李旦于景云二年八月敕令东岳行道投龙记。

大唐景雲二年歲次辛亥八月[illegible]朔十
四日景辰蒲州司法參軍事呂皓仙奉令
年閏六月十九日奉勅往東岳及萊州東
海投龍并道次靈壇修功德將弟子二
人蒲州壺仙觀道士杜含光丹崖觀道
士王元慶道士孫藏暉於此三日三夜卅七
人金籙行道設齋并投龍[illegible]
朝議郎行倉曹參軍陸大鵬 朝議郎

唐玄宗投龙

· 开元二年（714）

唐玄宗对道教的推崇，达到了前无古人、后罕来者的程度，将崇道贯彻到国家形象和礼仪制度层面。他在既有的岳镇海渎庙宇之外，另建带有官方道教性质的五岳真人祠和青城丈人祠、庐山九天使者庙。据文献资料，唐玄宗至少投龙二十七次，投龙地点包括泰山、华山、衡山、龙角山、会稽山、大房山、青城山、云门山、华盖山、麻姑山、五老山、玉笥山、兴庆池、金庭洞、张公洞、四明山永昌潭、蜀郡江潭、济渎庙等地。清道光年间，湖南衡山水帘洞旁的投龙潭中出水了一枚唐玄宗开元二十六年（738）衡山紫盖洞铜简。

● **投龙时间**
开元二年

● **投龙地点**
会稽山龙瑞宫阳明洞

● **参与人员**
叶天师等

● **投龙仪式**
醮

宫记
宫自黄帝建候神馆，宋尚书孔
灵产入道，奏改怀仙馆，神龙元年再置。
开元二年，敕叶天师醮，龙现，敕改
龙瑞宫。管山界至：东秦皇、酒瓮、射的
山，西石箕山，南望海、玉笥、香炉峰，
北禹陵内射的潭、五云溪水府、白鹤山、
淘砂径、茗坞、宫山、鹿迹潭、葑田、茭池。
洞天第十，本名天帝阳明紫府，真仙
会处。黄帝藏书，盘石盖门，封宛委穴。
禹至开，得书治水，封禹穴。

唐　投龙《龙瑞宫记》清拓本

纵 66 厘米，横 63.5 厘米
浙江省博物馆藏

开元八年（720）

● **投龙时间**

开元八年七月

● **投龙地点**

东岳泰山

● **投龙祈愿**

我皇有意于神仙

● **参与人员**

正议大夫内给事梁思陀、寺伯俱玄明等与道士任无名

● **投龙仪式**

投龙合练

岁六月，

我皇有意于神仙，敕使正议大夫内给事
梁思陀、寺伯俱玄明等，与道士任无名，于东
岳太（泰）山投龙合练，宠以紫缚，送以绀钱，皇
皇焉，济济焉，乘传而来矣。都督韦
君，仰祇帝命，远拖使车，爰择干明，
式经构葺。朝议郎、行功曹盖寡疑，宣德
郎、行参军李烈，恭行郡命，届兹岱岭，因
太（泰）山之木，用近士之人，凿碧岩，垒丹灶，列
星柱，亘虹梁，匠无宿春，农不下垄，尝未
浃日，厥功已成，栋宇已来，莫筹其速。乾封
主簿赵咨，持剧务以应诺，总群事而趋
走，恪勤匪懈，不遑自宁。息徒庀工，刻词
贞石。于时开元八年，岁次庚申，七月壬子
朔廿日辛未，毕此功也。
瑕邱尉摄此县卢昊。

此记刻于《岱岳观记碑》南碑西面第三层，为唐玄宗李隆基敕令东岳行道投龙记。

虔月
我皇有召于神仙勅使通議大夫内給事
果毅德守閣供玄明寺与道士任元名於東
岳太山投龍合練氣並絲五人紬錢皇
留[illegible]齋[illegible]奉傳命來矣都督
君[illegible]帝命爰遣使車蹔驛明
式經[illegible]朝議郎行功曹孟[illegible]廷宣德
郎行參軍李列恭行郡命畢戎出領回
太[illegible]之木[illegible]逆士之人[illegible]瑤[illegible]嚴壘丹窟[illegible]列
皇桂宣封梁匠無窮蓄豐衣不能[illegible]嵩木
珙日廢功已伐棟于之來莫奇其速乾封
主簿趙秀持劇務以雍諾[illegible]群事命趙

关于唐玄宗开元十八年六月的投龙记载，见于青城前山常道观（今称天师洞）今尚存的唐代开元年间所立《青城山常道观敕并表》碑。此碑碑阳刻《赐张敬忠敕》，记常道观被飞赴寺僧人夺取，玄宗敕令时任益州刺史的张敬忠“检校勿令相侵”，命“观还道家，寺依山外旧所，使道佛两所各有区分”之事。碑阴内容分为两截，上刻开元十三年正月《张敬忠上表》，下刻道士题名。碑左侧刻《青城山投龙璧记》，记开元十八年六月韦縚、张奉及等“亲奉圣旨”于“青城丈人灵山”“修斋设醮，并奉龙璧”，后在“十一日甲子，敬投龙璧”，证明唐代在青城山也曾有投龙活动。

右页为北京大学图书馆藏柳风堂旧藏唐代《青城山常道观敕并表》原碑碑阳与碑阴拓本。原碑碑侧《青城山投龙璧记》未觅得传世拓本，今以都江堰文物局所提供清代翻刻本补全，并配以唐碑碑侧投龙内容的局部照片。

● 投龙时间
开元十八年六月

● 投龙地点
青城山

● 参与人员
韦縚、张奉及等

● 投龙仪式
修斋设醮，并奉龙璧；十一日甲子，敬投龙璧

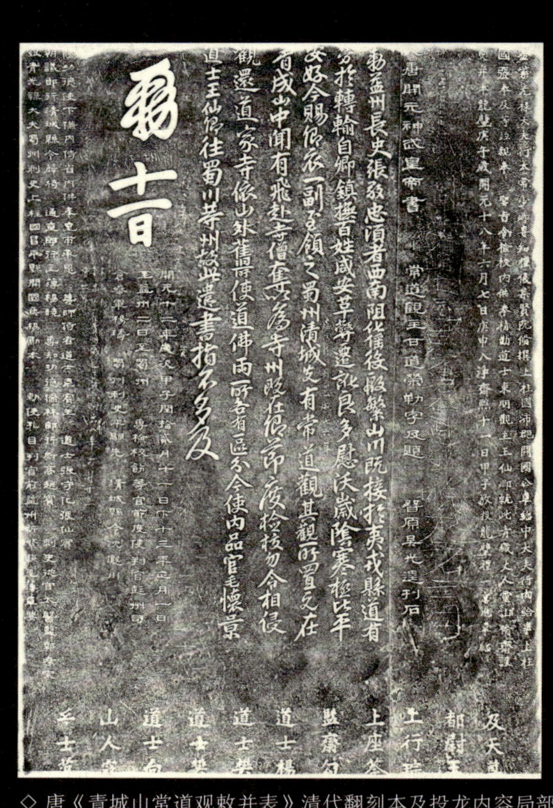

◇ 唐《青城山常道观敕并表》清代翻刻本及投龙内容局部
都江堰文物局藏

◇ 唐《青城山常道观敕并表》碑侧投龙内容局
熊长云　摄

大唐開元神武皇帝書　[illegible]常道觀主[illegible]

勅益州長史張敬忠須者西南阻化保役瞰繁山川既接於夷戎縣道有勞於轉輸自卿鎮撫百姓咸安草弊還蘇良多慰沃歲陰寒極比平安好今賜卿衣一副至領之蜀州清城先有常道觀其觀所置元在青城山中聞有飛赴寺僧奪以為寺州既在卿節度檢校勿令相侵觀還道家寺依山外舊所使道佛兩所各有區分今使內品官毛懷景道士王仙卿往蜀川等州故此遣書指不多及

勅

十二日

開元十二年閏十二月[illegible]

[illegible]

劍南道節度使

蜀州青城山常道觀

右內品官毛懷景道士王仙卿等使至奉閏十二月十一日墨勅蜀州清城先有常道觀其觀所置元在青城山中聞有飛赴寺僧奪以為寺州既在卿節度檢校勿令相侵觀還道家寺依山外舊所使道佛兩所各有區分者臣差判官宣義郎彭州司倉參軍楊璹往青城山准勅處置訖其飛赴寺佛事及僧徒等以今月九日並移於山外舊所安置訖其常道觀三綱甘道榮等探奉勅移飛赴寺依山外舊所觀還道家令使司對州縣官及僧等准勅勒還觀訖更無相侵者其山中先緣寺界所有竹木等並既出居山外觀今望山中務使區分不令侵競臣已牒所管州縣亦許觀家收領訖謹附采藥使內品官毛懷景奉狀以聞謹奏

開元十二年[illegible]益州大都督府長史劍南道節度大使[illegible]道按察經略大使上柱國張敬忠上表

常道觀主甘[illegible]書

上座[illegible]

監齋[illegible]

道士[illegible]

道士[illegible]

道士[illegible]

道士[illegible]

山人[illegible]道安

女士[illegible]

开元二十六年，唐玄宗派遣内侍张奉国带道士孙智凉等人，专程从长安来到南岳紫盖洞（朱陵洞）。此即当时投龙使用铜简。

据史料记载，晚唐时曾出土一枚开元二十六年八月五日投入洪州华林山浮丘公石室的“金简玉环”，文字内容几乎完全相同，也是由道士孙智凉投送。可见唐玄宗衡山铜简可能原为鎏金铜简。

此简清代道光年间出土于衡山水帘洞投龙潭，后为衡山令易小坪、长沙唐继圣所藏。民国时，此简入藏南京古物保存所。抗日战争之初，由所长舒楚石委托时任故宫博物院古物馆科长庄严随同故宫文物西迁，于 1939 年 1 月运抵贵州安顺城郊的华严洞。后因该所裁撤，此简暂交故宫博物院驻黔办事处代为保管。1944 年冬，日军攻占贵州独山，为安全起见，驻黔办事处奉令将故宫文物迁运巴县，而代管之物不便再行负责，于是奉令将此铜简移交安顺民众教育馆，并于 1953 年由安顺县文教科拨交贵州省博物馆。

开元二十七年（739）

● **投龙时间**

开元二十七年三月

● **投龙地点**

大房山孔水洞

● **参与人员**

御史大夫南阳张公讳守珪为府主矣，监官功曹参军段昕、法师□□□□□使□坐李义远、平步风、高味虚、张若水、庞味道、杜崇□、李西升、□崇□、童子李延忠等

● **投龙仪式**

于府城西南大房山、孔水投龙璧，三日三夜，登坛投告

维开元廿七年岁在己卯春三月。
府城西南有大房山，孔水其水也。
地僻幽闲，石堂华丽，云峰攒岭，宛
度千龄，清泉引流，势将万古。耿介
拔俗之士，度白云以方临；萧洒出
尘之贤，干青天而直上。信知山水
之灵矣。伏惟开元圣文神武
皇帝纂承洪业，肇自开元，率土晏
清，廿七年矣。去开廿三年，内供奉
□□吕慎盈奉敕于此水投
龙璧。暨廿四载，□□□□□又奉
敕于此投龙璧。今又奉敕于
此投龙璧焉。于时有御史大夫南
阳张公讳守珪为府主矣，监官功
曹参军段昕、法师□□□□□使
□坐李义远、平步风、高味虚、张若
水、庞味道、杜崇□、李西升、□崇□、
童子李延忠等，三日三夜，登坛投
告。且夫陵谷推移，百龄讵几，仆遂
斐然书美，封山刊焉。词曰：丹岭
嵯峨，双峰迴迤。渌水涓涓，清泉泚
泚。兰蕙凄凄，松风靡靡。百草开
葩，众花吐蘤。刊龙璧之有功，庶千
龄兮无毁。威仪张湛词。

◇ 大房山投龙记拓本

纵 50 厘米，横 82 厘米

陶金　供图

● **投龙时间**
天宝五载

● **投龙地点**
麻姑山瀑布

● **参与人员**
道士邓紫阳等

● **投龙仪式**
投龙于麻姑山瀑布

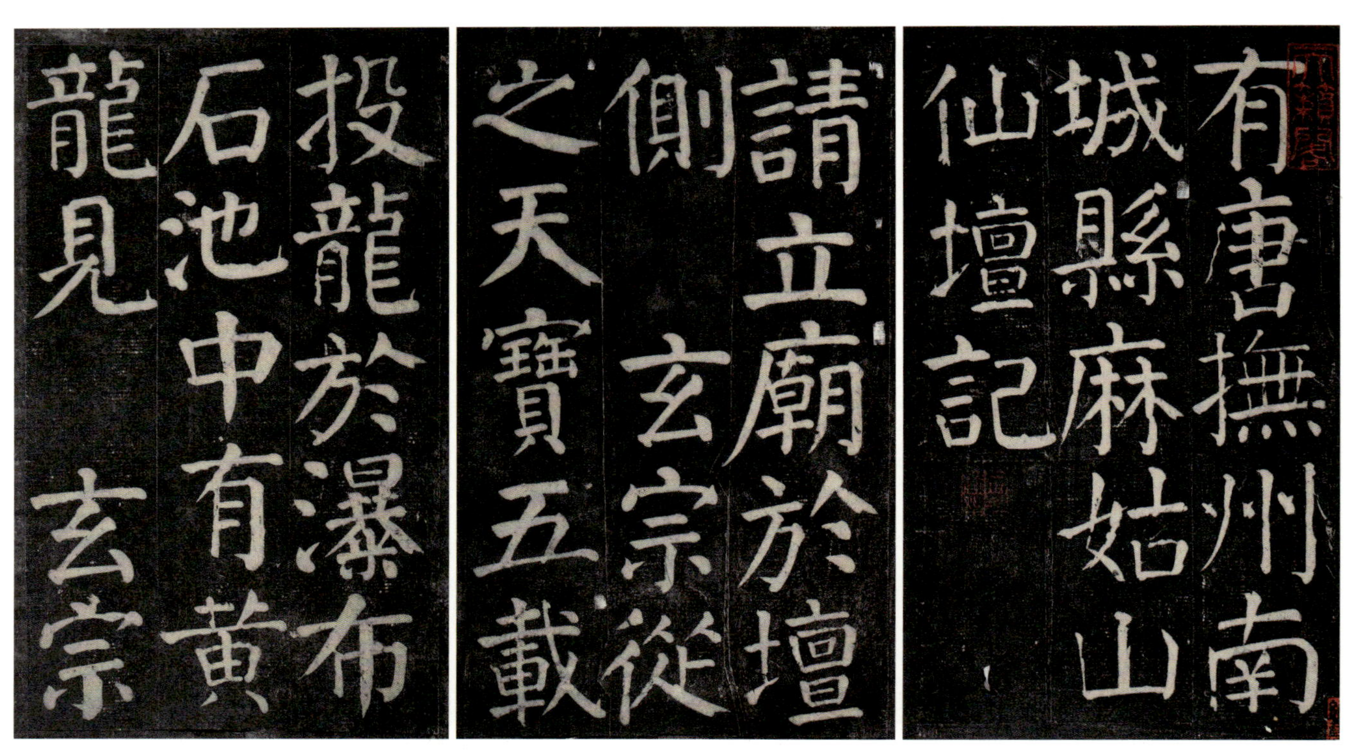

唐　颜真卿《有唐抚州南城县麻姑山仙坛记》大字本（局部）

每开纵 37 厘米，横 12.2 厘米
浙江省博物馆藏

原碑位于江西临川，明季毁于战火。颜真卿撰文并书，刊刻于唐大历六年（771）。颜真卿在抚州刺史任上，正值其仕途失意之际，故时有问道向禅之心。当年四月游览南城县麻姑山并撰文记述麻姑得道成仙之事。文中特别记载了唐天宝五载（746），玄宗敕使投龙于麻姑山瀑布，黄龙现身的祥瑞故事。

投龍於瀑布
石池中有黄
龍見　玄宗

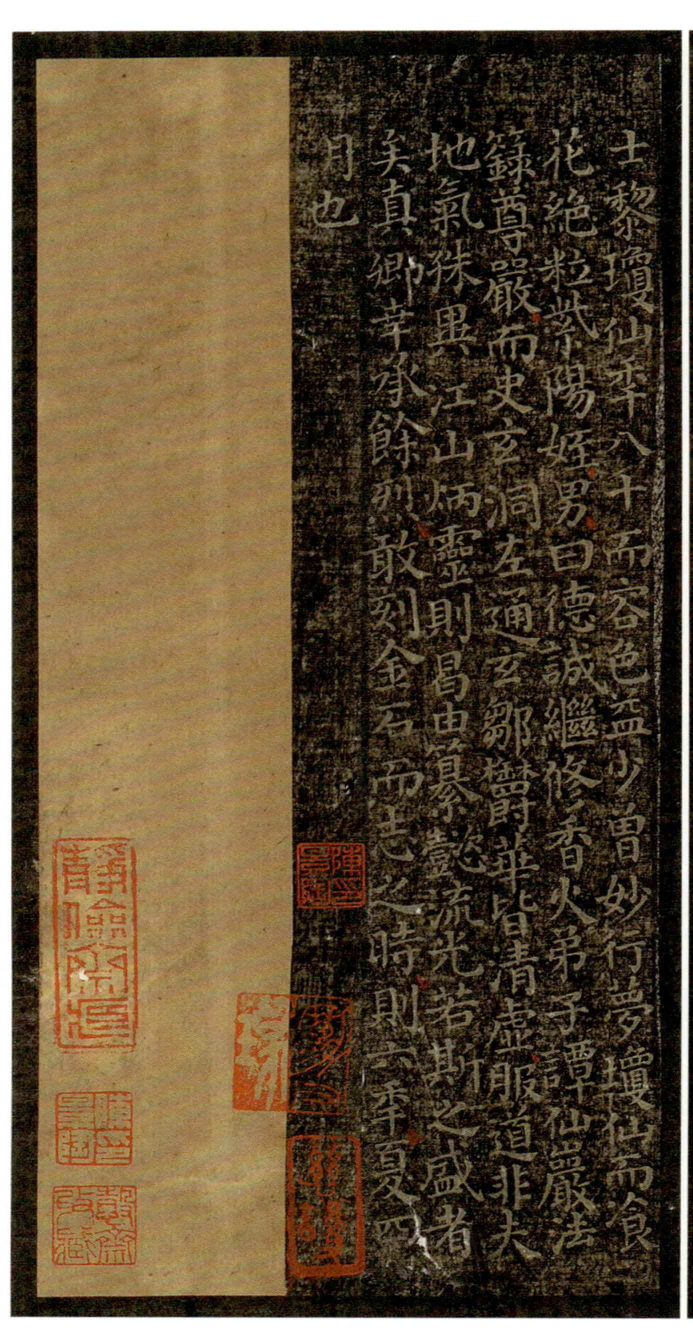
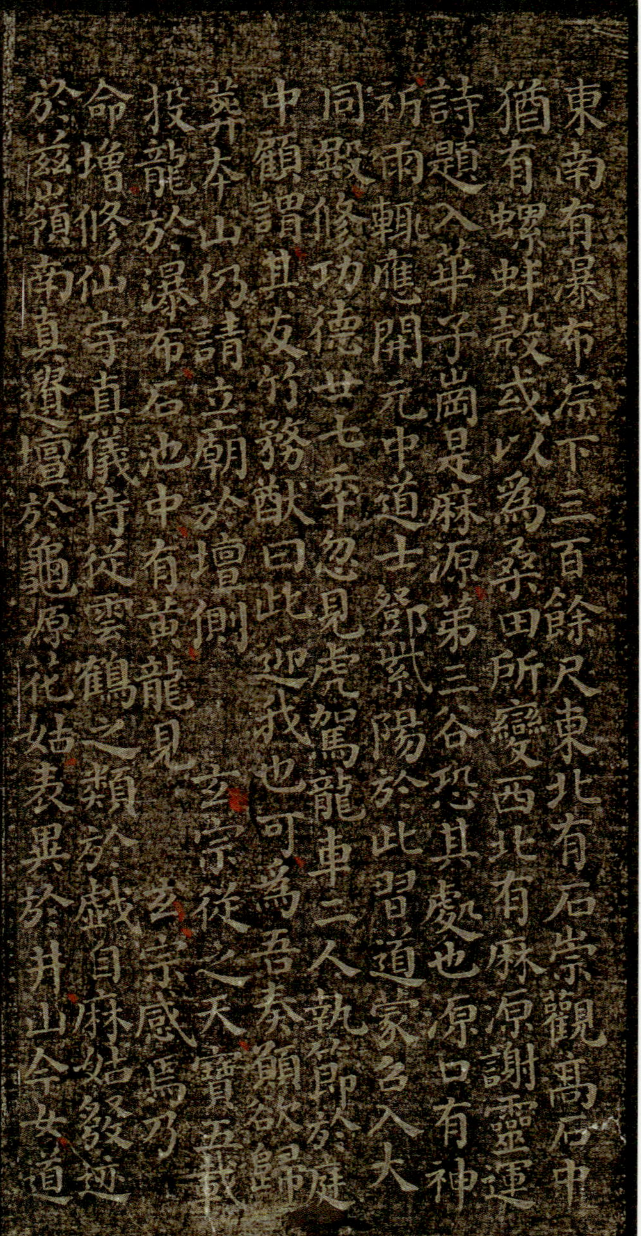
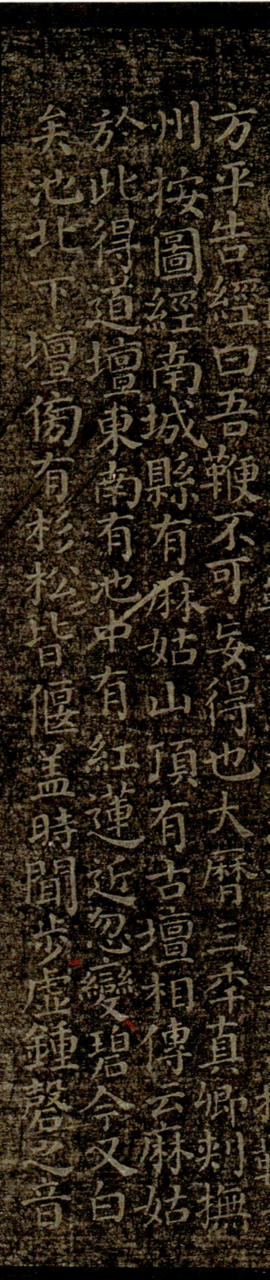

唐　颜真卿《有唐抚州南城县麻姑山仙坛记》小字本

纵 27.3 厘米，横 27 厘米

浙江省博物馆藏

有唐撫州南城縣麻姑山仙壇記　顏真卿撰并書
麻姑者葛稚川神仙傳云王遠字方平欲東之括蒼
山過吳蔡經家教其尸解如蛇蟬也經去十餘年忽
還語家言七月七日王君當來過到期日方平乘羽
車駕五龍各異色旌旗導從威儀赫弈如大將也既
至坐須臾引見經父兄因遣人與麻姑相聞亦莫知
麻姑是何神也言王方平敬報久不行民間今來在
此想麻姑能暫來有頃信還但聞其語不見所使人
曰麻姑再拜不見忽已五百餘年尊卑有序修敬無
階思念久煩信承在彼登山顛倒而先被記當按行

蓬萊今便暫往如是便還還即親觀願不即去如此兩
時間麻姑來時不先聞人馬聲既至從官當半於方
平也麻姑至蔡經亦舉家見之是好女子年十八九
許頂中作髻餘髮垂之至要其衣有文章而非錦綺
光彩耀日不可名字皆世所無有也得見方平為起
立坐定各進行廚金盤玉杯無限美膳多是諸華而
香氣達於內外擗麟脯行之麻姑自言接待以來見
東海三為桑田向間蓬萊水乃淺於往者會時略半
也豈將復還為陵陸乎方平笑曰聖人皆言海中行
復揚塵也麻姑欲見蔡經母及婦經弟婦新產數十

日麻姑望見之已知曰噫且止勿前即求少許米便
以擲之墮地即成丹沙方平笑曰姑故年少吾了不
喜復作此曹狡獪變化也麻姑手似鳥爪蔡經心中
念言背蛘時得此爪以杷背乃佳也方平已知經心

唐代宗投龙

· 大历七年（772）

据文献资料，唐代宗至少投龙三次，投龙地包括泰山、浮山县天圣宫等地。

● **投龙时间**

大历七年正月朔二十三日

● **投龙地点**

东岳泰山

● **参与人员**

中使内侍魏成信，判官文林郎守内府丞刘元载，判官掖庭局丞杨彦环，小使掖庭局丞魏贵珍，使内供奉道士申昇玄，使翰林供奉道士王端静，山人王昌宇，弟子道士李日荣，骆真运大叔法澄，行官陈颙同，勾当官、朝议郎、行乾封县尉郭璆，专知斋醮检校官、朝议郎、行兖州参军王楚典、李□晟、张守珪，行官郭元光、刘仙蚬等

● **投龙仪式**

岱岳观修金录斋醮，及于瑶池投告

大唐大历七年太岁壬子正月癸未朔廿三日
乙巳，奉敕于岱岳观修金录（箓）斋
醮，及于瑶池投告事毕，故题记。
修功德中使内侍魏成信，判官文林郎守内府丞刘元载，
判官掖庭局丞杨彦环，
小使掖庭局丞魏贵珍，
使内供奉道士申昇玄，
使翰林供奉道士王端静，山人王昌宇，
弟子道士李日荣，骆真运大叔法澄，
行官陈颙同，勾当官、朝议郎、行乾封县尉郭璆，
专知斋醮检校官、朝议郎、行兖州参军王楚典、
李□晟、张守珪，行官郭元光、刘仙蚬。

此记刻于《岱岳观记碑》北碑西面第四层。为唐代宗李豫于大历七年敕令斋醮投龙记。

大唐大曆七年歲次壬子正月癸未朔廿三日

乙巳奉　敕於岱岳觀修金籙齋

醮及於瑤池投告事畢故題記

修德　中使內侍魏成信　判官文林郎守[illegible]

判官掖庭局丞楊彥琳

小使掖庭局丞魏貴琦

使內供奉道士申昇法

使翰林供奉道士王瑞靜　山人王翼字

弟子道士李日榮　轄貴真運　天府法澄

行首陳頤　同勾當官朝議郎行乾封縣尉郭琛

封疆祯祥

吴越国王投龙

五代时期，吴越国以江南洞天福地体系为依托，继承唐代投龙仪典传统，通过在地化改造构建起独具特色的山川祭祀体系。唐乾宁二年（895），钱镠于杭州大涤洞天柱观重启唐代国家祭祀，由上清派闾丘方远主持三元斋醮，亲为唐朝祈福，开启吴越投龙传统。立国后，钱氏为承唐正统，年行上元、中元、下元三次投龙，向境内洞天水府投掷银简、铜龙、玉璧，形成覆盖杭州西湖、绍兴射的潭、苏州太湖等多地的立体祭祀网络。

上述创新体现在三个方面：其一，信物材质降格，以银简替代唐代金简、鎏金铜龙取代金龙，既模仿中央仪典，又突出"兽蹄虎尾、短吻丰躯"的江南造型特色；其二，突破唐代泛化诉求，将祈愿务实化，直指"三军强盛""万姓安康"等现实目标，或将钱镠筑塘捍海、疏浚太湖的功绩投告上天；其三，强化空间上的政治隐喻，投龙点多处首都、边防要冲（如临近南唐的林屋洞）或治水工程沿线，赋予仪式军事镇护与民生治理的双重意涵。吴越通过密集投龙（远超唐代频率）与制度化道观（杭州上清宫为核心），塑造了吴越山川自成一系的地域认同。这一实践不仅为宋代国家祭祀世俗化提供了原型，更折射出五代政权通过改造中央礼制来构建地方正统性的历史逻辑。

吴越国、南唐投龙位置图

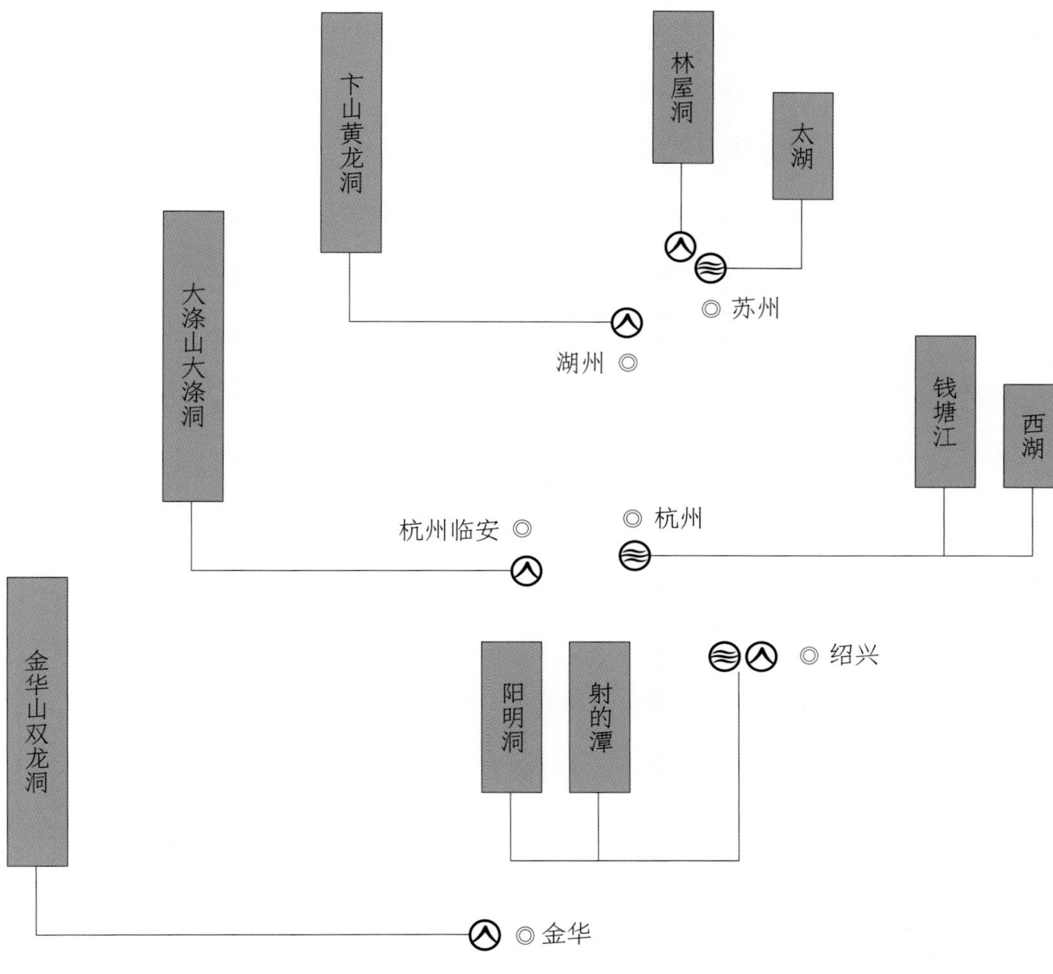

西山洞府

南昌

洞天点位

水府点位

吴越国王投龙纪事年表

852—932㊎

钱镠

九次

⑨ 钱镠统治期间（907—931） 林屋洞
⑧ 吴越宝正三年（928）三月 太湖
⑦ 吴越宝正三年（928）三月 会稽山射的潭
⑥ 后唐同光四年（926）二月 钱唐湖（杭州西湖）
⑤ 后梁贞明三年（917）三月 钱唐湖（杭州西湖）
④ 后梁贞明二年（916） 卞山黄龙洞
③ 后梁乾化四年（914）二月 钱唐湖（杭州西湖）
② 后梁乾化三年（913）八月 会稽山射的潭
① 后梁乾化三年（913）八月 钱唐湖（杭州西湖）

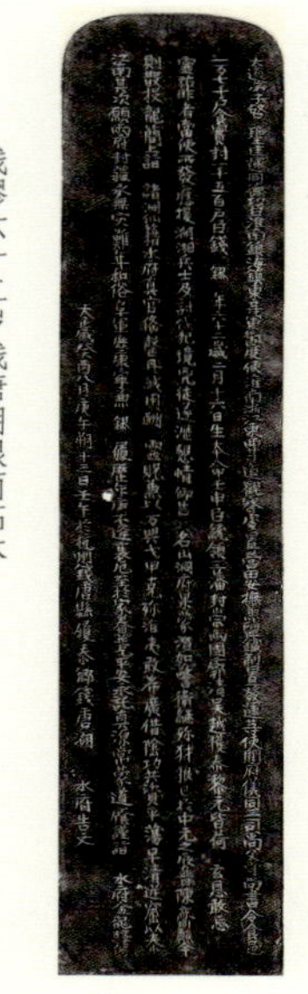
钱镠六十二岁射的潭银简

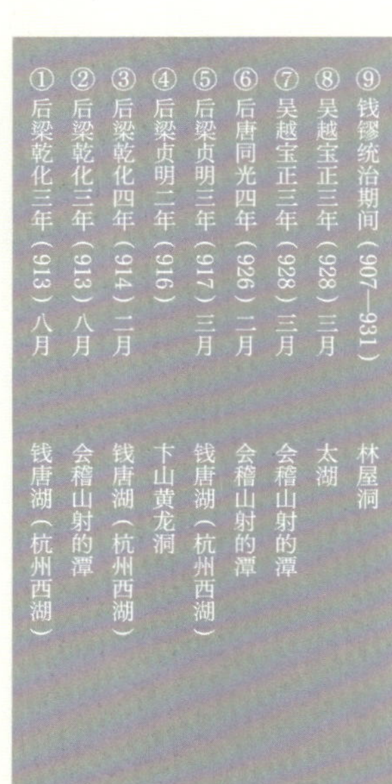
钱镠六十二岁钱唐湖银简拓本

929—988㊎

钱弘俶

四次

④ 宋开宝六年（973）九月 钱唐湖（杭州西湖）
③ 宋建隆二年（961） 太湖、林屋山、投龙潭
② 后周广顺元年（951）八月 钱唐湖（杭州西湖）
① 后汉乾祐二年（949）八月 钱唐湖（杭州西湖）

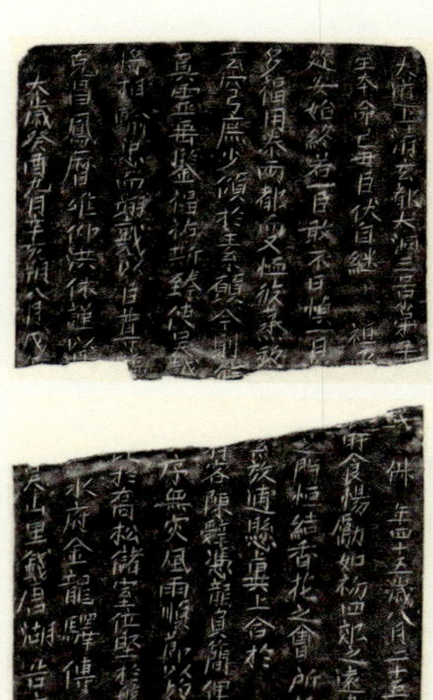
钱俶四十五岁钱唐湖银简拓本

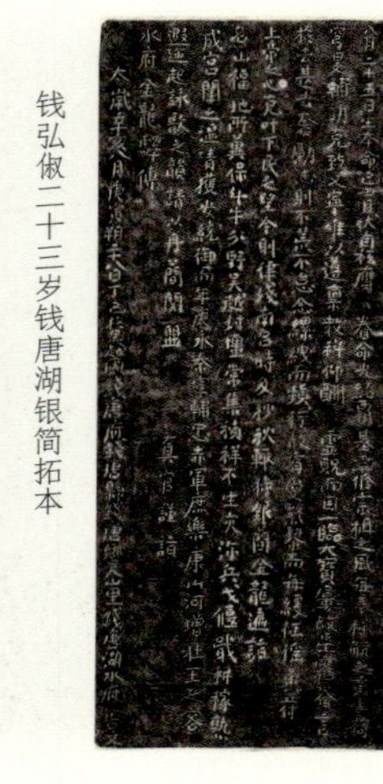
钱弘俶二十三岁钱唐湖银简拓本

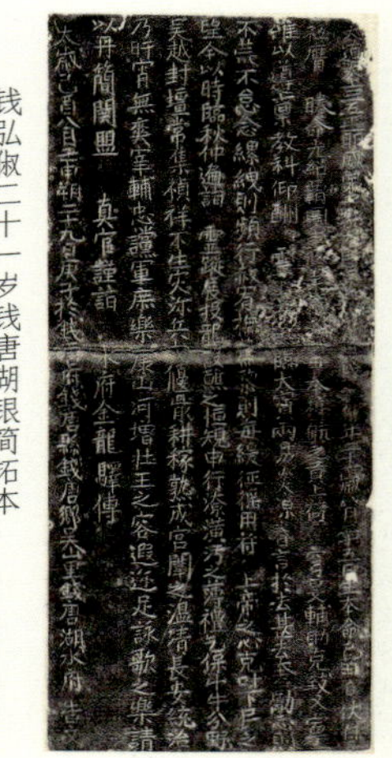
钱弘俶二十一岁钱唐湖银简拓本

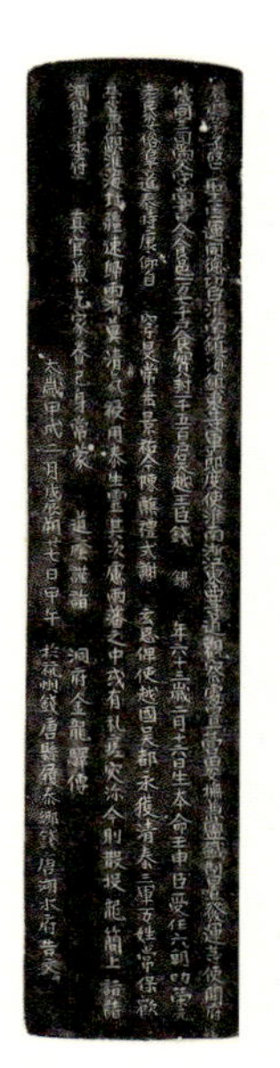
钱镠六十三岁钱唐湖银简拓本

钱镠六十六岁钱唐湖银简

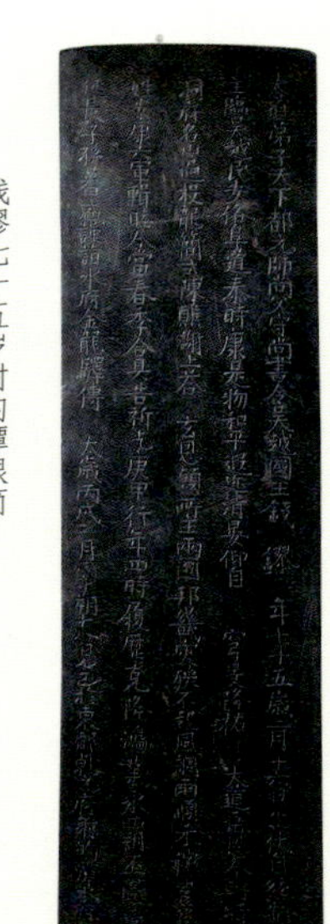
钱镠七十五岁射的潭银简

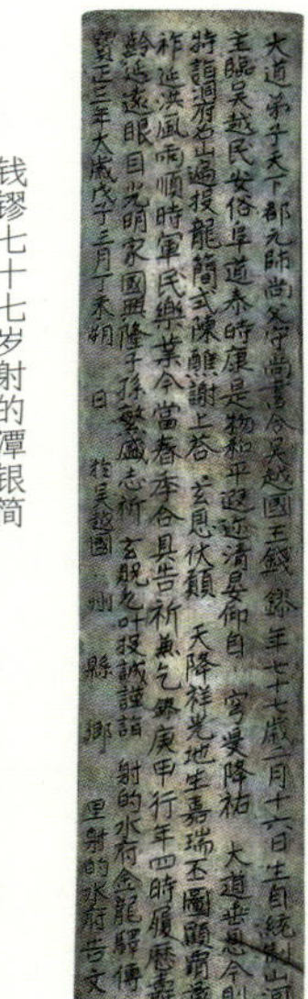
钱镠七十七岁射的潭银简

928—947 年

钱弘佐

一次

① 后晋天福七年（942）三月　钱唐湖（杭州西湖）

钱弘佐十五岁钱唐湖银简

887—941 年

钱元瓘

一次

① 后晋天福四年（939）二月　钱唐湖（杭州西湖）

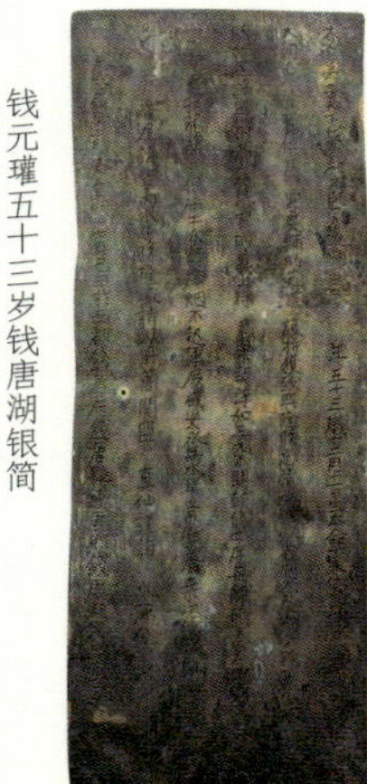
钱元瓘五十三岁钱唐湖银简

钱镠投龙 • 乾化三年（913）

钱镠（852—932）是吴越国的第一代国王。唐乾宁二年（895），钱镠上表唐昭宗，申请在第三十四洞天的杭州大涤洞前恢复唐代的国家祭祀，重建天柱观，由上清派道士闾丘方远主持三元大醮，钱镠亲自陪同，为唐朝祈福。吴越钱氏的投龙行为，从这时开始。20 世纪 50 年代，杭州西湖疏浚时发现钱镠分别于六十二岁、六十三岁和六十六岁所投的三枚钱唐湖水府告文银简。1977 年在疏浚宛委山下若耶溪河道时，发现钱镠分别于六十二岁、七十五岁、七十七岁所投的三枚射的潭水府告文银简。此外，清代以来也流传多种钱镠七十七岁太湖水府告文银简的伪刻。

钱镠六十二岁钱唐湖银简

长 38.2 厘米，宽 8.6 厘米，厚 0.3 厘米
1955 年—1957 年浙江省杭州市西湖出水
中国国家博物馆藏

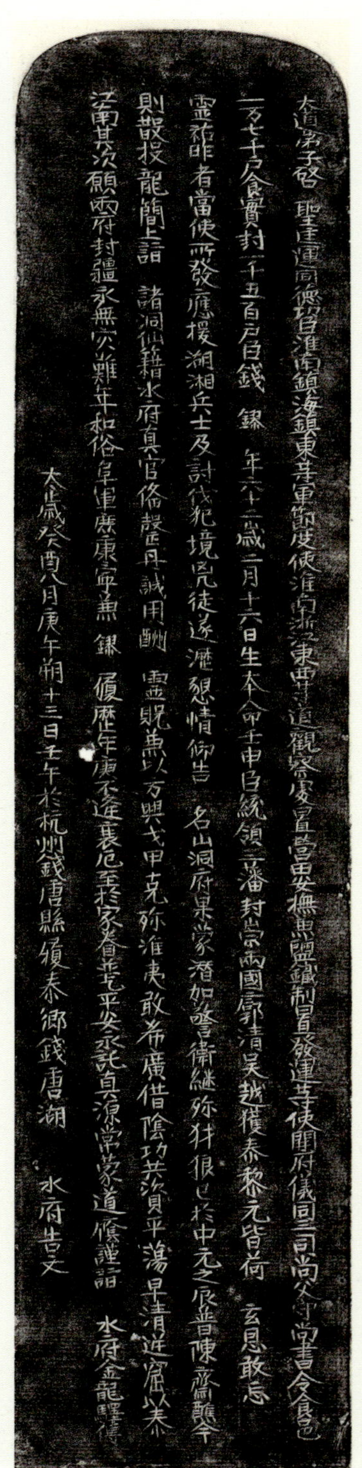

钱镠六十二岁钱唐湖银简拓本

长 38 厘米，宽 8.5 厘米
浙江省博物馆藏

大道弟子、启圣匡运同德功臣、淮南镇海镇东等军节度使、淮南浙江东西等道观察处置营田安抚兼盐铁制置发运等使、开府仪同三司、尚父、守尚书令、食邑一万七千户、食实封一千五百户、臣钱镠，年六十二岁，二月十六日生，本命壬申。臣统领三藩，封崇两国，廓清吴越，获泰黎元，皆荷玄恩，敢忘灵祐。昨者当使所发应援湖湘兵士，及讨伐犯境凶徒，遂沥恳情，仰告名山洞府，果蒙潜加警卫，继殄豺狼。已于中元之辰，普陈斋醮。今则散投龙简，上诣诸洞仙籍，水府真官，备罄丹诚，用酬灵贶。兼以方兴戈甲，克殄淮夷，敢希广借阴功，共资平荡，早清逆窟，以泰江南。其次愿两府封疆，永无灾难，年和俗阜，军庶康宁。兼镠履历年庚，不逢衰厄，至于家眷，并乞平安。永托真源，常蒙道荫。谨诣水府，金龙驿传。
太岁癸酉八月庚午朔十三日壬午，于杭州钱唐县履泰乡钱唐湖水府告文。

大道弟子、启圣匡运同德功臣、淮南镇海镇东等军节度使、淮南浙江东西等道观察处置营田安抚兼盐铁制置发运等使、开府仪同三司、尚父、守尚书令、食邑一万七千户、食实封一千五百户、吴越王、臣钱镠，年六十二岁，二月十六日生，本命壬申。自统领三藩，封崇两国，廓清吴越，获泰黎元，皆荷玄恩，敢忘灵祐。昨者当使所发应援湖湘兵士，及讨伐犯境凶徒，遂沥悬情，仰告名山洞府。果蒙潜加警卫，继殄豺狼。已于中元之辰，普陈斋醮。今则散投龙简，上诣诸洞仙籍，水府真官，备罄丹诚，用酬灵贶。兼以方兴戈甲，克殄淮夷，敢希广借阴功，共资平荡，早清逆寇，以泰江南。其次愿两府封疆，永无灾难，年和俗阜，军庶康宁。兼镠履历年庚，不逢衰厄，至于家眷，并乞平安，永托真源，常蒙道荫。谨诣水府，金龙驿传。

太岁癸酉八月庚午朔二十日己丑，于越州会稽县五云乡石帆里射的潭水府告文。

钱镠六十二岁射的潭银简

长 38.2 厘米，宽 8.5 厘米，厚 0.3 厘米
1977 年浙江省绍兴市宛委山河道出水
绍兴博物馆藏

钱镠六十二岁射的潭银简拓本

长 38.2 厘米，宽 8.5 厘米
绍兴博物馆藏

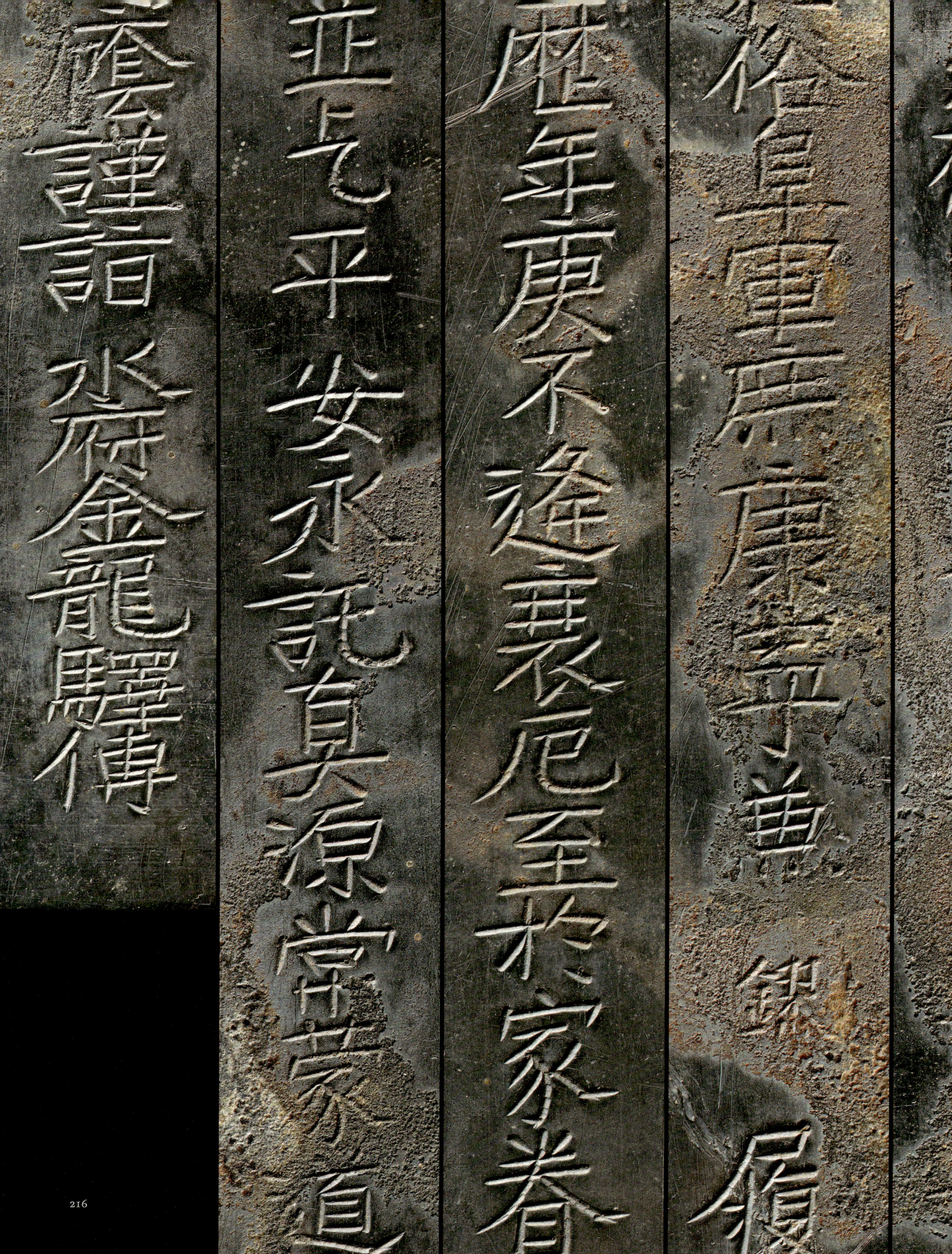
軍兵康寧
歷年庚不逢衰厄至於家眷
並乞平安永託眞源
奏謹言
金龍驛傳

諸洞仙籍水府真宰僉屬再誠

用酬

靈貺兼以方興戈甲克殄

淮夷敢希廣借陰功共資

平蕩早清逆寇以泰湳其

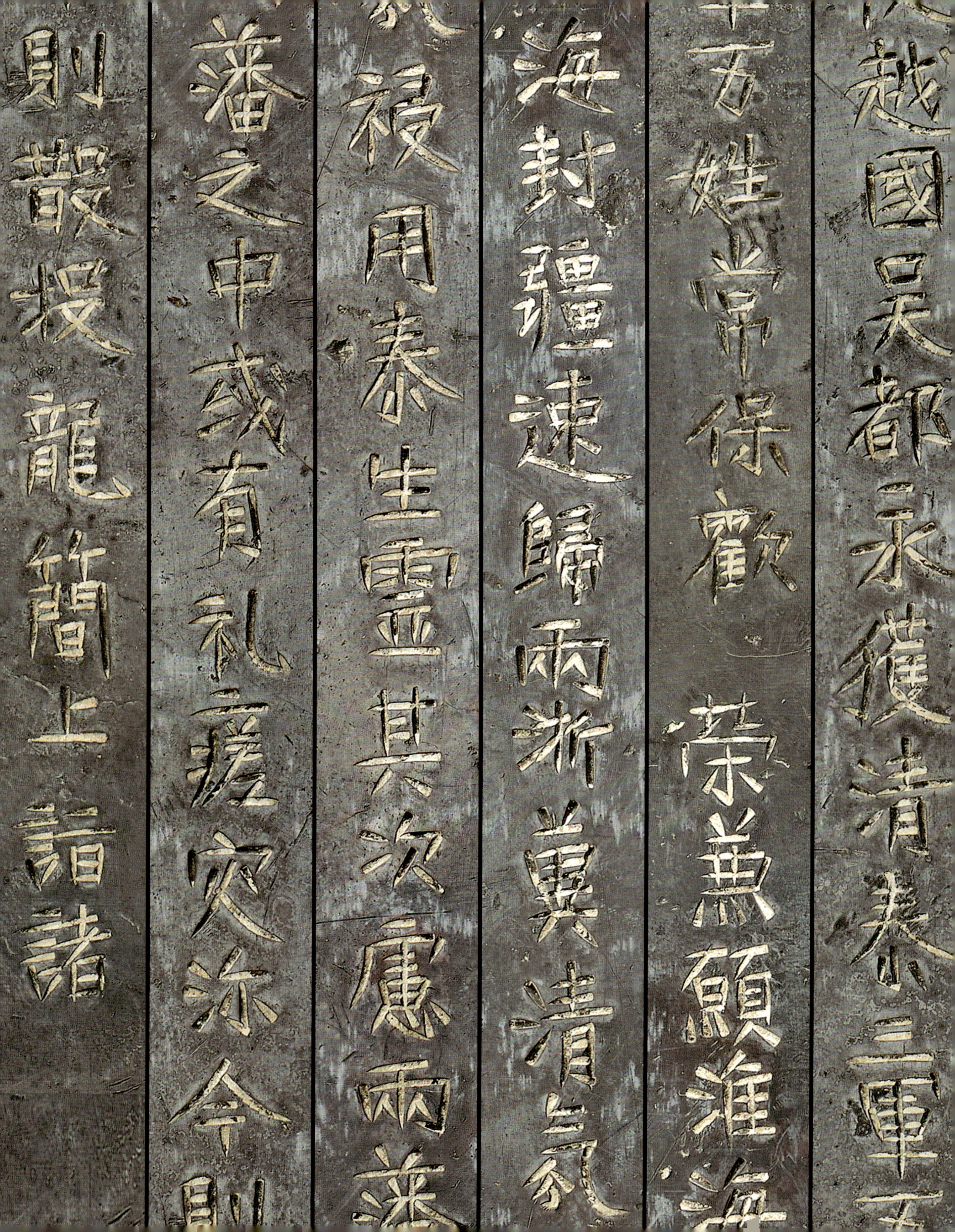

越國吳都永獲清泰三軍
方姓常保歡
榮萬頃淮海
海封疆速歸兩浙萬里清氛
祓用泰生靈其次慮雨
蕃之中或有礼瘥灾沴今
則謹投龍簡上詣諸

大道弟子、启圣匡运同德功臣、淮南镇海镇东等军节度使、淮南浙江东西等道观察处置营田安抚兼盐铁制置发运等使、开府仪同三司、尚父、守尚书令、食邑一万七千户、食实封一千五百户、吴越王、臣钱镠，年六十三岁，二月十六日生，本命壬申。臣受任六朝，叨荣元老，民安俗阜，道泰时康，仰自穹旻，常垂景祐。今陈醮礼，式谢玄恩。俾使越国吴都，永获清泰，三军万姓，常保欢荣兼愿淮海封疆，速归两浙，冀清氛祲，用泰生灵。其次虑两藩之中，或有礼瘥灾沴。今则敢投龙简，上诣诸洞仙籍，水府真官，兼乞家眷已身，常蒙道荫。谨诣洞府，金龙驿传。

太岁甲戌二月戊辰朔廿七日甲午　于杭州钱唐县履泰乡钱唐湖水府告文。

钱镠六十三岁钱唐湖银简

长 38.2 厘米，宽 8.2 厘米，厚 0.3 厘米

1955 年—1957 年浙江省杭州市西湖出水

浙江省博物馆藏

銷災沴三軍強盛万姓安

康兵革不興封境寧謐今

兼乞自行年庚申履歷四時

克固山河無有衰厄雲來

增慶道力護持謹詣

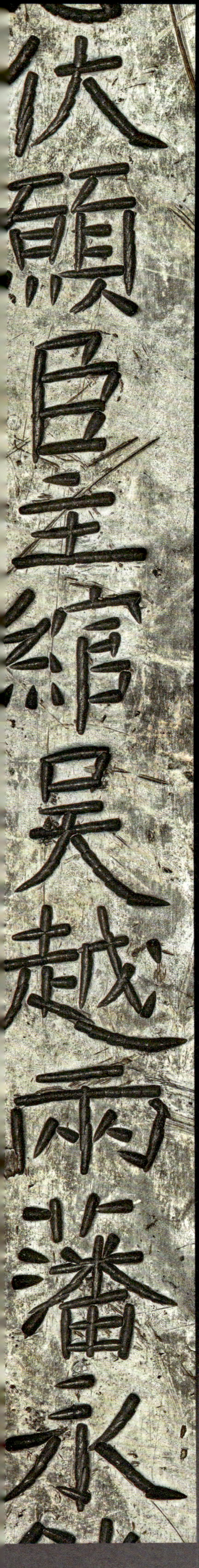

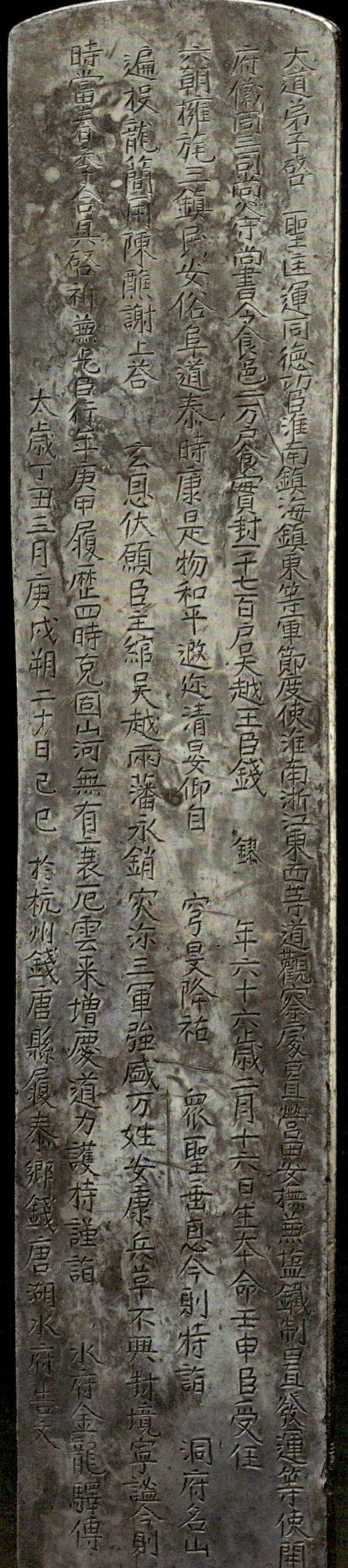

大道弟子、启圣匡运同德功臣、淮南镇海镇东等军节度使、淮南浙江东西等道观察处置营田安抚兼盐铁制置发运等使、开府仪同三司、尚父、守尚书令、食邑二万户、食实封一千七百户、吴越王、臣钱镠，年六十六岁，二月十六日生，本命壬申。臣受任六朝，拥旄三镇，民安俗阜，道泰时康，是物和平，遐迩清晏。仰白穹旻降祐，众圣垂恩。今则特诣洞府名山，遍投龙简，用陈醮谢，上答玄恩。伏愿臣主绾吴越两藩，永销灾沴，三军强盛，万姓安康，兵革不兴，封境宁谧。今则时当春季，合具启祈，兼乙臣行年庚申，履历四时，克固山河，无有衰厄，云来增庆，道力护持。谨诣水府，金龙驿传。
太岁丁丑三月庚戌朔二十日己巳　于杭州钱唐县履泰乡钱唐湖水府告文。

钱镠六十六岁钱唐湖银简

长 38.4 厘米，宽 8.2 厘米，厚 0.3 厘米
1955 年—1957 年浙江省杭州市西湖出水
浙江省博物馆藏

大道弟子、天下都元帅、尚父、守尚书令、吴越国王钱镠年七十五岁，二月十六日生。自统制山河主临吴越，民安俗阜，道泰时康，是物和平，遐迩清晏。仰自穹旻降佑，大道垂恩。今则特诣洞府名山，遍投龙简，式陈醮谢，上答玄恩。愿所主两国邦畿灾殃不起，风调雨顺，禾稼丰登，万姓安康，六军辑睦。今当春季合具告祈，乙庚甲行年，四时履历，克隆鸿业，永霸丕图，寿算延长，子孙蕃盛。谨诣水府，金龙驿传。太岁丙戌二月戊子朔十八日乙巳于东都乾元府射的潭水府告文。

钱镠七十五岁射的潭银简

长 36.1 厘米，宽 9.8 厘米，厚 0.3 厘米
1977 年浙江省绍兴市宛委山河道出水
上海博物馆藏

大道弟子、天下都元帅、尚父、守尚书令、吴越国王钱镠年七十七岁，二月十六日生。自统制山河主临吴越，民安俗阜，道泰时康，是物和平，遐迩清晏。仰自穹旻降佑，大道垂恩。今则特诣洞府名山，遍投龙简，式陈醮谢，上答玄恩。伏愿天降祥光，地生嘉瑞，不图显霸，景祚延洪，风雨顺时，军民乐业。今当春季，合具告祈。兼乙镠庚甲行年，四时履历，寿龄延远，眼目光明，家国兴隆，子孙繁盛。志祈玄贶，允叶投诚。谨诣射的水府，金龙驿传。
宝正三年太岁戊子三月丁未朔　日　于吴越国　州　县　乡　里射的水府告文。

钱镠七十七岁射的潭银简

长 31.9 厘米，宽 6.8 厘米，厚 0.3 厘米
1977 年浙江省绍兴市宛委山河道出水
绍兴博物馆藏

天降祥光地生嘉瑞丕圖顯霸景
祚延洪風雨順時軍民樂業今當
春季合具告祈萬乞錫庚甲行年
年四時履歷壽齡延遠眼目光明
家國興隆子孫繁盛

钱镠七十七岁太湖银简伪刻清拓本

纵 29 厘米，横 17.5 厘米
浙江省博物馆藏

伪刻拓本为甲型筒，单面刻，内容为："大道弟子、天下都元帅、尚父、守中书令、吴越国王 / 钱镠，年七十七岁，二月十六日生。自统制山河，主临吴越，/ 民安俗阜，道泰时康，市物平和，遐尔清宴（晏）。仰白 / 苍昊降祐，大道垂恩。今则特诣洞府名山，遍投龙简，恭 / 陈醮谢，上答 / 玄恩。伏愿合具告祈，兼乞镠壬申行年，四时履历，寿龄 / 遐远，眼目光明，家国兴隆，子孙繁盛。志祈玄祝，允协投诚。谨诣太湖水府，金龙驿传。于吴越国苏州府吴 / 县洞庭乡东皋里太湖水府告文。/ 宝正三年岁在戊子三月丁未朔二十六日壬申投。"

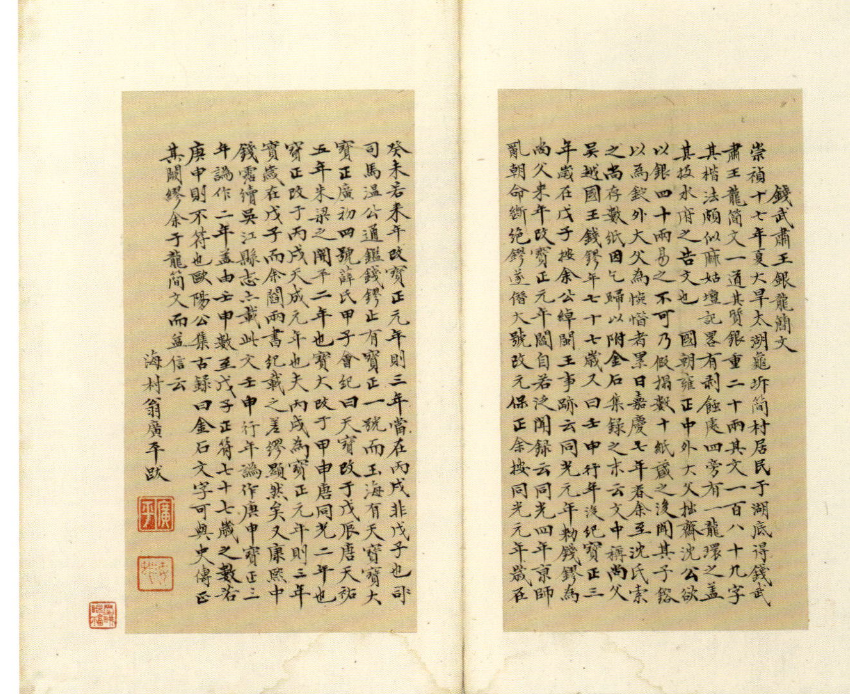

钱镠七十七岁太湖银简伪刻清拓本

纵 59.5 厘米，横 110.5 厘米
浙江省博物馆藏

伪刻拓本为乙型筒，双面刻，文字相同，内容为："大道弟子、天下都元帅、尚父、守中书令、吴越国王 / 钱镠，年七十七岁，二月十六日生。自统制山河，主临吴越，/ 民安俗阜，道泰时康，市物平和，遐尔清宴（晏）。仰白 / 苍昊降祐，大道垂恩。今特诣洞府名山，遍投龙简，恭陈醮谢，上答 / 玄恩。伏愿合具告祈，兼乞镠壬申行年，四时履历，寿龄 / 遐远，眼目光明，家国兴隆，子孙繁盛。志祈玄祝，允协 / 投诚。谨诣太湖水府，金龙驿传。于吴越国苏州府吴 / 县洞庭乡东皋里太湖水府告文。/ 宝正三年岁在戊子三月丁未朔二十六日壬申投。"

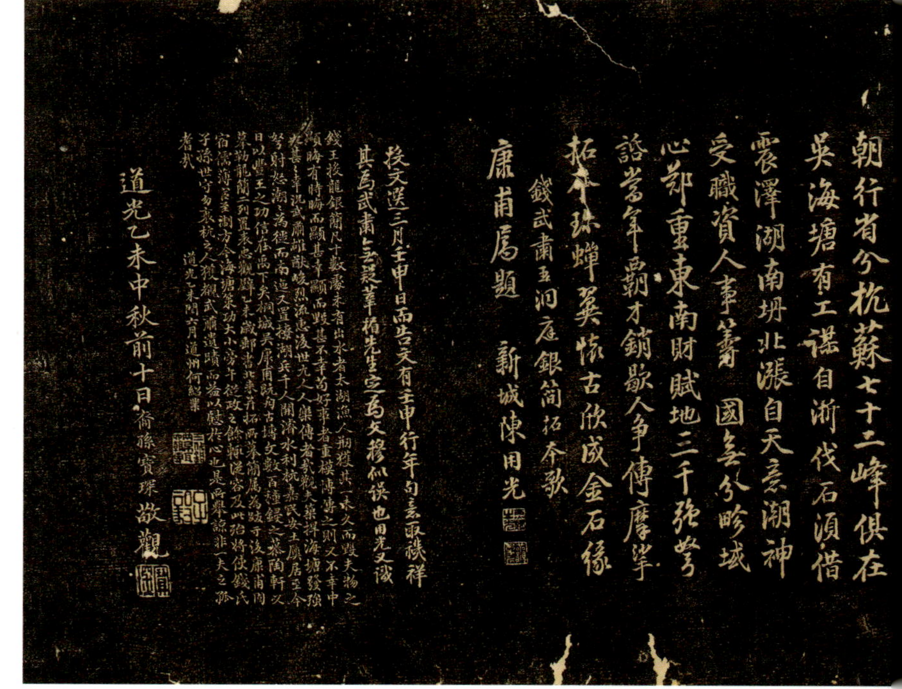

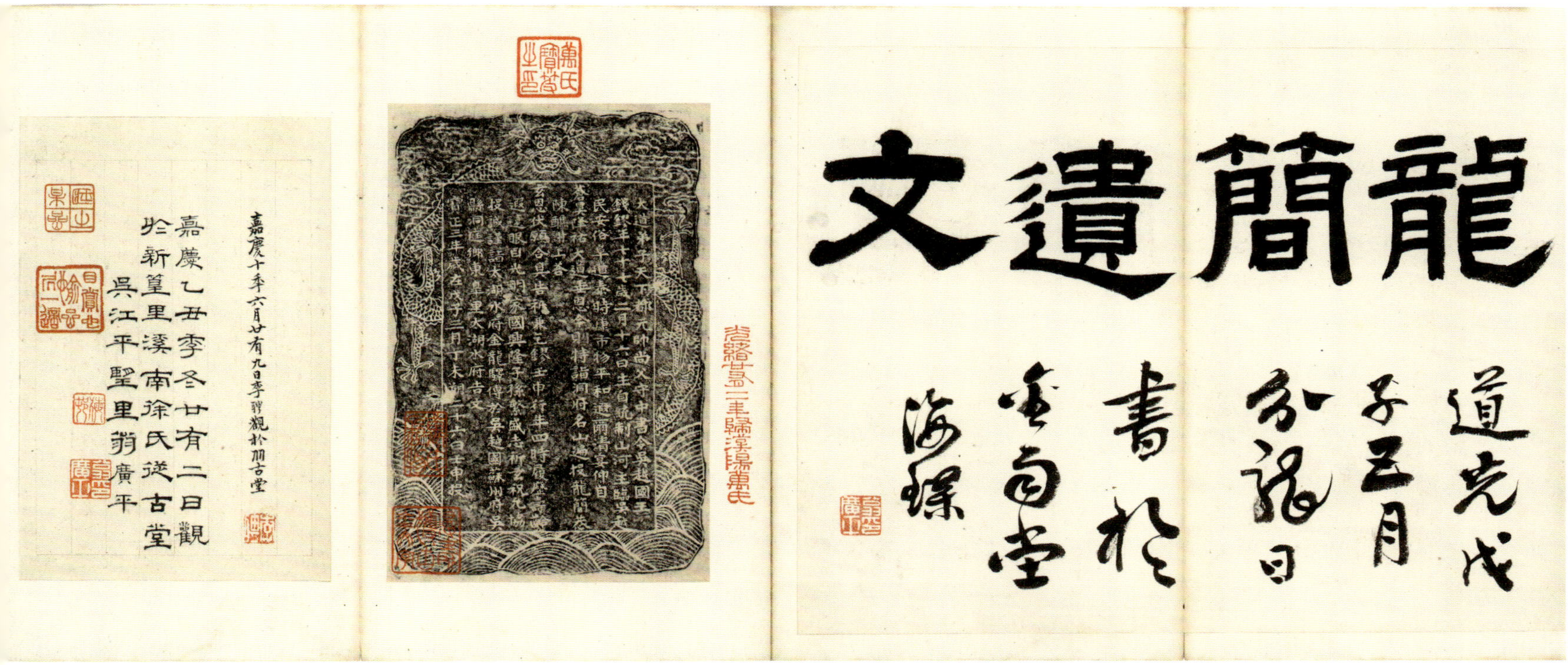
龍簡遺文
嘉慶乙丑季冬廿有二日觀
於新篁里溪南徐氏從古堂
吳江平望里翁廣平

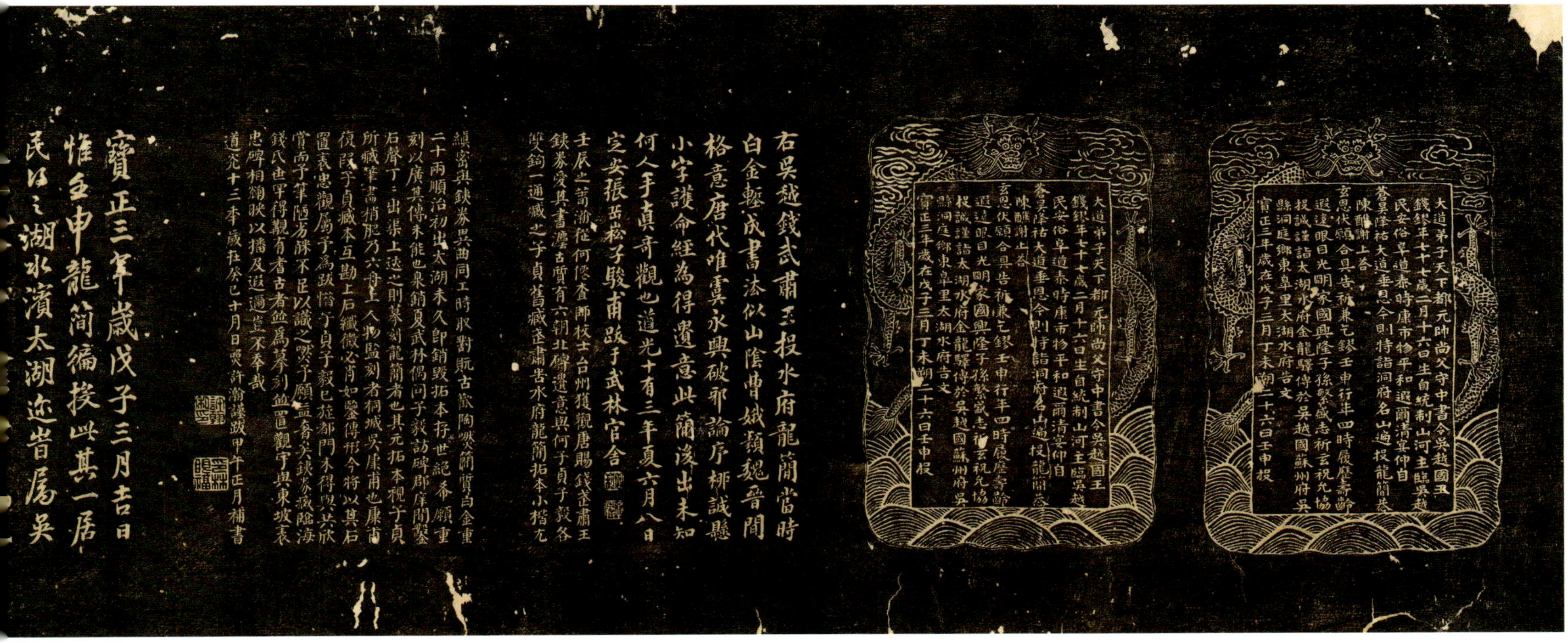

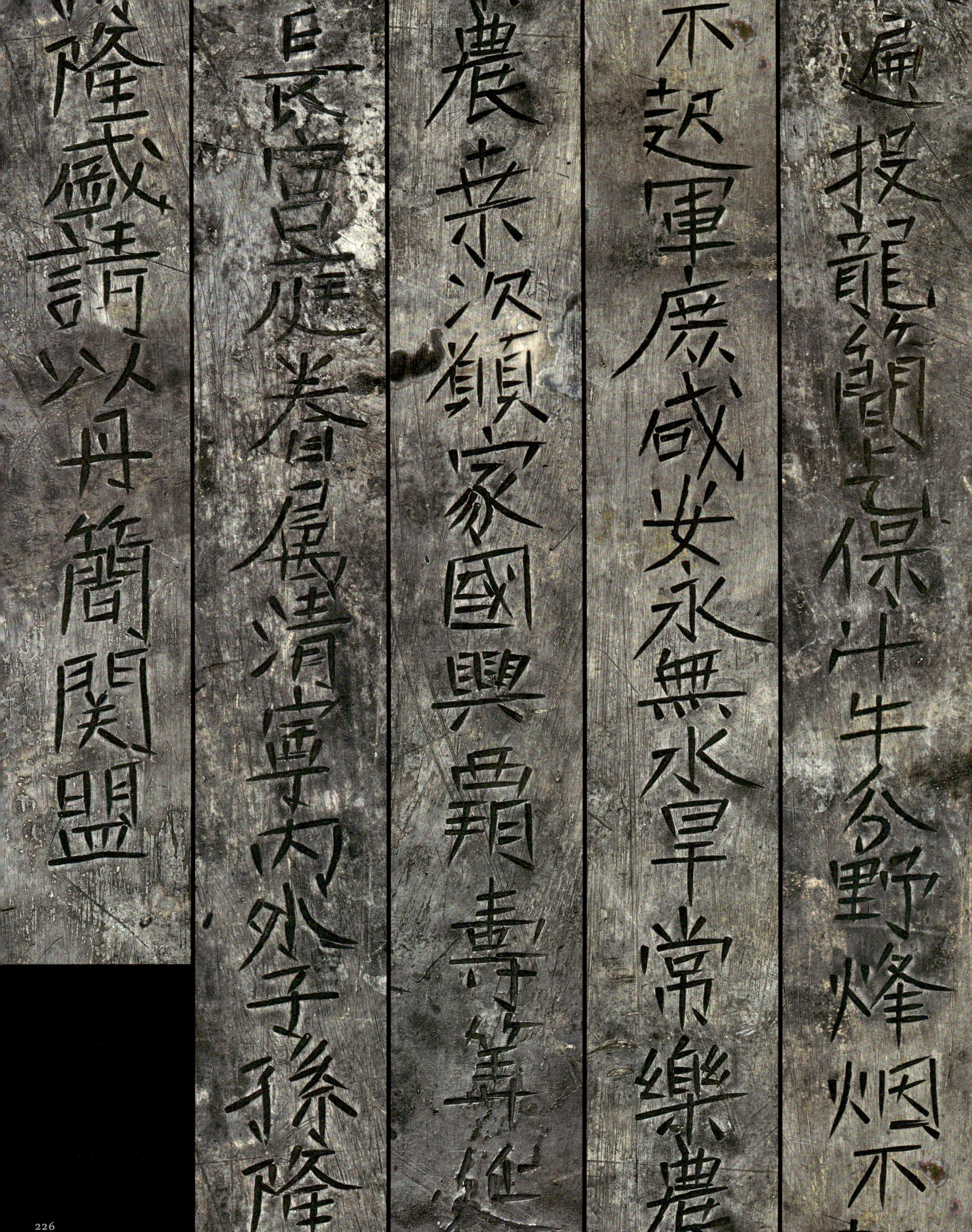
遍投龍簡之儀十牛谷野烽烟不
不起軍虜咸安永無水旱常樂農
農桑次願家國興霸壽筭延
長宫庭眷屬清寧內外子孫隆
隆盛請以丹簡關盟

钱元瓘投龙 · 天福四年（939）

钱元瓘（887—941），吴越国第二代国王（932—941 在位），钱镠第七子。20 世纪 50 年代，杭州西湖疏浚时发现钱元瓘五十三岁钱唐湖水府告文银简一枚。

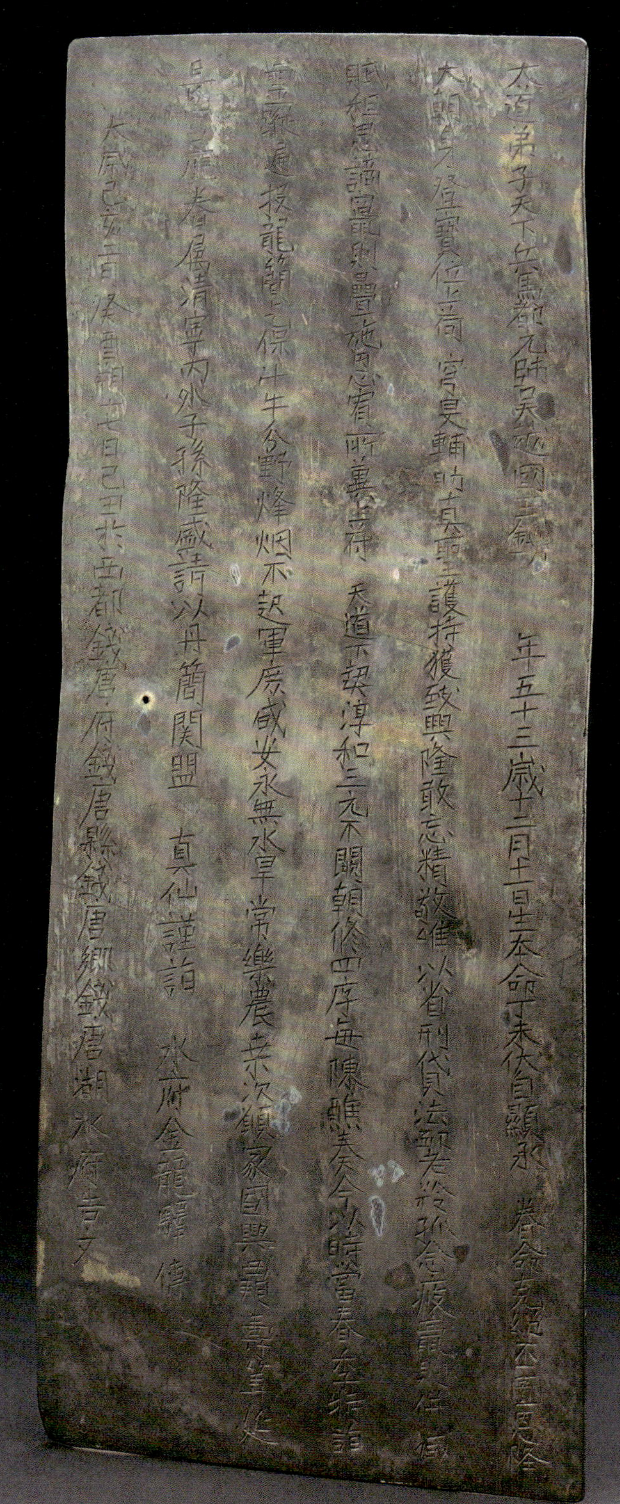

大道弟子、天下兵马都元帅、吴越国王钱　，年五十三岁，十二月十一日生，本命丁未。伏自显承春命，克绍丕图，恩降大朝，身登宝位，上荷穹旻辅助，真圣护持，获致兴隆，敢忘精敬。唯以省刑贷法，恤老矜孤，念疲羸则并减赋租，思谪罪则叠施恩宥。所冀上符天道，下契淳和，三元不阙，朝修四序，每陈醮奏。今以时当春季，特诣灵踪，遍投龙简，乞保斗牛分野，烽烟不起，军庶咸安，永无水旱，常乐农桑。次愿家国兴霸，寿筭延长，宫庭眷属清宁，内外子孙隆盛。请以丹简，关盟真仙，谨诣水府，金龙驿传。太岁己亥二月癸酉朔十七日己丑，于西都钱唐府钱唐县钱唐乡钱唐湖水府告文。

钱元瓘五十三岁钱唐湖银简

长 32.8 厘米，宽 13.8 厘米，厚 0.1 厘米
1955 年—1957 年浙江省杭州市西湖出水
浙江省博物馆藏

钱弘佐投龙 · 天福七年（942）

钱弘佐（928—947），吴越国第三代国王（941—947 在位），钱元瓘第六子。20 世纪 50 年代，杭州西湖疏浚时发现钱弘佐十五岁钱唐湖水府告文银简一枚。

大道弟子、起复吴越国王、臣钱，年一十五岁，七月二十六日生，本命戊子，伏自显承
眷命，光绍霸图，遵奉大朝，缵绪基构，上荷穹旻辅助，克致安宁。唯以崇奉真玄，
虔诚祷请，而又广行恩宥，优恤军民，全放租苗，牵复贬谪。所冀上符天道，下顺坤仪，四序
朝修，三元关奏。今以时当春季，特诣灵踪，告简水源，陈词洞府。乞保斗牛分野，吴
越封陲，长集祯祥，永消灾沴，兵戈偃息，军俗乂安，水潦开通，火烛沉影，农桑有望，家国
无忧。然愿臣统御山河，不逢灾厄，增添福寿，进益官资，将校忠良，宫闱庆泰，招延
符瑞，驱斥妖凶。请以丹简，关盟真仙，谨诣水府，金龙驿传。
太岁壬寅三月乙卯朔二十二日丙子，于西都钱唐府钱唐县钱唐乡钱唐湖水府告文。

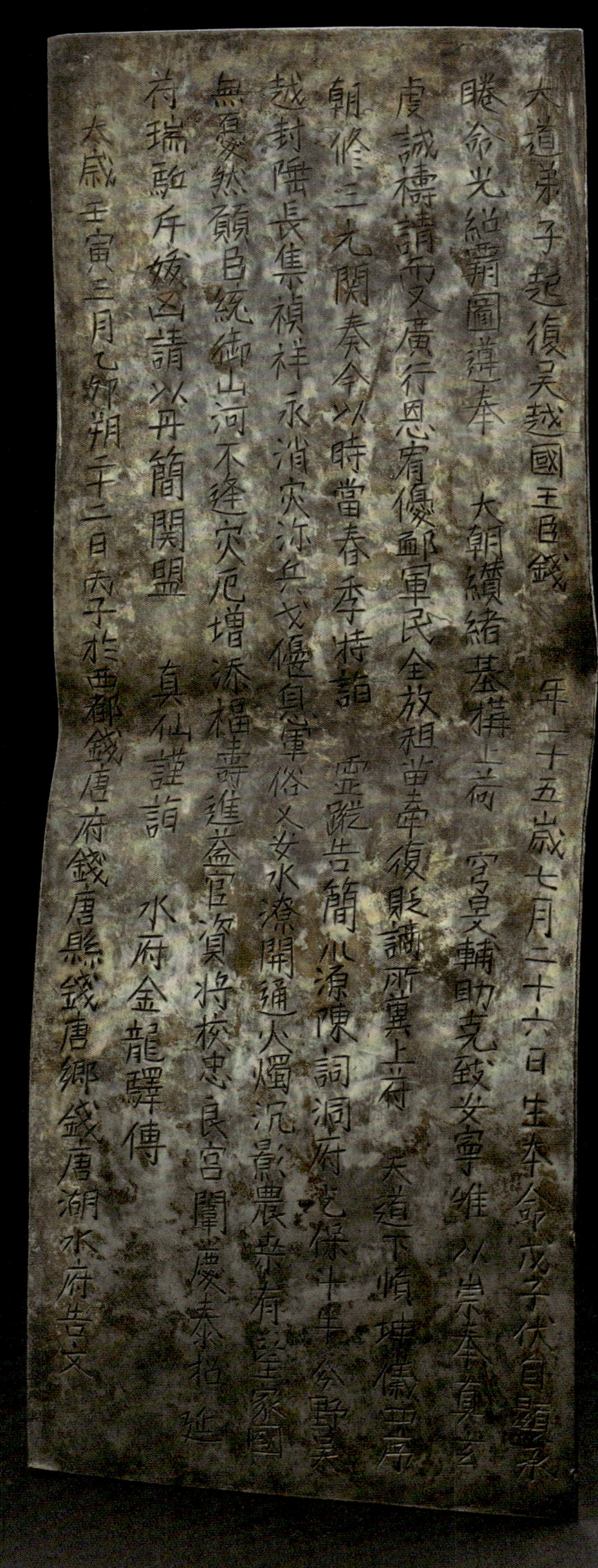

钱弘佐十五岁钱唐湖银简

长 32.8 厘米，宽 12.8 厘米，厚 0.1 厘米
1955 年—1957 年浙江省杭州市西湖出水
浙江省博物馆藏

起復吳越國王臣錢　年二十五

圖遵奉　大朝纘緒基搆上荷

文廣行恩宥優卹軍民全放租苗

閑奏令以時當春季特詣　靈

禎祥永消災沴兵戈偃息軍俗

統御山河不逢災厄增添福壽

丙請以丹簡關盟　真仙謹

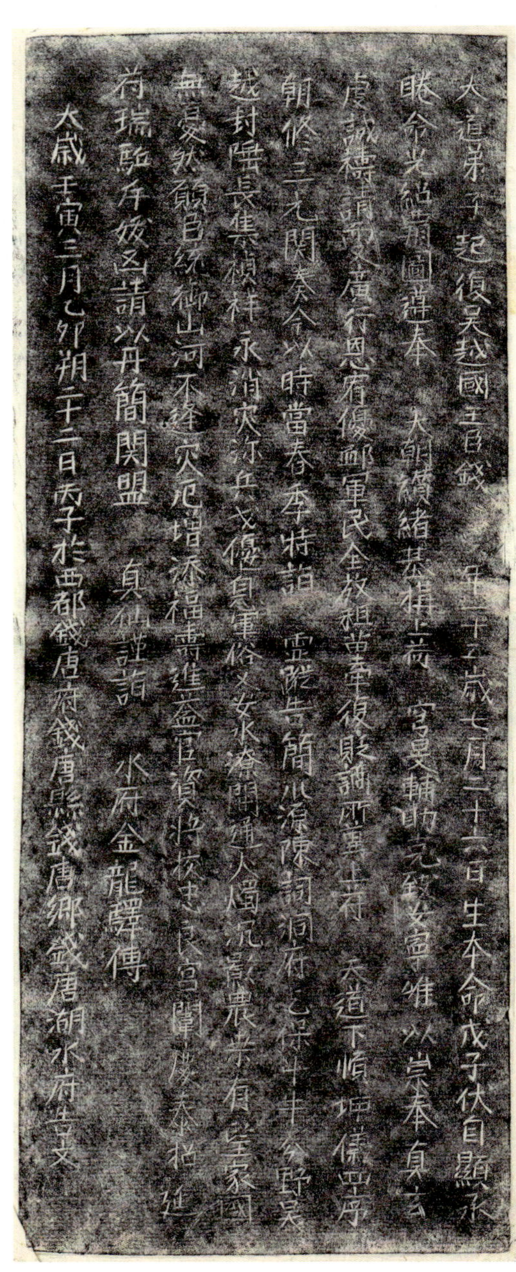

钱弘佐十五岁钱唐湖银简拓本

纵 32.8 厘米，横 12.8 厘米

浙江省博物馆藏

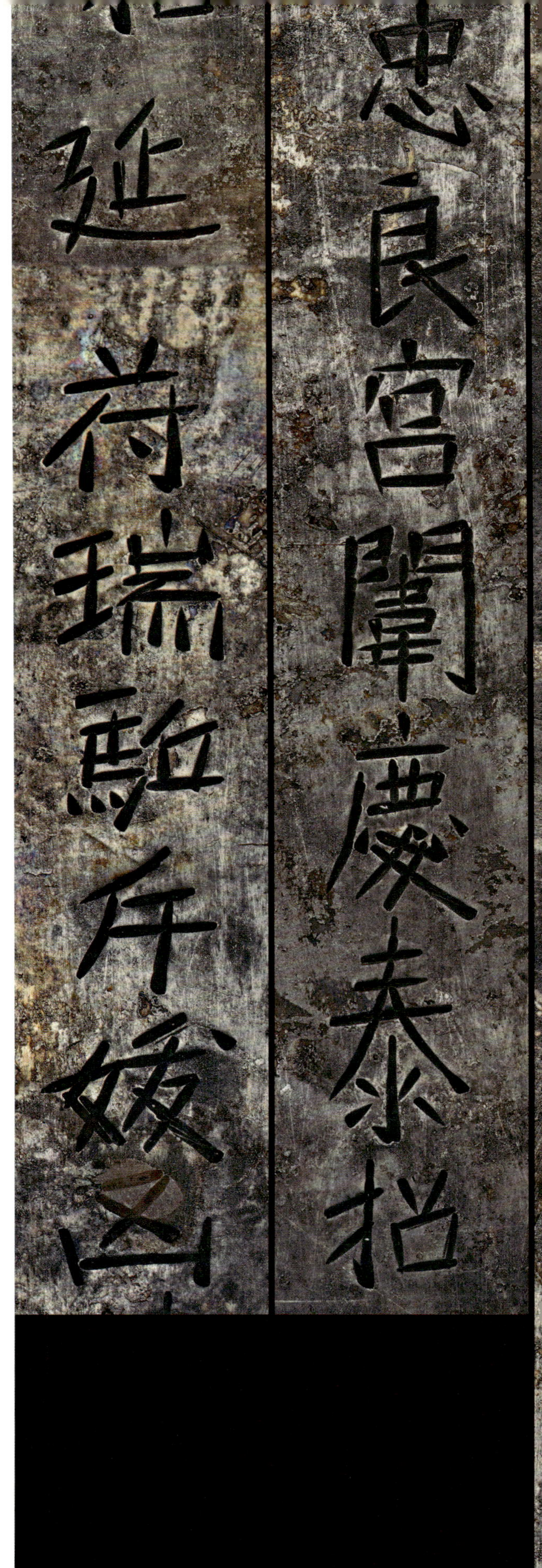

乞保廿年兮野昊

越封隴長集禎祥永消災沴

兵戈偃息軍俗乂安水潦開通火

通火燭沉影農桒有望家國

無憂然顯邑統御山河不逢災

祀曾泰畐壽佳進益宜資負得侯

钱弘俶投龙 · 乾祐二年（949）

钱弘俶（929—988），吴越国第五代国王（948—978在位），钱元瓘第九子。入宋后避讳，改称钱俶。20世纪50年代，杭州西湖疏浚时发现钱弘俶分别于二十一岁、二十三岁、四十五岁所投的三枚钱唐湖水府告文银简。

钱弘俶二十一岁钱唐湖银简拓本

纵33厘米，横14.3厘米
浙江省博物馆藏

钱弘俶二十一岁钱唐湖银简

长12厘米，宽14.3厘米，厚0.1厘米（上半）；
长17.5厘米，宽14.3厘米，厚0.1厘米（下半）
1955年—1957年浙江省杭州市西湖出水
浙江省博物馆藏

大道太上三五正一明威弟子、都元帅、吴越国王、臣钱弘俶，二十一岁，八月二十五日生，本命己丑。臣伏自祗膺眷命，光绍霸图，聿修宗祖之风，每奉梯航之贡，上荷穹旻辅助，克致乂宁，唯以遵禀教科，仰酬灵贶。而自一临大宝，两易炎凉，眷言于去甚去奢，励志则不荒不怠，念缧绁则频行赦宥，抚蒸黎则每缓征徭，用符上帝之心，克叶下民之望。今以时临秋仲，遍诣灵踪，展投龙设醮之恒规，申行潦潢污之薄礼。乞保斗牛分野，吴越封疆，常集祯祥，不生灾沴，兵戈偃戢，耕稼熟成。宫闱之温清长安，统治乃旰宵无爽，宰辅忠谠，军庶乐康，山河增壮王之容，遐迩足咏歌之乐。请以丹简，关盟真官，谨诣水府，金龙驿传。
太岁己酉八月壬申朔二十九日庚子于钱唐府钱唐县钱唐乡吴山里钱唐湖水府告文。

之保斗牛分野
吳越封壃常集禎祥不生灾沴兵
偃戢耕稼熟成宮闈之温凊長安綏洽
乃旰宵無爽宰輔忠讜軍庶樂
康山河增壯王之容遐迩足詠歌之樂

大道上清玄都大洞三景弟子、诸道兵马都元帅、守尚书令、吴越国王、臣钱弘俶，年二十三岁，
八月二十五日生，本命己丑。臣伏自祗膺眷命，光绍霸基，聿修宗祖之风，每奉梯航之贡。上荷
穹旻辅助，克致乂宁，唯以遵禀教科，仰酬灵贶。而自一临大宝，屡改星霜，眷言
于去甚去奢，励志则不荒不怠。念缧绁而频行赦宥，爱黔黎而每缓征徭。冀符
上帝之心，克叶下民之望。今则律线南吕，时及杪秋，辄持银简金龙，遍诣
名山福地。所冀保斗牛分野，吴越封疆，常集祯祥，不生灾沴，兵戈偃戢，耕稼熟
成。宫闱之温清获安，统御而年庚永泰，宰辅忠赤，军庶乐康，山河增壮王之容
遐迩起咏歌之韵。请以丹简，关盟真官，谨诣
水府，金龙驿传。
太岁辛亥八月庚寅朔二十八日丁巳，于吴越国钱唐府钱唐县钱唐乡吴山里钱唐湖水府告文。

钱弘俶二十三岁钱唐湖银简拓本

纵 33.6 厘米，横 14.3 厘米

浙江省博物馆藏

钱弘俶二十三年岁钱唐湖银简

长 33.6 厘米，宽 14.3 厘米，厚 0.1 厘米
1955 年—1957 年浙江省杭州市西湖出水
浙江省博物馆藏

清獲女統御而年庚
永泰宰輔忠赤軍庶
樂康山河增壯王之
容遐邇起詠歌之韻

所異保斗牛之野吴越
封壤常集禎祥不生
生灾沴兵戈偃戢耕
稼熟成宫闈之遥

大道上清玄都大洞三景弟子……钱俶，年四十五岁，八月二十五日
生，本命己丑。臣伏自继祖承……衣旰食，惕励如初，四郊之远，肃
迩安始终若一。臣敢不日慎一日……之门，恒结香花之会。所祈
多福，用泰两都，而又恤彼蒸黎……累放逋悬，冀上合于
玄穹，庶少倾于素愿。今则……羽客陈辞，凭龙负简。俾乞
真灵垂鉴，福祐斯臻，使吴越……序无灾，风雨顺节以均调，
将相输忠而翊戴。以臣尊临……比于乔松，储室位坚于磐石。
克昌凤历，唯仰洪休。谨以丹……水府，金龙驿传。
太岁癸酉九月辛亥朔八日戊午……吴山里钱唐湖告文。

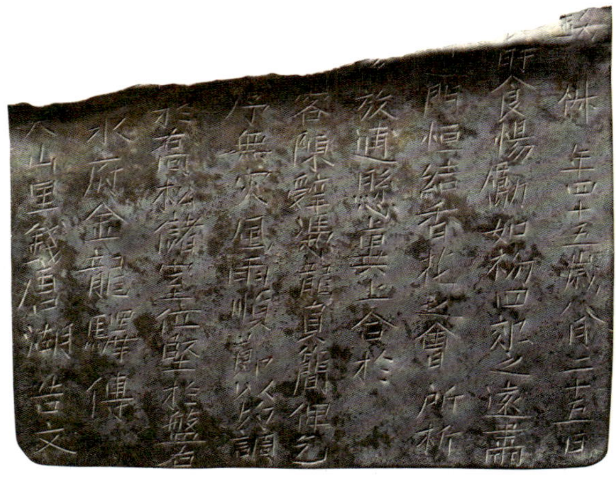

钱俶四十五岁钱唐湖银简

长 11.7 厘米，宽 14.3 厘米，厚 0.1 厘米（上半）
长 11.3 厘米，宽 14.3 厘米，厚 0.1 厘米（下半）
1955 年—1957 年浙江省杭州市西湖出水
浙江省博物馆藏

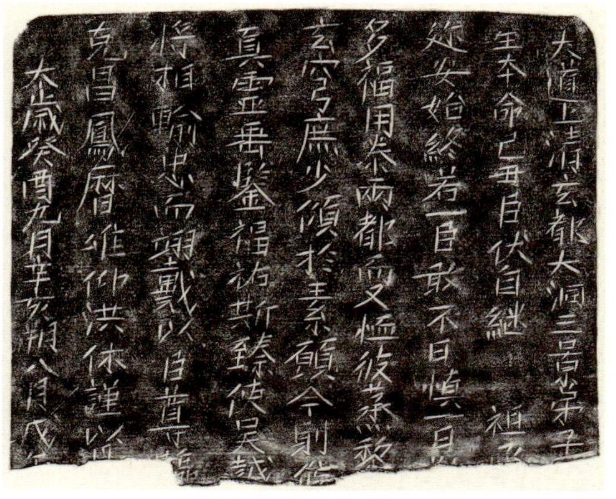

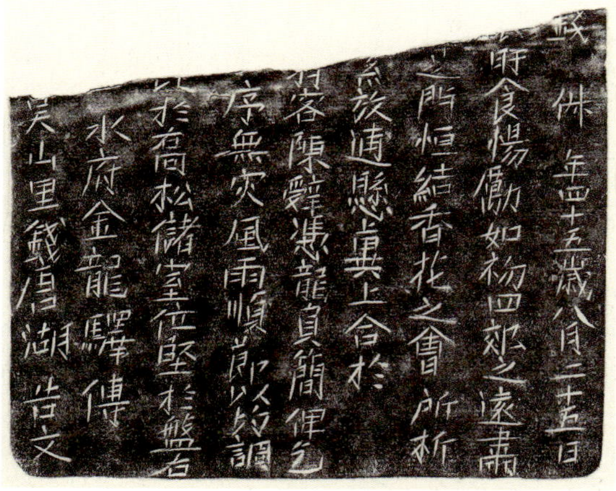

钱俶四十五岁钱唐湖银简拓本

推测复原后纵约 33 厘米，横 14.3 厘米
浙江省博物馆藏

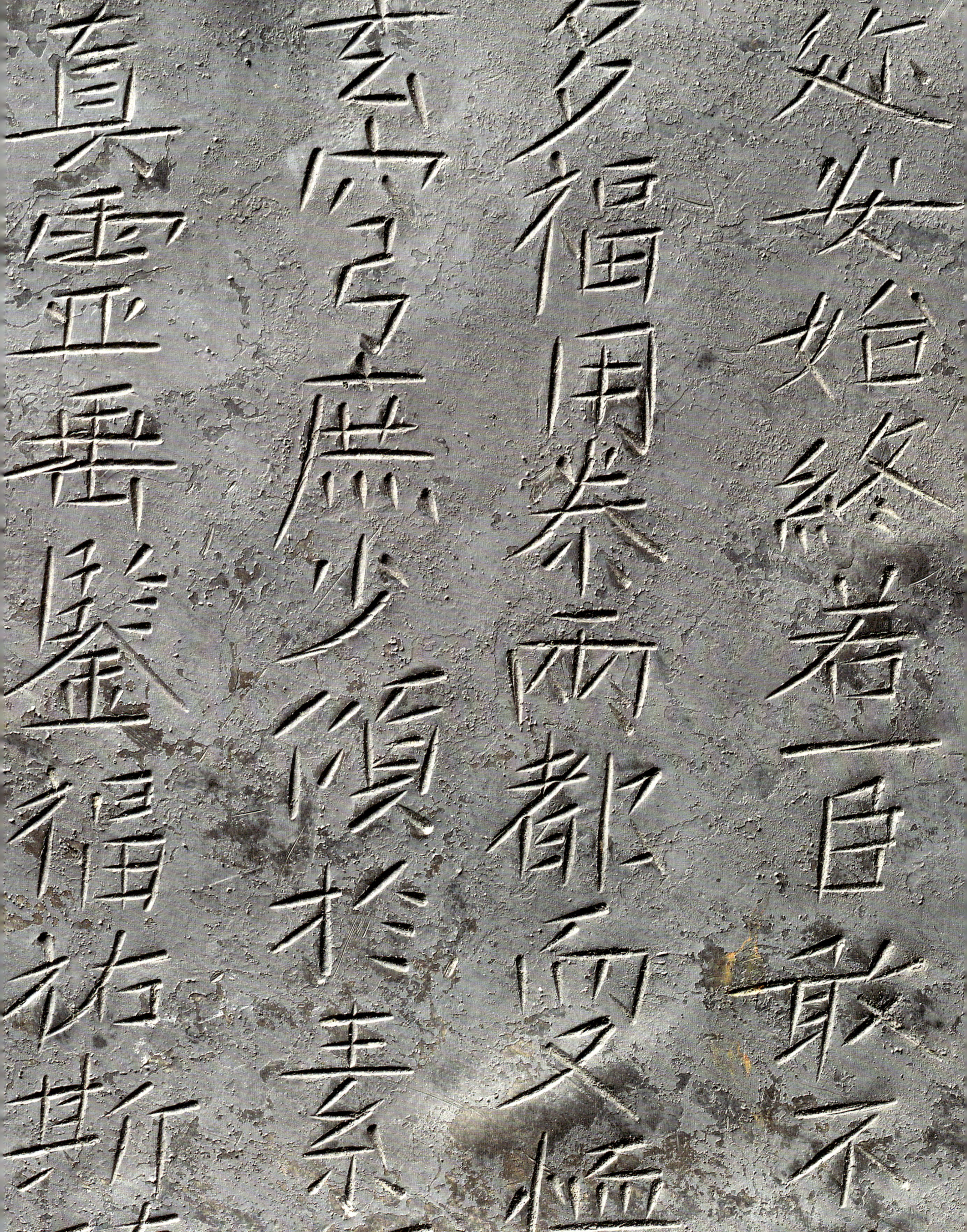

延安始終若一自最不
多福用泰兩都而多
玄穹無步傾於素
真靈垂鑒福祐斯

正面

五代　鎏金铜龙

通长 9.8 厘米，高 5.2 厘米
1955 年—1957 年浙江省杭州市西湖出水
浙江省博物馆藏

正面

五代　鎏金铜龙

通长 8.5 厘米，高 5.4 厘米
传浙江省杭州市西湖出水
杭州西湖博物馆总馆藏

反面

反面

五代　鎏金铜龙

长 12.5 厘米，高 5.6 厘米
1982 年江苏省苏州市林屋洞出土
苏州博物馆藏

五代　鎏金铜龙

长 13.8 厘米，高 5.7 厘米
1982 年江苏省苏州市林屋洞出土
苏州博物馆藏

五代　铜龙

长 9.5 厘米，高 4.5 厘米
1982 年江苏省苏州市林屋洞出土
苏州博物馆藏

五代　铜龙

长 5.1 厘米，高 2.4 厘米
1982 年江苏省苏州市林屋洞出土
苏州博物馆藏

片鳞偶现

南唐投龙

宋代赵伯沄墓曾出土南唐开国皇帝李昪的投龙璧。从文献记载看，南唐投龙同样非常普遍，应不下于吴越。宋仁宗裁定的二十处投龙场所中，就有七处原属南唐，数量最多，分别为：江宁府华阳洞（洞天）、舒州潜山司真洞（洞天）、常州张公洞（洞天）、南康军庐山咏真洞（洞天）、江州马当山上水府（水府）、太平州中水府（水府）、润州金山下水府（水府）。今后的考古工作中，应会有更多发现。

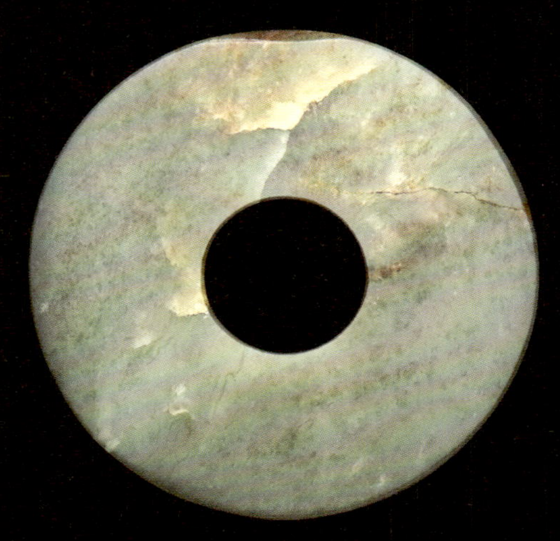

五代　李昪西山洞府玉璧

外径 7.5 厘米，孔径 2.6 厘米，厚 0.7 厘米
2016 年浙江省台州市黄岩区南宋赵伯沄墓出土
黄岩区博物馆藏

此璧为南唐升元四年（940）烈祖李昪投于西山洞府（应为第十二洞天洪州西山洞府，位于今江西南昌）。玉料为青白玉属和田玉山料，一面为素面，一面镌刻铭文。文字分三圈，由外沿开始按顺时针排列。

大唐皇帝昪，谨于东都内庭修金箓道场，设醮谢土，上仰玄泽。
修斋事毕，谨以金龙玉璧投诣西山洞府。升元四年十月日告闻。

仙飛行上清
度千元祐五年

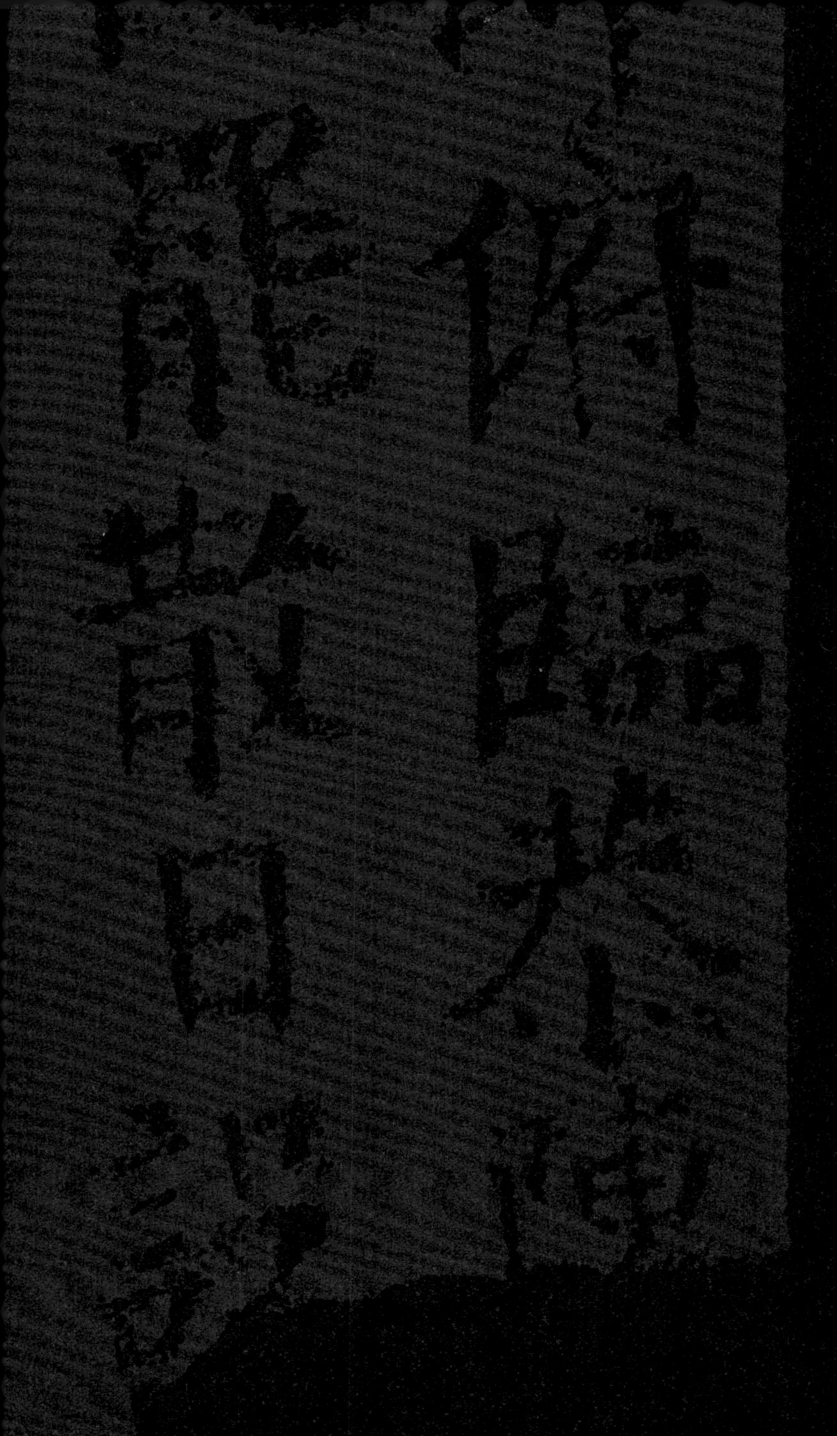

第三章

保安宗社

宋明投龙的演变

宋代崇奉道教，投龙仪式的频率与形式亦日趋典制化。官方每年举行投龙仪式，为国祈福，说明其求仙的功能日趋弱化，奉祀山川、保安宗社的意味愈加浓厚。早期山川祭祀与道教投龙仪式的重合，使投龙演变成国家仪典的重要部分。北宋中期后，虽投龙活动保持较高频次，投龙场所则被遴选精简，举行仪式的洞天、水府减少至二十处。在简文格式上，亦高度统一，直接继承了灵宝经“三元玉简”的传统。

金、元两朝沿袭宋代，道士投龙于名山水府的同时，还往往代表帝王祭祀五岳四渎。明代除武当山皇家道场投龙较为突出外，还出现了洞天谱系之外的陵山投龙。自此之后，中国古代官方的投龙活动基本结束。

遍祷名山

宋代投龙

宋代投龙仪式在唐代制度基础上完成国家化转型，形成“制度规范—内涵转型—空间统合”的新范式，具体体现为年度投龙的定期化与简文格式的程式化。虽然祈愿内容是多样的，如国泰、禳灾、祈嗣等，但必以灵宝经“愿神愿仙，飞行上清”收束。由此可见，“告神—祈愿—盟誓”这一框架已经标准化了。在仪式上，原有“通神启白”的逻辑让位于“献祭酬神”的实践。与此同时，素食醮仪得以强化，形成了“斋醮+投龙”的双轨模式，名山洞府从“天地通道”转化为直接祭祀对象。

北宋以开封为中心，构建了西北“王屋山—济渎”与东南“潜山—采石矶”两对山水轴线，将散落的洞天纳入都城辐射网络。真宗朝借“天书降世”运动将投龙推向高峰，道教开始与国家宗教合流。宋仁宗将投龙场所精简至二十处，体现中央集权对宗教实践的收束。宋理宗嘉熙元年（1237），茅山、天台山等六洞天同步投龙，乃是等同于对山川之神的集体献祭，标志着道教斋醮仪式与儒家岳渎祭祀的深度融合。

宋代投龙纪事图

大茂山
泰山
王屋山
济渎庙
终南山仙游潭
华山
太白山
钱塘江、西湖
张公洞、善卷洞
奉化 隐潭
茅山
林屋洞
天目山老龙潭
远安 金龙洞
德安 金龙洞
当阳 金龙潭
潜山
大涤洞
四明山
雁荡山龙潭
青城山
天台山
括苍山
委羽山
鼎州 桃源洞
君山
华林山
西山、逍遥山
金华山
武夷山
仙都山
阳明洞
玉笥山
衡山
射的潭
罗浮山
洞天点位
水府点位

宋代帝王投龙纪事年表

939—997 ㊎

宋太宗

一次

①	淳化五年（994）	茅山燕洞

968—1022 ㊎

宋真宗

二十一次

①	咸平年间（998—1003）	天台山玉京洞
②	咸平年间（998—1003）	天台山三井
③	景德五年（1008）	远安县云梦山金龙洞
④	大中祥符三年（1010）	华林山投龙洞
⑤	大中祥符四年（1011）	宜兴张公洞
⑥	大中祥符八年（1015）	杭州钱塘江
⑦	大中祥符九年（1016）正月	华山仙谷
⑧	天禧元年（1017）四月	张公洞天申宫
⑨	天禧二年（1018）九月	苏州林屋洞
⑩	天禧二年（1018）	仙居括苍洞
⑪	天禧三年（1019）四月	句容茅山
⑫	天禧三年（1019）	阳明洞射的潭
⑬	天禧四年（1020）正月	杭州西湖
⑭	天禧四年（1020）三月	阳明洞射的潭
⑮	天禧四年（1020）六月	阳明洞射的潭
⑯	天禧四年（1020）	仙都山金龙洞
⑰	天禧五年（1021）以前	杭州放生池（西湖）
⑱	天禧年间（1017—1021）	苏州林屋洞
⑲	天禧年间（1017—1021）	雁荡山龙潭
⑳	天禧年间（1017—1021）	金华山双龙洞
㉑	乾兴元年（1022）	武夷山升真洞

天禧二年（1018）九月宋真宗林屋洞玉简

1082—1135 ㊎

宋徽宗

四次

①	崇宁四年（1105）六月	某水府
②	宣和年间（1119—1125）	仙都山金龙洞
③	徽宗年间（1100—1126）	当阳金龙潭
④	徽宗年间（1100—1126）	四明山

崇宁四年（1105）宋徽宗玉简

1168—1224 ㊎

宋宁宗

一次

①	嘉定三年（1210）五月	句容茅山

1205—1264 ㊎

宋理宗

八次

①	嘉熙元年（1237）	句容茅山
②	嘉熙元年（1237）	四明山白水宫、会稽山
③	嘉熙元年（1237）	天台山玉京洞
④	嘉熙元年（1237）	武夷山升真洞
⑤	嘉熙元年（1237）	逍遥山万寿宫
⑥	嘉熙元年（1237）	庐山太平兴国宫
⑦	嘉熙年间（1237—1240）	金华山洞元洞
⑧	宝祐元年（1253）	委羽山

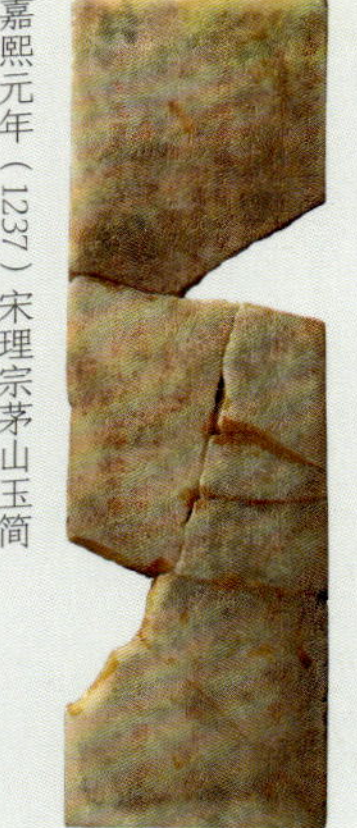

嘉熙元年（1237）宋理宗茅山玉简

1010—1063㊎

宋仁宗

七次

⑦	至和二年（1055）	王屋山平阳洞、济渎
⑥	至和二年（1055）之前	太白山
⑤	皇祐（1049—1053）之前	奉化隐潭
④	明道年间（1032—1033）	华山车箱潭
③	天圣年间（1023—1032）	天台山玉京洞
②	天圣五年（1027）	天台山三井
①	天圣二年（1024）四月	茅山华阳洞、燕洞、金山水府

天禧四年（1020）六月宋真宗阳明洞射的潭投龙简记

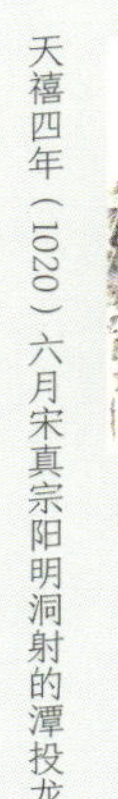

天禧四年（1020）正月宋真宗西湖玉简

1032—1067㊎

宋英宗

一次

①	治平元年（1064）闰五月	不详

治平元年（1064）宋英宗玉简

1048—1085㊎

宋神宗

六次

⑥	元丰五年（1082）之前	泰山白龙池
⑤	熙宁年间（1068—1077）	
④	熙宁八年（1075）	终南山仙游潭
③	熙宁八年（1075）闰四月	北岳大茂山真令洞
②	熙宁元年（1068）四月	济渎池
①	治平四年（1067）六月	宜兴张公洞

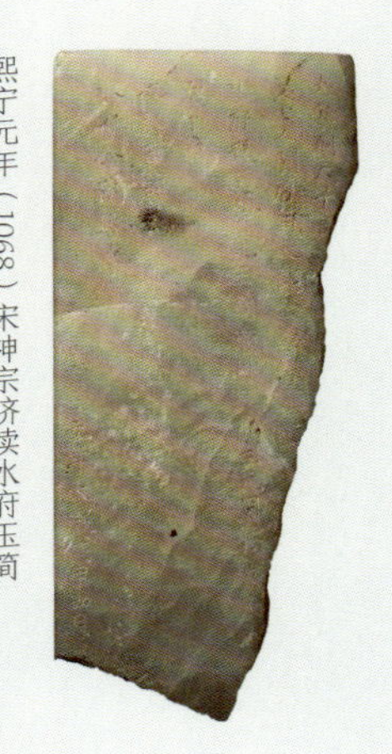

熙宁元年（1068）宋神宗济渎水府玉简

1077—1100㊎

宋哲宗

五次

⑤	绍圣三年（1096）	宜兴张公洞
④	元祐年间（1086—1094）	宜兴善卷洞
③	元祐五年（1090）七月	宜兴张公洞
②	元祐五年（1090）六月	宜兴张公洞
①	元祐二年（1087）	宜兴张公洞

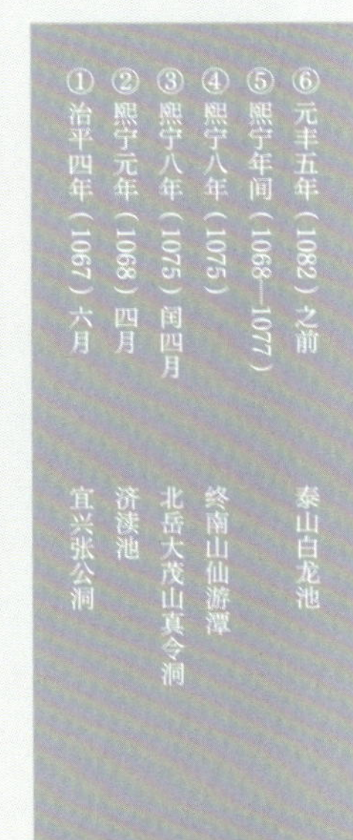

元祐五年（1090）七月宋哲宗张公洞玉简

宋真宗投龙·天禧二年（1018）

宋真宗大中祥符年间之后，道教开始深度地参与到官方祭祀之中。据文献和出土资料，真宗一朝至少投龙二十一次，是投龙仪式的又一次高峰。宋真宗的投龙地点，包括华山仙谷、句容茅山、宜兴张公洞、云梦山金龙洞、华林山投龙洞、杭州西湖、苏州林屋洞、越州阳明洞、越州射的潭、天台山三井、天台山玉京洞、仙居括苍洞、金华山双龙洞、缙云仙都山金龙洞、雁荡山龙潭、武夷山升真洞等。从出土文物来看，宋真宗投龙使用纯金走龙，重约二两（约 80 克）。

● 投龙时间

天禧二年九月十日

● 投龙祈愿

上为宗庙，下为群生，请福祈恩，消灾散咎；和天安地，保国宁民，恭祷真灵

● 参与人员

道士二十一人

● 投龙仪式

1. 玉清昭应宫太初殿，开启金箓大斋二七日
2. 别陈大醮、告祈
3. 诣苏州林屋洞，投送金龙玉筒

宋真宗林屋洞玉筒

长 37.8 厘米，宽 9.5 厘米，厚 2.2 厘米
1982 年江苏省苏州市林屋洞出土
苏州博物馆藏

正面：

嗣天子臣恒。上为宗庙，下为群生，请福祈恩，消灾散咎。谨就：玉清昭应宫太初殿命道士二十一人开启金箓大斋二七日，伏冀和天安地，保国宁民，恭祷真灵。别陈大醮，今以告祈，已毕，斋事周圆。谨依旧式，诣苏州林屋洞，投送金龙玉筒。愿神愿仙，飞行上清，五岳真人，至圣至真，鉴此丹悬，上闻九天，□□□□金龙驿传。

天禧二年岁次戊午九月庚申朔十日己巳于斋坛内告文。

背面：

入内内侍省内西头供奉官臣王从政。

金籙大齋二七日

上為宗廟下為黔黎
更冀和天安地保國寧民
金籙大齋一月日
別陳大醮
西湖水府投送金龍玉簡

天禧四年（1020）

● **投龙时间**

天禧四年正月二十三日

● **投龙祈愿**

上为宗庙，下为黔黎，郊祀聿成，法筵昭谢；更冀和天安地，保国宁民，恭祷真灵

● **投龙仪式**

1. 金箓大斋一月日
2. 别陈大醮
3. 诣西湖水府，投送金龙玉简

宋真宗西湖玉简

长 20.5 厘米，宽 8.3 厘米，厚 1.5 厘米
1955 年—1957 年浙江省杭州市西湖出水
浙江省博物馆藏

正面：
大宋嗣天子臣恒
上为宗庙，下为黔黎，郊祀聿成，法筵昭谢，谨就：大内天安……
金箓大斋一月日。更冀和天安地，保国宁民，恭祷
真灵。别陈大醮，今已告祈，事毕，斋法周圆。谨依旧式，诣
西湖水府，投送金龙玉简。愿神愿仙，飞行上清，九府水帝，溟泠大神……
九天，谨诣水府，金龙驿传。
大宋天禧四年岁次庚申正月癸丑朔二十三日乙……
背面：
入内内侍省内西头供奉官……

● **投龙时间**

天禧四年六月

● **投龙祈愿**

国家茂育群品，抚绥兆民，□□□□百灵，固洪基于万世

● **参与人员**

入内内侍省内东头供奉官刘□□

● **投龙仪式**

1. 诣龙瑞观，建灵宝道场三昼夜，设清醮一座
2. 六月十九日，投金龙玉简于紫府阳明洞天
3. 二十日，躬诣禹王庙，建道场□昼夜，设醮一座
4. 二十三日，投金龙玉简于五云溪射的潭

阳明洞射的潭投龙简记拓本

纵 87 厘米，横 137 厘米

绍兴市越城区文化广电旅游局藏

国家茂育群品，抚绥兆民，□□□□百灵，固洪基于万世。特命入内内侍省内东头供奉官刘□□诣龙瑞观，建灵宝道场三昼夜，设清醮一座。六月十九日，投金龙玉简于紫府阳明洞天。翌日，躬诣禹王庙，建道场□昼夜，设醮一座。二十三日，投金龙玉简于五云溪射的潭。至信，再陈□□□□。神祇胥悦，帝道永康……

靈寶道場三晝
次月十九日投金龍玉
明洞天翌日躬詣
禹王
晝夜設醮一座三十三日投金龍

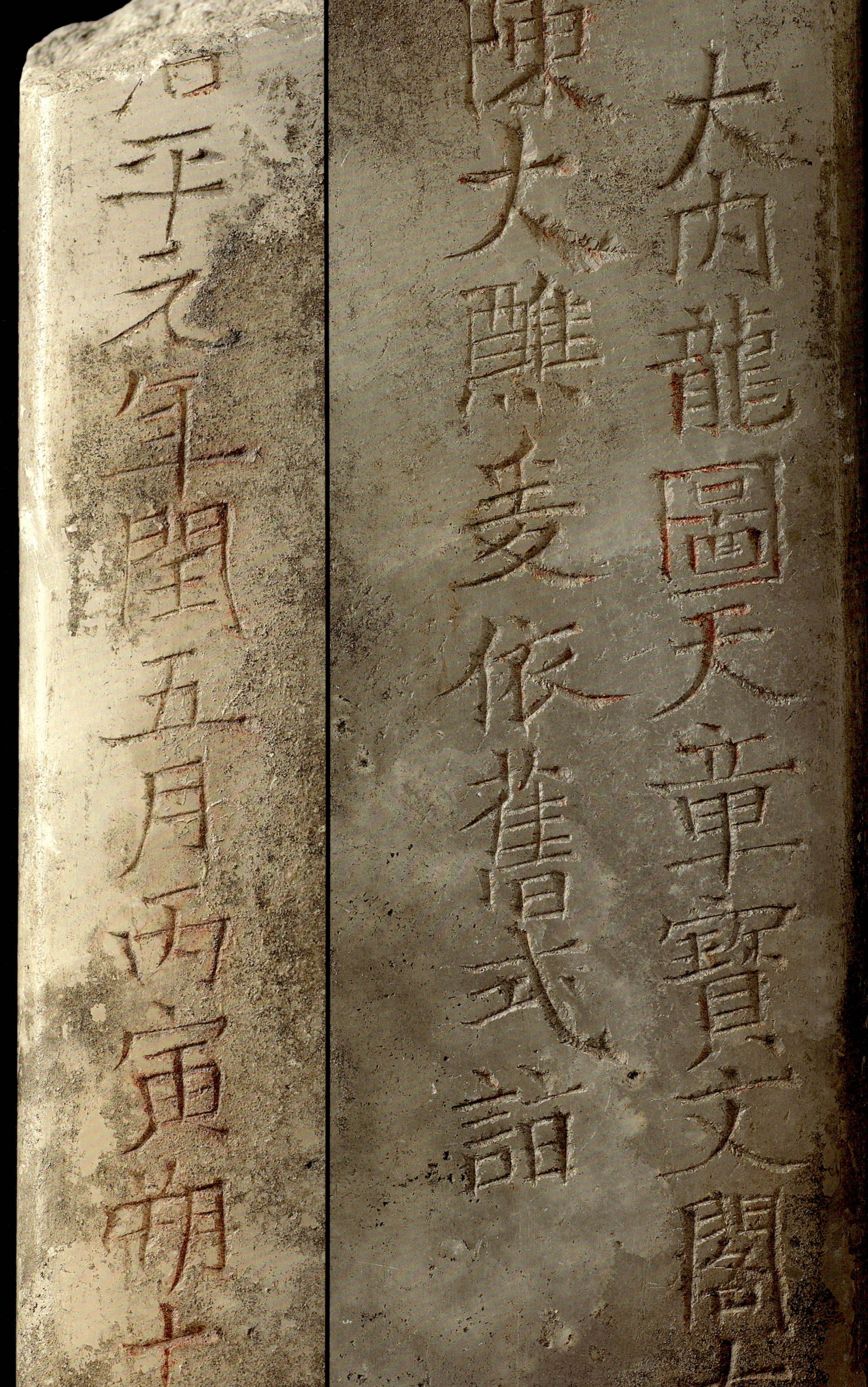
大內龍圖天章寶文閣
大醮爰依舊式詣
乙亥閏五月丙寅朔

宋英宗投龙 · 治平元年（1064）

据出土资料，浙江省博物馆藏有一枚宋英宗治平元年（1064）玉简，由于玉简残损，其出土地已经不详。从残存的朱砂来看，推测原应是洞天简。

● **投龙时间**

治平元年闰五月朔十日

● **投龙仪式**

1. 大内龙图天章宝文阁大晖殿，仪式未知（缺字）

2. 别陈大醮

3. 投龙地未知（缺字）

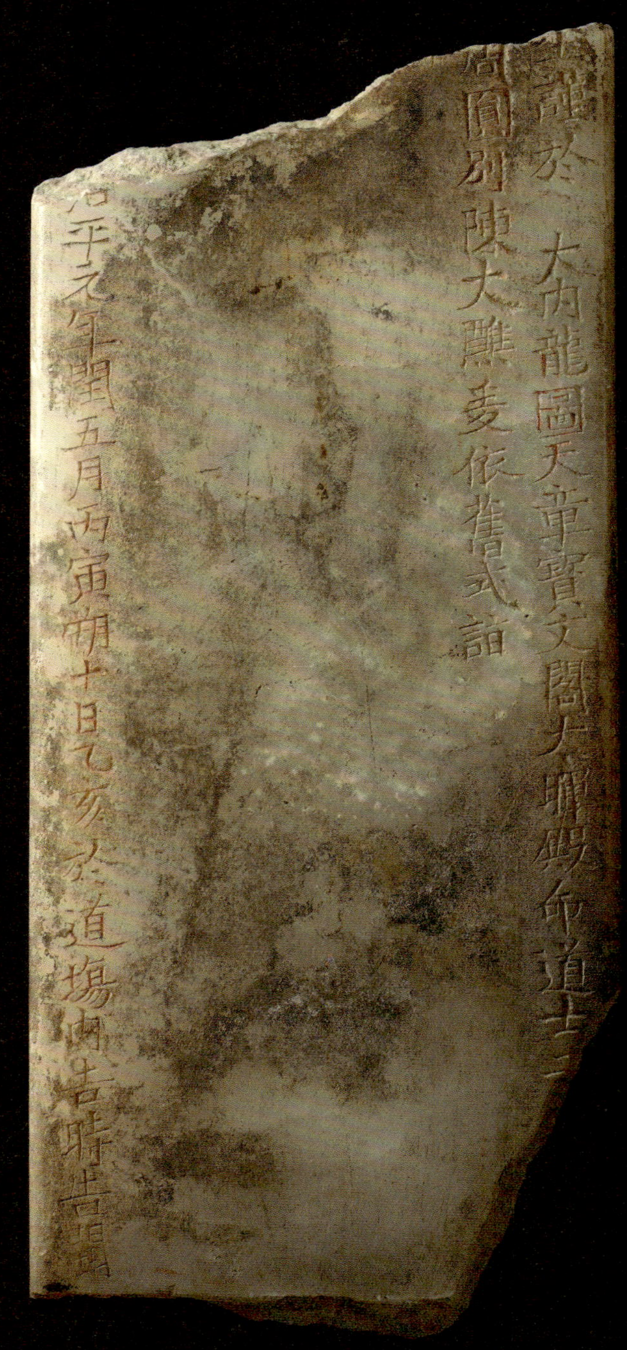

……谨于大内龙图天章宝文阁大晖殿命道士……

……周圆。别陈大醮。爰依旧式，诣……

治平元年闰五月丙寅朔十日乙亥于道场内吉时告闻

宋英宗玉简

残长 19.2 厘米，宽 8.4 厘米，厚 1.8 厘米

浙江省博物馆藏

宋神宗投龙·熙宁元年（1068）

据文献和出土资料，神宗一朝至少投龙六次。投龙地包括宜兴张公洞、北岳大茂山真令洞、终南山仙游潭、泰山白龙池等地。2003年，在河南济渎庙小龙池中，出水一枚宋神宗熙宁元年（1068）投入济渎水府的玉简。

● 投龙时间

熙宁元年四月

● 投龙仪式

1. 地点未知，同天节金箓道场
2.（缺字）水府投送金龙玉简

大宋嗣天子臣……
三七人，开启同天节金箓道场……
水府投送金龙玉简。愿神愿仙，三元同存，九府水帝……
奏上闻
九天谨诣
水府，金龙驿传
熙宁元年太岁戊申四月……

宋神宗济渎水府玉简

残长17.5厘米，宽8厘米，厚1.6厘米
2003年河南省济源市济渎庙小北海龙池出水
济源市博物馆藏

玉简出土地：河南省济源市济渎庙小北海龙池

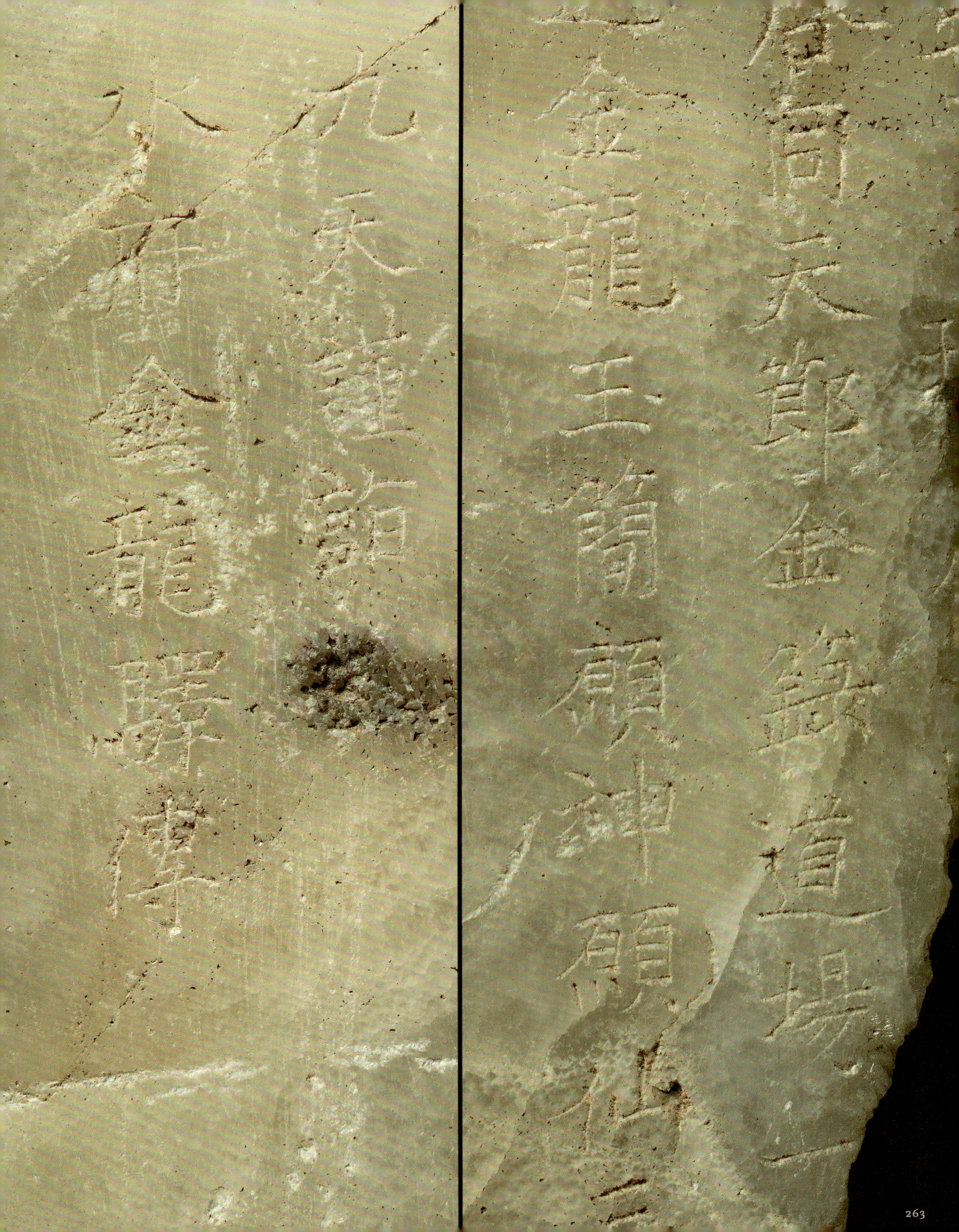

宋哲宗投龙·元祐五年（1090）

据文献和出土资料，哲宗一朝至少投龙三次。投龙地包括江苏省宜兴市张公洞、善卷洞等地。20世纪初期，在江苏省宜兴市张公洞出土一枚宋哲宗元祐五年（1090）投入张公洞的玉简。

大宋嗣天子臣昫伏为诞节，俯临恭陈……
坤成节金箓道场七昼夜，罢散日设……
天告地，请福延龄，恭祷真灵。特陈
洞天投送金龙玉简。愿神愿仙，飞行上清……
九天谨诣……
灵仙，金龙驿传……
太岁庚午元祐五年七……

宋哲宗张公洞玉简

残长16.2厘米，宽7.5厘米，厚1.6厘米
1936年江苏省宜兴市张公洞出土
浙江省博物馆藏

● 投龙时间

元祐五年七月

● 投龙祈愿

……天告地，请福延龄，恭祷真灵

● 投龙仪式

1. 地点未知，坤成节金箓道场七昼夜
2. 地点未知，洞天投送金龙玉简

宋哲宗张公洞玉简拓本

纵 69 厘米，横 30 厘米
浙江省博物馆藏

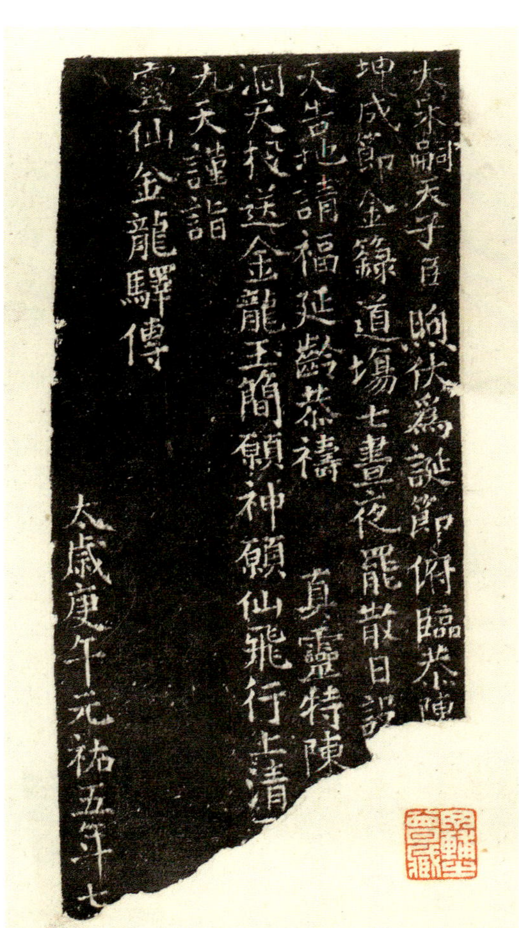

◇ 民国时期张公洞出土宋代玉简

宋徽宗投龙·崇宁四年（1105）

据文献和出土资料，徽宗一朝至少投龙四次。投龙地包括仙都山金龙洞、当阳市金龙潭、四明山等地。中国国家博物馆藏有一枚宋徽宗崇宁四年（1105）的水府玉简。

● 投龙时间

崇宁四年六月三日

● 投龙祈愿

保佑眇躬，祝延万寿。请福延龄，恭祷真灵

● 参与人员

道士三十七人

● 投龙仪式

1. 于明威观崇禧殿功德前，保夏金箓道场一月，罢散日设周天大醮一座
2. 诣水府投送金龙玉简

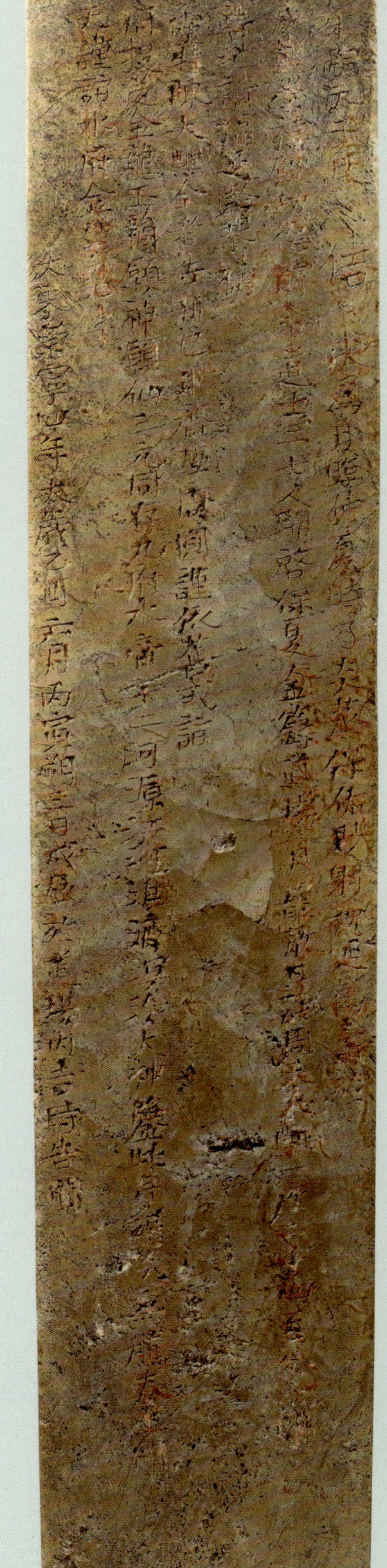

大宋嗣天子臣佶，伏为月临仲夏，时乃炎蒸，保佑眇躬，祝延万寿。于
明威观崇禧殿功德前，命道士三十七人，开启保夏金箓道场一月，罢散日设周天大醮一座，二千四百分位。闻
天告地，请福延龄，恭祷
真灵，特陈大醮。今者告祈已毕，斋事周圆，谨依旧式，诣
水府投送金龙玉简。愿神愿仙，三元同存，九府水帝，十二河源，江河淮济，溟泠大神，鉴此丹悬，乞为腾奏，上闻
九天，谨诣水府金龙驿传。
大宋崇宁四年太岁乙酉六月丙寅朔三日戊辰于道场内吉时告闻。

宋徽宗玉简

长 37.7 厘米，宽 8 厘米，厚 1.8 厘米
中国国家博物馆藏

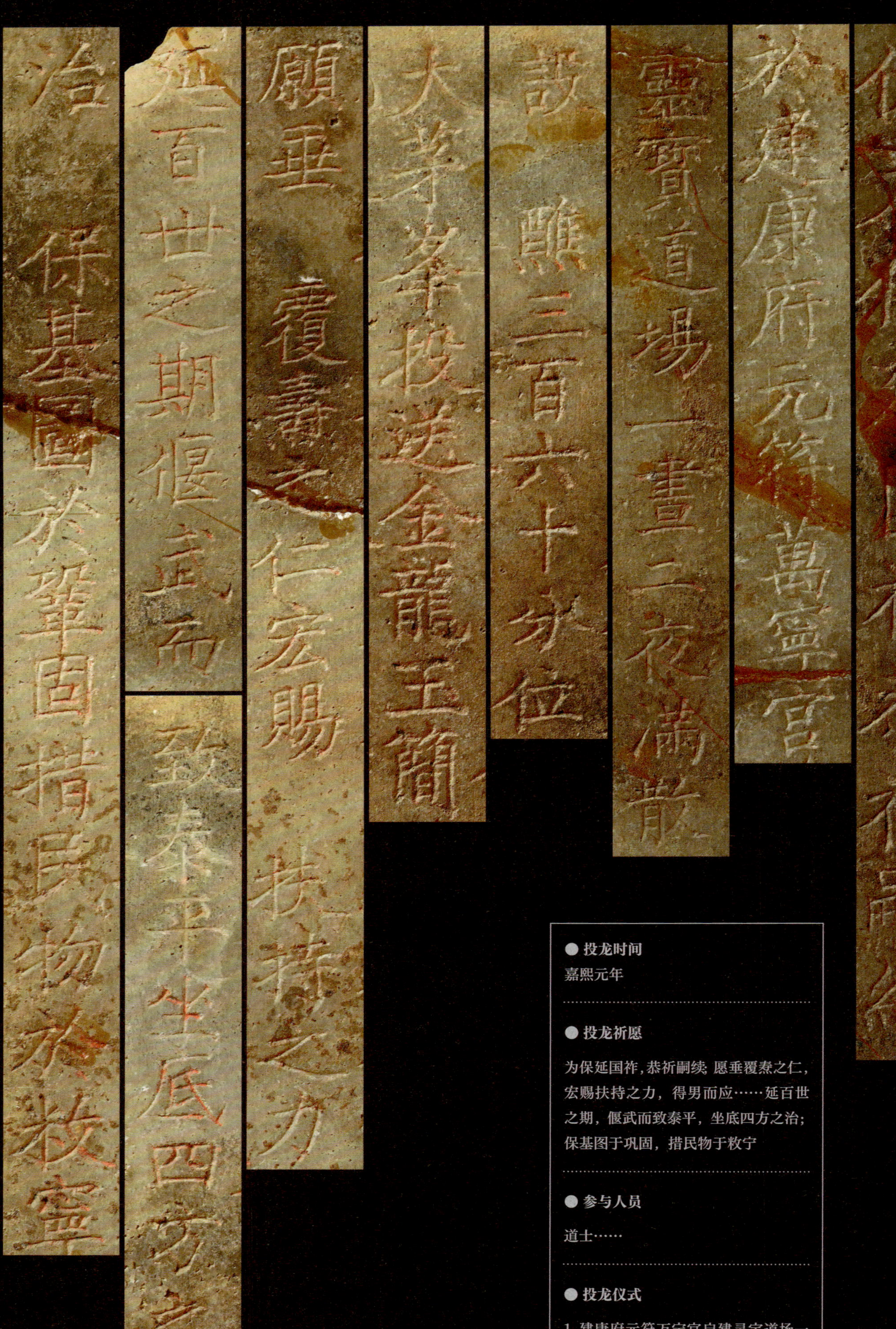

● 投龙时间

嘉熙元年

● 投龙祈愿

为保延国祚，恭祈嗣续 愿垂覆焘之仁，宏赐扶持之力，得男而应……延百世之期，偃武而致泰平，坐底四方之治；保基图于巩固，措民物于敉宁

● 参与人员

道士……

● 投龙仪式

1. 建康府元符万宁宫启建灵宝道场一昼二夜，满散设醮
2. 诣大茅峰，投送金龙玉简

宋理宗投龙 · 嘉熙元年（1237）

宋理宗是南宋时期为数不多延续投龙仪式的帝王，至少投龙八次。特别是在嘉熙元年（1237）时，宋理宗派遣使者投龙于茅山、天台山玉京洞、武夷山升真洞、逍遥山万寿宫、金华山洞元洞、四明山白水宫等至少六处洞天福地，为祈求后嗣而遍祷名山。

维嘉熙元年岁次丁酉……日，嗣天子臣，伏为保延国祚，恭祈嗣续，敬
斋香信，祗建冲科。命道士……于建康府元符万宁宫启建灵宝道场一昼二夜，满散
设醮，三百六十分位。告……诞集嘉祥，谨依旧式，诣
大茅峰，投送金龙玉简。欲望……圣至真鉴□□悃。乞为誊奏，上闻
九天。臣伏以元储虚位，未□熊梦之祥；边阃分屯，尚调虎符之戍；内欲隆于国本，外思靖
于兵氛；仰惟祖宗积累之难，深切朝夕继承之惧；是用肆类
上帝，遍祷名山。愿垂覆焘之仁，宏赐扶持之力，得男而应……延百世之期，偃武而
致泰平，坐底四方之治；保基图于巩固，措民物于敉宁。祗迓……
灵休，永依大造。臣无任恳祷之至。谨言。

宋理宗茅山玉简

长 40.7 厘米，宽 12.4 厘米，厚 1.4 厘米
出土地不详
茅山道院藏

龙

宋真宗时期的金龙以纯金制作，重约二两（约80克），薄片状金龙为錾刻、剪裁成型。龙首高昂，吻部上翘突出，有飞翼，三爪，身披鳞片，尾粗壮上扬，作行走状。如句容茅山华阳洞出土片状鎏金龙、苏州林屋洞出土片状金龙、华山出土片状金龙等，其出现和流行的时代仍有待详考。

北宋　金龙

长 11 厘米，重 78.1 克
1955 年—1957 年于浙江省杭州市西湖出水
浙江省博物馆藏

反面

正面

宋　鎏金铜龙

长 13.5 厘米，宽 8 厘米，厚 0.1 厘米
江苏省句容市茅山华阳洞出土
句容市博物馆藏

宋　金龙

长 3.3 厘米
2022 年浙江省丽水市缙云县仙都山金龙洞出土
缙云县博物馆藏

宋　鎏金铜龙

长 9.5 厘米，宽 4.3 厘米，厚 0.1 厘米
江苏省句容市茅山华阳洞出土
句容市博物馆藏

反面

宋或稍晚　锡龙

长 16 厘米，高 8 厘米
1955 年—1957 年浙江省杭州市西湖出水
浙江省博物馆藏

璧

金华山双龙洞出土圆形玉璧两枚，与吴越国风格的小铜龙同出。其直径略小于三寸，推测为吴越国至北宋初期所投，如茅山元阳观玉璧等年代尚不明确，有待详考。

玉璧

外径 8.5 厘米，内径 3.1 厘米，厚 0.7 厘米
1987 年浙江省金华市双龙洞出土
金华市博物馆藏

玉璧

外径 8.7 厘米，内径 3.6 厘米，厚 0.4 厘米
1987 年浙江省金华市双龙洞出土
金华市博物馆藏

钮

林屋洞出土的金钮或为吴越国至北宋初期遗物。薄片金条环起，状如戒指。

金钮

直径 1.9 厘米
1997 年浙江省丽水市缙云县仙都山金龙洞出土
缙云县博物馆藏

金钮

直径 2.2 厘米
1982 年江苏省苏州市林屋洞出土
苏州博物馆藏

金钮

直径 2.1 厘米
1982 年江苏省苏州市林屋洞出土
苏州博物馆藏

琉璃璧

外径 6.4 厘米，内径 2.6 厘米
2008 年江苏省茅山茅洞出土
茅山元阳观藏

天书九载孟春十日，入内供奉
张怀彬道场于岳祠，入内高班
孙可久投龙于仙谷，偶会入
内高品李怀凝自泾原承受
解秩归阙，时与知县、大理
寺丞张绰同焚香于
金天顺圣帝，致诚而退。孙题。

唐 《述圣颂》清拓本

纵 187 厘米，横 78 厘米
浙江省博物馆藏

原碑开元十三年（725）立，现藏于西安碑林博物馆。碑额右下方刻有一则北宋大中祥符九年（1016）孙可久华山投龙记。

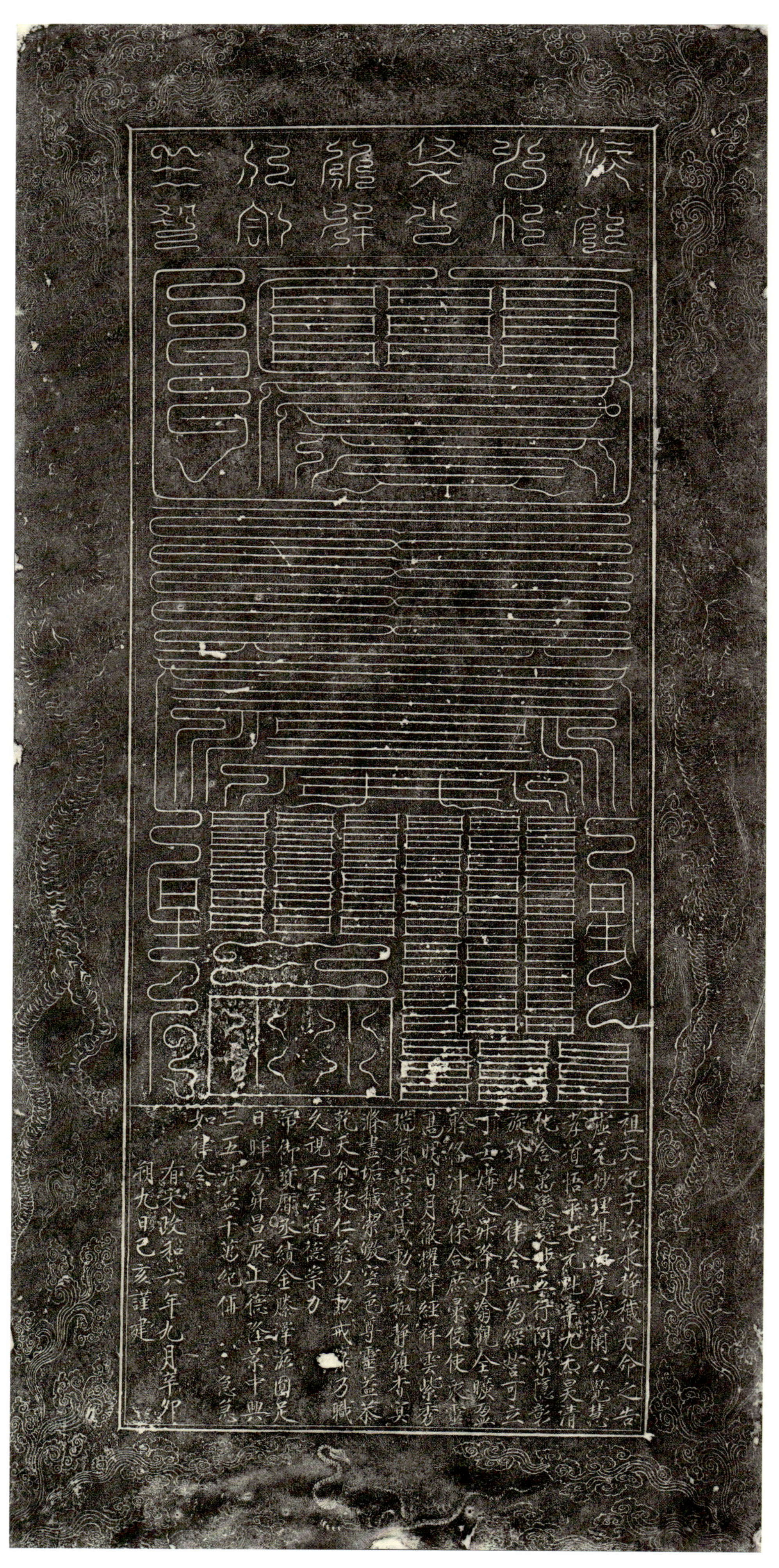

宋 《灵符碑》拓本

济源市博物馆藏
长 151.4 厘米，宽 72.3 厘米

原碑立于政和六年（1116），现立于河南省济源市济渎庙。碑身顶端六行十二字符疑为道教召龙真文。碑身中部为符箓的主体，可见汉字日、月、星及其变形，应为道教净明派擅长的治水符。碑身下部汉字述净明道的师承渊源及该教孝道宗旨和道法感应天地的效应，宣扬“道德崇力”，为朝廷祈福，以道教惯用语“急急如律令”结尾。

投龙仪制

投龙时间：八节日、甲子日
投龙地点：水简——十处水府
　　　　　山简——十处洞天
投龙用具：简（香樟 / 阶石）、金龙一只、金钮九只、青纸、青丝
投龙主体：差道士七人，内选授法箓道士一人，充高功

投龙仪程：

〉山水二简送至洞天、水府，地方举仪仗迎接
〉道士七人登坛或登殿，上香
〉以净水洒净坛场
〉诵唱《五方卫灵咒》
〉法师上香，召出身中功曹、使者，传奏祈愿
〉三上香，献茶、献酒，长跪奉请上圣高真，念诵启白之文
〉再上香、献酒，奉请山水之神，降临坛场
〉再上香、献酒，法师再行祝祷，并奉送诸神
〉念诵《十二愿》
〉再上香，召回身中功曹、使者
〉唱诵《学仙颂》
〉焚香，投《山简》于洞天
〉前往水府，投《水简》，唱诵《投简颂》
〉唱诵《回向赞》，法师"念善"，道众山呼"万岁"

投龙简（据北宋张商英《金箓斋投简仪》）

水简

嗣天子臣伏为迎祥集福祇建冲科谨赍龙璧信币之仪命道士几人于某宫观某殿开启金箓道场几昼夜罢散日设普天大醮一座三千六百分位告盟天地纪算延厘斋事周圆恭陈大醮谨依旧式诣水府投送金龙玉简愿神愿仙三元同存九府水帝十二河源江河淮济溟泠大神至圣至真鉴此丹悃乞为誊奏上闻九天谨诣水府金龙驿传

某年太岁某甲子几月某朔几日某甲子于道场内吉时告闻

山简

嗣天子臣伏为迎祥集福祇建冲科谨赍龙璧信币之仪命道士几人于某宫观某殿开启金箓道场几昼夜罢散日设普天大醮一座三千六百分位告盟天地记算延厘斋事周圆恭陈大醮谨依旧式诣洞天投送金龙玉简愿神愿仙飞行上清五岳真人至圣至真鉴此丹悃乞为誊奏上闻九天谨诣灵山金龙驿传

某年太岁某甲子几月某朔几日某甲子于道场内吉时告闻

土简

嗣天子臣伏为迎祥集福祇建冲科谨赍龙璧信币之仪命道士几人于某宫观某殿开启金箓道场几昼夜罢散日设普天大醮一座三千六百分位告盟天地纪算延厘斋事周圆恭陈大醮谨依旧式诣灵坛投送金龙玉简愿仙飞行上清中黄九土戊巳黄神土府五帝鉴此丹悃乞为誊奏上闻九天金龙驿传

某年太岁某甲子几月某朔几日某甲子于道场内吉时告闻

代祀岳渎

金元时期投龙

金代取得中原政权后，祭祀活动沿袭宋制。但由于统治疆域偏处北方，投龙场所主要以五岳中的东、中、西、北四岳，以及王屋洞天与济渎为主。金崇庆元年（1212），卫绍王完颜永济命中都太极宫提点李大方“诣岳渎投龙”，路线自东岳泰山始，分别前往王屋山、济渎、中岳、西岳，至终南山太乙池，突破了宋代限于洞天的投龙实践。元承金制，投龙场所依旧偏重于北方岳渎，道教投龙进一步与国家山川祭祀合流，形成了由高道“代祀岳渎”的制度。元宪宗蒙哥即位元年（1251），遣全真掌教李志常“代祀岳渎”，顺序依次为：北岳恒山（今保定大茂山）、东岳泰山、南岳衡山（于王屋山天坛峰望祭）、四渎（合祭于济源）、中岳嵩山、西岳华山。此后，道士代祀岳渎制度成为元廷常例，道教投龙几乎等同于官方岳渎祭祀。由于道教禁止血祭，“致祭”仍以道教斋醮的形式来举行，并在仪式的结尾举行投龙。

金元帝王投龙纪事年表

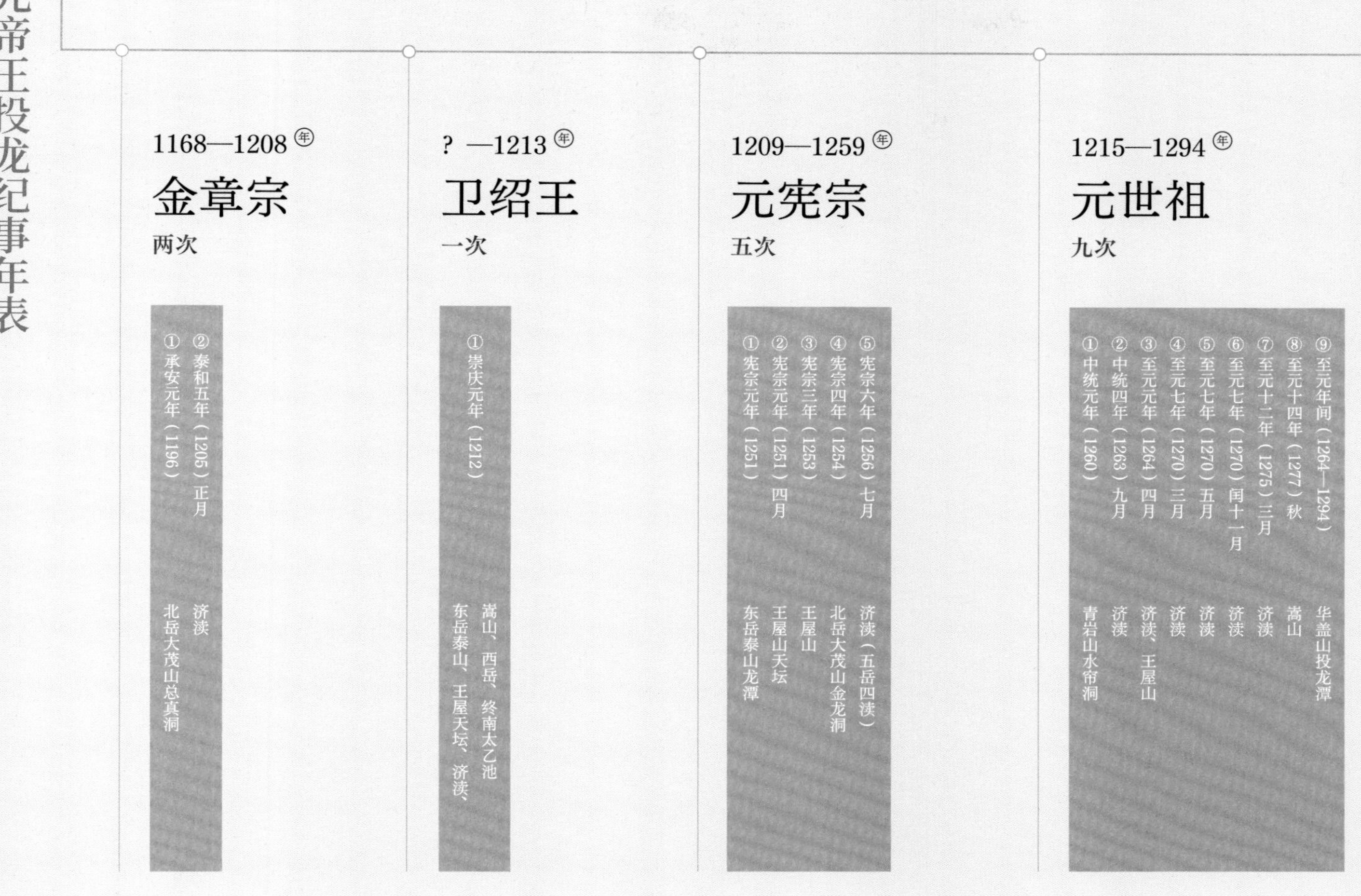

1168—1208年
金章宗
两次
①承安元年（1196） 北岳大茂山总真洞
②泰和五年（1205）正月 济渎
? —1213年
卫绍王
一次
①崇庆元年（1212） 嵩山、西岳、终南太乙池 东岳泰山、王屋天坛、济渎、
1209—1259年
元宪宗
五次
①宪宗元年（1251） 东岳泰山龙潭
②宪宗元年（1251）四月 王屋山天坛
③宪宗三年（1253） 王屋山
④宪宗四年（1254） 北岳大茂山金龙洞
⑤宪宗六年（1256）七月 济渎（五岳四渎）
1215—1294年
元世祖
九次
①中统元年（1260） 青岩山水帘洞
②中统四年（1263）九月 济渎
③至元元年（1264）四月 济渎、王屋山
④至元七年（1270）三月 济渎
⑤至元七年（1270）五月 济渎
⑥至元七年（1270）闰十一月 济渎
⑦至元十二年（1275）三月 济渎
⑧至元十四年（1277）秋 嵩山
⑨至元年间（1264—1294） 华盖山投龙潭

1265—1370年
元成宗
三次
①大德六年（1302）三月 济渎
②大德七年（1303） 华山龙湫
③大德十年（1306） 嵩山
1281—1311年
元武宗
一次
①至大元年（1308）五月 嵩山
1285—1320年
元仁宗
四次
①至大四年（1311）六月 济渎、王屋山
②皇庆元年（1312） 嵩山、济渎
③皇庆二年（1313）四月 嵩山、济渎
④延祐元年（1314） 济渎、王屋山
⑤延祐三年（1316）二月 济渎
1276—1328年
泰定帝
一次
①泰定元年（1324）五月 济渎
1320—1328年
元顺帝
一次
①至元年间（1264—1294） 嵩山

『代祀岳渎』线路图

北岳恒山

东岳泰山

王屋山 望祭南岳衡山

济渎

祭四渎、济源合祭

中岳嵩山

西岳华山

终南山太乙池

李大方“代祀岳渎”线路图

李志常“代祀岳渎”线路图

天坛峰：遥祀南岳

司马承祯祠墓遗址

紫微宫

元世祖投龙·至元元年（1264）

据济渎庙《大朝投龙记碑》，元世祖至元元年（1264），中都长春万寿宫作大醮七日后，投龙于王屋山天坛紫微宫。

◇ 金 《大金承安重修中岳庙图》
河南博物院藏

◇ 元 《创建开平府祭告济渎记》
济源市博物馆藏

元 《大朝投龙记》拓本

济源市博物馆藏

现立于河南省济源市济渎庙。碑额篆书“投龙之记”。记录了元世祖忽必烈建周天大醮，举行七昼夜的祭祀活动，又命诚明真人张志敬（丘处机弟子李志常之徒）到河南省济源市祭祀济水神和王屋山。

元仁宗投龙·延祐元年（1314）

据元代赵孟頫书丹的济渎庙《投龙简记碑》，元仁宗延佑元年（1314）玄教大宗师张留孙于大都长春观作大醮七日后，高道陈日新奉敕投金龙玉简于济源济渎庙和王屋山天坛王母洞。

元　赵孟頫《投龙简记》拓本

济源市博物馆藏

现立于河南省济源市济渎庙。为元代著名书法家赵孟頫亲笔书写，反映了元仁宗时期的皇位争夺和相关道教活动。元仁宗登基之后，励精图治，遂致“中外大和”。为感谢神灵，仁宗命志道弘教冲玄仁靖大真人张留孙等人建周天大醮于南城长春宫，举行七昼夜的祭祀活动，又命钦差大臣周应极和道士陈日新到河南济源祭祀济水神和王屋山。

投龍簡記

今上御極之初勵精庶

太后母儀懿恭思齊中

帝嗣大歷服載稽舊章

教沖玄仁靖大真人張

羽士餘千人薦科宣儀

帝

玉简镇坛

明代王室投龙

明代投龙仪式从专门的国家祀典重新回归为斋醮科仪的结尾环节。与元代“代祀五岳”“岁时投龙”的盛况不同，明代官方文献中投龙作为独立仪典的记载彻底消失，但其“仪式内化—空间转移—功能重构”三重路径仍隐秘延续。据宫廷道士周思德《上清灵宝济度大成金书》记载：投龙仪式被压缩至斋醮“散坛”环节中，高功法师宣读“三简”祝文后，象征天、地、水的玉璧与简册被同封于汉白玉石匮（如湖北明显陵出土万历年间石函）。这说明，唐代“分投三官”的原始逻辑被消解了，而转为仪式圆满的象征程序。这一制度变迁，与洪武三年（1370）山川、城隍神号改革几乎同步，即废除元代“帝号”，改称“某某之神”，从而弱化道教色彩，强化儒家礼制的正统性。不过与此同时，帝王仍依赖道教满足长生与权力的诉求，嘉靖帝频繁斋醮即为例证。

这一时期，投龙实践呈现出“南洞复兴—陵山新生”的空间重构。南京定都后，茅山华阳洞、罗浮山朱明洞等江南洞天重启投龙。武当山作为皇家道场频行大醮，出土有永乐、宣德年玉简，印证了其核心地位。更富创新的是“陵山投龙”的诞生：南京明孝陵、北京十三陵、钟祥明显陵均将投龙嵌入陵寝祭祀；万历帝显陵石函铭文“伏愿仙驭逍遥，神游碧落”，回归了最初黄箓斋拔除罪根、超度祖先的功能，说明道教冥界观与儒家孝道观相互糅合的实情，从而折射出皇权对神圣地理的重新诠释。

另就存世拓片所见，明代帝王自身也受度法箓、奏领法职，成为道教法师，并以自己的名义举行斋醮。其中，玉简不再投沉，而是演化为“供于法坛”的镇坛之物。这种以玉制作道教法具，并赋予“镇坛”新功能的情况也见于故宫钦安殿供桌所陈设的玉制令牌十三面。原本木制，且在仪式中敲击使用的令牌成为安镇圣器。与此相仿，投龙仪式的应用器物此时已被符号化、圣物化了。

明代王室投龙纪事年表

年代	帝王	次数	时间	地点
1371—1399年	湘献王	一次	①建文元年（1399）正月	武当山紫霄宫
1402—1424年	明成祖	九次	①洪武三十五年（1402）十月	钟山朱湖洞天茅草凹
			②永乐四年（1406）十一月	钟山朱湖洞天茅草凹
			③-⑦永乐五年（1407）及以后	茅山大茅峰天市坛
			⑧永乐十七年（1419）	罗浮山冲虚观玉简亭
			⑨永乐二十二年（1424）七月	武当山五龙宫五龙井
1447—1487年	明宪宗	两次	①成化四年（1468）八月	天寿山（大宝山）
			②成化十一年（1475）七月	地点未知
1507—1567年	明世宗	两次	①嘉靖十八年（1539）三月	纯德山（明显陵）
			②嘉靖年间（1522—1566）	天寿山
1605—1627年	明熹宗	一次	①天启年间（1621—1627）	天寿山

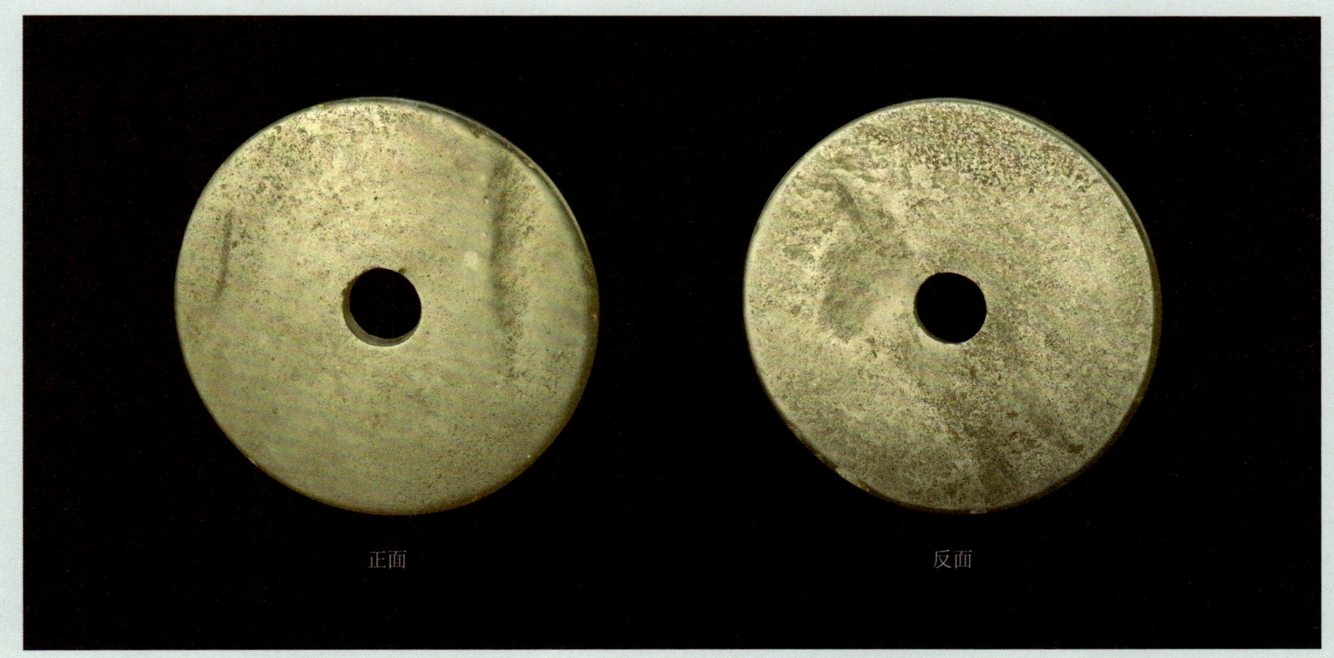

明　湘献王武当山玉璧

外径 8.3 厘米，内径 1.4 厘米，厚 0.3 厘米

1982 年武当山紫霄宫赐剑台出土

武当博物馆藏

明湘献王投龙 · 建文元年（1399）

1981年，武当山紫霄宫前出土了明建文元年（1399）湘献王朱柏“山简”一通，以及金龙一条、玉璧一枚。

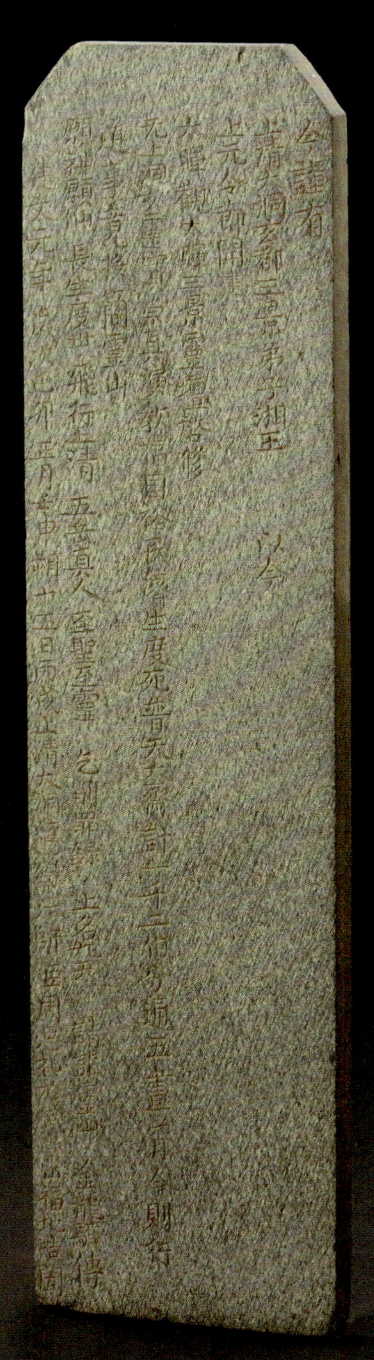

明　湘献王武当山石简

长28.5厘米，宽7.2厘米，厚1厘米
1982年武当山紫霄宫赐剑台出土
武当博物馆藏

山简，青石质地，为竖式长方形，斜肩。背面阴刻有道教龙章凤文所规定的道教符文。

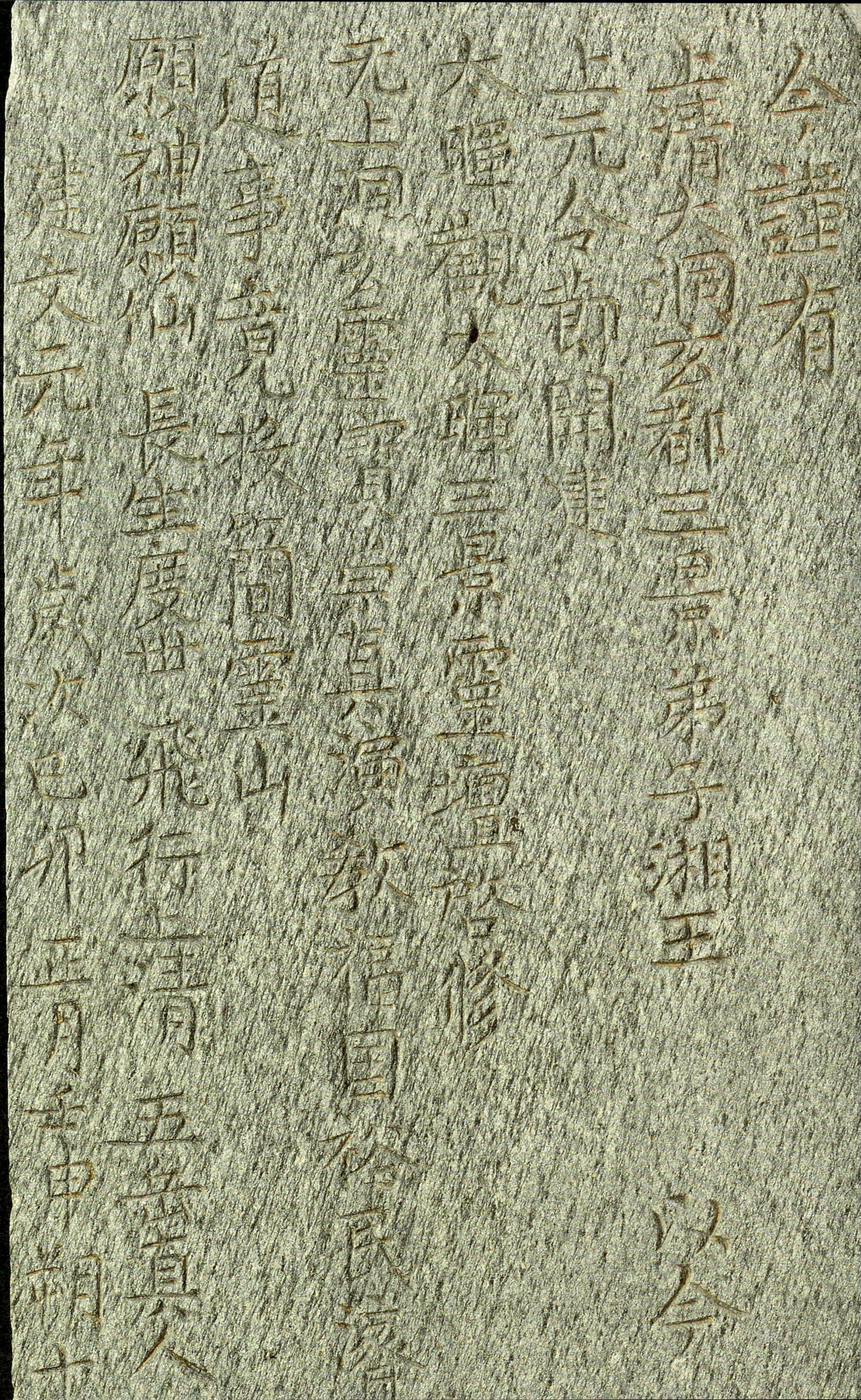

今谨有
上清大洞玄都三景弟子湘王、以今
上元令节，开建
太晖观太晖三景灵坛，启修
无上洞玄灵宝、崇真演教、福国裕民、济生度死、普天大斋，计一千二佰分，通五昼宵，今则行
道事竟，投简灵山，
愿神愿仙，长生度世，飞行上清，五岳真人，至圣至灵，乞削罪录，上名九天，请诣灵山，金龙驿传。

明　湘献王武当山金龙

长 11.5 厘米，宽 5.2 厘米
1982 年武当山紫霄宫赐剑台出土
武当博物馆藏

明成祖投龙

·永乐二十二年（1424）

武当山成为明代皇家道场的同时，也出现了投龙活动。2020 年，考古工作者在武当山五龙宫的五龙井内发现明永乐二十二年（1424）明成祖“水筒”一通。

正面：

……箓灵宝领教玄化真人南曹执法仙宰行诸司院府便宜事嗣教四十四代天师……

……遣代礼内□尚辽等，谨取七月十九日为始，特命正一嗣教真人率领道人，虔就

……太岳太和山玄天玉虚宫修建

金箓报恩延禧普度罗天大醮七昼夜，至二十五日筠散，修设

醮礼，一千六百分位。□神诚恳，以答

天□，以命行道事毕，投简圣井。愿神愿仙，九府水帝，十二河源，江河淮济，溟泠大神，□箓善功，上名

九天，谨诣水府，金龙驿传，一如告命。

永乐二十二年岁在甲辰七月□□朔二十五日戊戌，于□圣五龙宫圣井□□

上清三洞宝箓灵宝领教玄化真人南曹执法仙宰行诸司院府便宜事嗣教四十四代天师张□□承诰奉行

背面：

九河倾讫鸟母群飞

蛟龙通道水陷洞开

赤文玉书驿龙风驰

明　明成祖五龙宫石简

长 50.5 厘米，宽 19.5 厘米，厚 4.5 厘米
2020 年武当山五龙宫五龙井出水
武当博物馆藏

该简记录了朱棣敕命道教第四十四代天师张宇清在武当山举行“金箓报恩延禧普度罗天大醮”的历史事件，这是目前发现的道教斋醮仪式持续时间最长、延请道神最多、主持仪式人员等级最高的明代投龙简。

五龙宫是武当山历史上第一座敕建道观，集皇家宫殿与道教宫观于一体，主体建筑营造于明永乐十年，兴盛于明嘉靖万历年间，是迄今为止发掘的等级最高、遗迹保存最丰富的明代皇家道教宫观遗址。

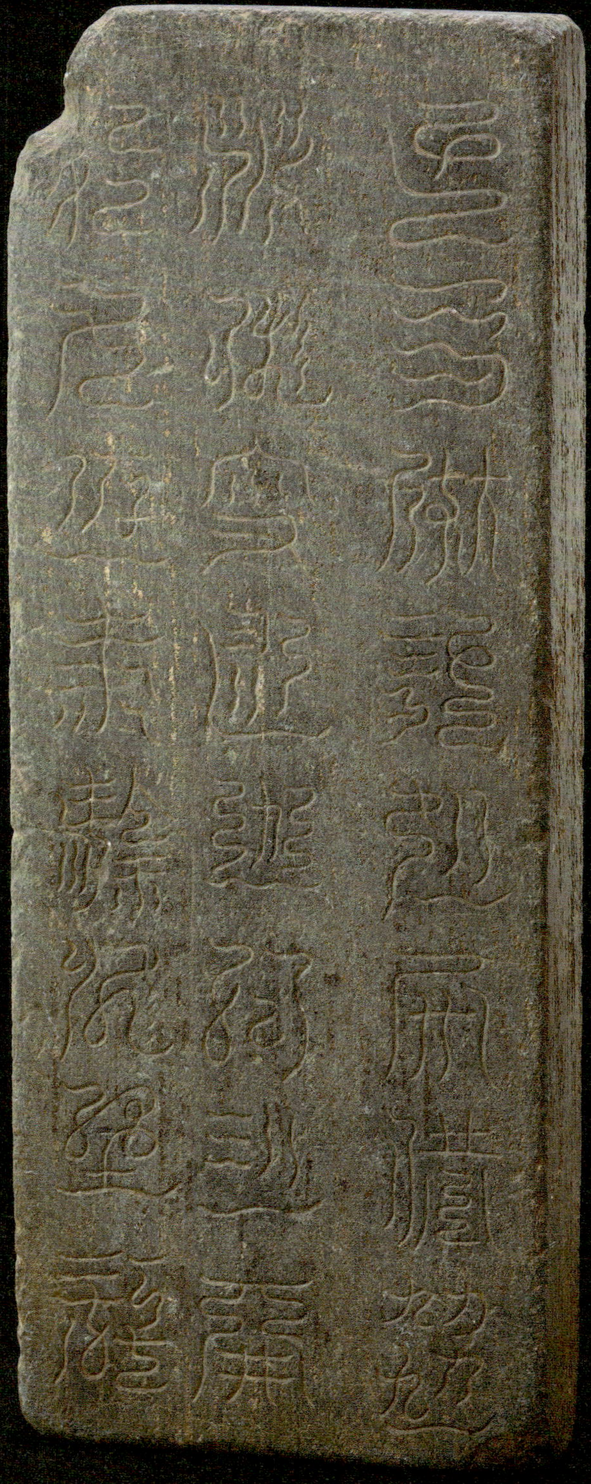

明　铜铸鎏金武当山五龙捧圣博山香炉

通高 128 厘米，宽 63 厘米
武当博物馆藏

此炉由平阳府太平县（今山西襄汾县）金火匠吉通民、吉九兴于明万历四十四年（1616）铸造，构思精巧，将山中景物与神仙故事紧凑穿插在一起，兼具圣物与供器的双重功能。

武当山天柱峰顶金殿，内部原应供奉有神像

一条山路按顺时针方向环绕山体螺旋上升，沿路依次分布了净乐太子（即成道之前的玄天上帝）在武当山中修真的诸多事迹，并在穿过三道天门后到达山顶金殿正前方

从水浪之中由五龙擎托而起的武当山

全真道人王演教上金
王宗周
南山
萬曆四十四年四月吉日造

奉
北京工部勘合金火匠
太平縣吉通民男九
造

民国　杭州佑圣观真武像碑拓本

纵 196 厘米，横 136 厘米
浙江省博物馆藏

该真武像原为江西抚州祥符观大殿壁画，北宋初年绘。南宋乾道六年（1170），以抚州摹本刻碑于广西龙州玉虚观。明万历二十八年（1600），以龙州拓本复刻于杭州佑圣观。该拓本为杭州佑圣观碑民国拓本。

民国　杭州六和塔真武像碑拓本

纵 155 厘米，横 77 厘米
浙江省博物馆藏

原碑在浙江杭州六和塔，碑拓右侧有记“万历丙戌（1586）季春望日钱塘都钟因见六和塔圣像被人磨坏发心重修并洗筑喷月泉供奉”，碑拓左侧勒名“余吉刊”“陈应龙题勒”。

明　鎏金铜真武像

高 72.5 厘米，宽 53 厘米，厚 31.4 厘米
武当博物馆藏

此尊真武像具有武神特质，坐姿，披发跣足，身着金甲玉带，飘帛绕体。左臂曲举，左手掐北斗诀，对应北斗七星；右臂向外弯曲，下扶右腿，手握宝剑（已失）。坐像前方为四灵之一——玄武。虽然是武将造型，真武大帝的面容却眉目清秀，斯文平静，为童子相，反映了曾为净乐太子的真武，离家修道多年，最终在武当山修炼功成飞升，成为玄天大帝。

明永乐十七年（1419）七月十一日，明成祖遣道士黄道常同布政司市舶提举卢善敬设醮于罗浮山冲虚观。瘗所降玉简，因作亭覆之，因名玉简亭（一名御简亭）。

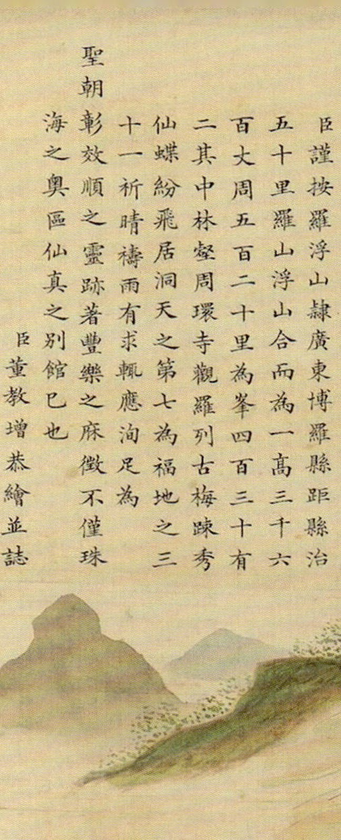

◇ 清 《罗浮山志 · 朱明洞图》

在浮山之中，麓有冲虚观，葛稚川之南庵都虚旧址也。唐置守祠，宋赐观，额曰冲虚。中魏三清殿，前有御简亭，右葛仙祠，后蓬莱阁，最后遗履轩。铁玉皇像及二侍从像，南汉所铸。黄野人庐在观侧，丹龟在观西北，会仙桥在观前，衣冠冢、药市在观左。药市有鸟名红翠，鸣声如捣药。东坡山房在观右，钓鱼台在观东南，有石如台，水绕其前。

——《罗浮山志 · 朱明洞说》

◇ 清 董教增《罗浮山图》
台北故宫博物院藏

明宪宗投龙·成化十一年（1475）

◇ 明　成化水筒拓片

长 58 厘米，宽 36 厘米

陶金　供图

该筒曾著录于罗振玉《石交录·卷四》（民国上虞罗氏排印贞松老人遗稿本），今不详所在，拓本存世亦罕。据此拓钤印，可知原物曾藏黄濬尊古斋。

据拓本，此筒左右及背面均刻有道教云篆，又据罗振玉所言，其上端亦有之。其形式与武当山五龙宫及十三陵所出土之明代玉简基本一致，尺寸是目前所有已知玉简之最。

简文十三行，其上下款均列有内容相同的道士箓阶、法职与法名，而此处“上清大洞经箓”与“泰玄金阙仙卿”，均为法箓、法职之最高阶、级。明代自吴元年起，便有帝王从龙虎山正一天师受度法箓的记载。罗振玉推测：“前署臣朱永隆，明宪宗名见深，此云永隆者，当是道名。”甚有见地。又，简文并未言及投于某处水府灵渊，而称“造成水简，精专供奉”“简文供于法坛”。这当是以玉简及配套的玉璧、金龙一同作为“镇坛”之用，可以说是投龙告简文化内涵的一大转变。

上清大洞經籙泰玄金闕仙卿靈寶萬道宗主都天掌法大真人統
御諸司院府便宜行事臣朱永隆事
天敬神勤拳終日崇玄向道每切于心依按
古儀造成水簡精專供奉福祐
皇圖伏願
玄德垂光
水官解厄河清海晏萬邦歸仰於
聖朝泉湧波澄四海利安於黎庶
恩命宥河源而罪對幽沉度泉曲以超淩惠及生民
澤覃家國繒璧效信金龍驛傳一如告命
成化十一年歲次乙未七月十五日簡文供于法壇
上清大洞經籙泰玄金闕仙卿靈寶萬道宗主都天掌法大真人統
御諸司院府便宜行事臣朱永隆承誥

陵山投龙

建文四年（1402）与永乐四年（1406）刘渊然两次于钟山朱湖洞天投简，为明太祖追荐冥福，开启了明代陵山投龙的先河。

永乐朝以后，北京十三陵天寿山延续了陵山投龙的制度。民国时在十三陵曾出土为数众多的金龙、玉璧、石筒，多因战乱下落不明。据当时亲见者回忆，出土品包括了天启皇帝玉简和嘉靖年间石筒，出土金龙有九件，玉璧约五六件。新中国成立后从民间征集回石匣两个，石简一枚。石简记载，成化四年（1468）明宪宗为嫡母孝庄钱皇后逝后举办“玉箓荐扬大斋”后，投山简于天寿山。嘉靖十七年（1538）明世宗母亲病故，次年于湖北钟祥明显陵举办隆重祭祀大典，并在纯德山投掷龙简，以“祭告神灵，永绥万年”。20世纪70年代在明显陵发现一函石匣，中有鎏金铜龙与七枚铜珠，因铜珠摆放为北斗七星模样，将其命名为“鎏金七星铜龙”。

◇ 明　石匣
北京市昌平区明十三陵管理中心藏

◇ 明　石匣
北京市昌平区明十三陵管理中心藏
张南金　供图

◇ 明　鎏金七星铜龙
长 34 厘米，高 16 厘米
1977 年湖北钟祥明显陵纯德山出土
钟祥市博物馆藏

◇ 明　石简

北京市昌平区明十三陵管理中心藏

上清三洞五雷经箓清微通元使臣喻道纯钦奉

圣旨，伏为

皇妣孝庄献穆弘惠显仁恭天钦圣睿皇后尊灵崩逝，上升倏

□，□临七七，爰启荐扬。特命道众于

朝天宫，自八月十二日为始，修建

□三箓荐场大斋三昼夜，祇设醮礼一千二百分位。升度

□□进登天府，以令法事云周斋坛解散，投简灵山。恭愿

□□箓度命登真，上仙承元始之真符，礼

□□皇而受道，超凌三界，逍遥上清。祈五行顺轨，七政循缠，缯

璧效信，金龙驿传。一如告命。

成化四年岁次戊子八月戊子朔十五日壬寅，简文告于

天寿灵山

上清三洞五雷经箓清微通元使臣喻道纯承诰奉行。

◇ 明陵山投龙位置（见《明十三陵全景图》）

白橋
七空橋
五空橋
工部廠
德陵監
大水泉
長陵園
爪園
裕陵園
仙人洞
大清藍靛王墓
龍母莊
慶陵園
東山口
加藍口
東西堤樓
朝鳳庵
茂陵園

明成祖时期，道士周思得编撰了《上清灵宝济度大成金书》，为明代官方道教科仪的指导用书，其中的《坛信经例品》详细记述了投龙简用具的各种形制：

> 木简三面。各长一尺二寸，阔二寸四分，厚二分。天子以玉为之，余人并用木，朱书五行。
>
> 金龙三枚。各重一两，长三寸六分。天子用上金，公侯用次金，士庶用银铜涂金。
>
> 玉璧三枚。天璧苍色圆形，地璧黄色方形，水璧黑色六角形，并厚二分，径二寸四分。
>
> 金钮二十七枚。径九分，天子用上金，臣庶以银铜涂金。

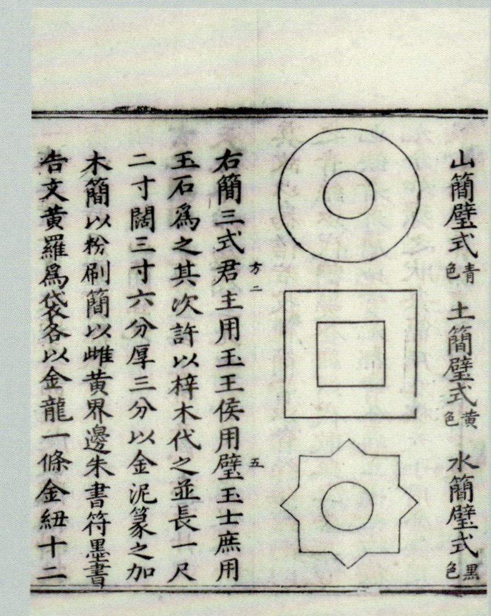

山簡璧式青色　土簡璧式黄色　水簡璧式黑色

右簡三式君主用玉王侯用璧玉士庶用玉石爲之其次許以梓木代之並長一尺二寸闊三寸六分厚三分以金泥篆之加木簡以粉刷簡以雌黄界邊朱書符墨書告文黄羅爲袋各以金龍一條金紐十二

◇《灵宝玉鉴》载三简玉璧式

这与关于《灵宝玉鉴》所载六朝时期投龙三简玉璧式样相同，与考古出土及文献记载基本相符。

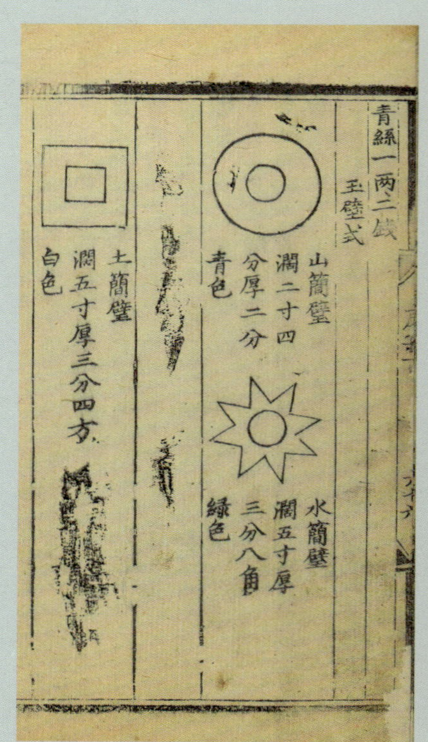

青絲一兩二錢

玉璧式

山簡璧　濶二寸四分厚二分　青色

水簡璧　濶五寸厚三分八角　綠色

土簡璧　濶五寸厚三分四方　白色

◇《上清灵宝济度大成金书》载玉璧式

◇《上清灵宝济度大成金书》书影玉璧及负简龙童

明　投龙璧（上图）

直径 11.9 厘米（圆）
边长 11.5 厘米（方）
对径 11.5 厘米（六出）
1951 年北京市海淀区董四墓出土
首都博物馆藏

明　投龙璧（下图）

直径 13.4 厘米（圆）
边长 9.8 厘米（方）
对径 11.5 厘米（六出）
1956 年—1958 年明定陵出土
北京市昌平区明十三陵管理中心藏

附：永镇龙宫：佛教地宫中的龙

据佛经记载，佛祖涅槃时，人间的八王和诸天、诸龙王共分舍利。诸龙王分得三分之一的佛祖舍利，安置于龙宫，起塔供养。宋代，供养佛舍利或佛经（法舍利）的地宫，称为“龙宫”，安置有龙的形象。北宋嘉祐七年（1062）的金华万佛塔地宫中，出土有“永镇龙宫”铭文的石幢，同时出土多条铜龙。北宋元丰七年（1084）的义乌景德寺地宫，崇宁四年（1105）的江苏省宜兴市法藏寺地宫，南宋绍兴十六年（1146）的衢州开仙院地宫，出土有金龙、银龙。这些小龙的外形和体量，与道教投龙十分相似。

宜兴法藏寺地宫

1995年江苏省宜兴市中学基建时，意外发现一方石函，石函中封存着佛教造像、经卷及各种质地的供养物品，包括写有供养人姓名的银龙五条。出土物总计佛教文物九十九件（组），钱币百余斤。经初步整理，确认这处遗迹为北宋徽宗崇宁四年乙酉岁（1105）瘗埋“法舍利”的法藏寺转轮藏地宫。

宋　银龙（三件）

长12厘米
1995年江苏省宜兴市法藏寺遗址地宫出土
宜兴市博物馆藏

义乌景德寺地宫

1984 年 3 月 22 日，浙江省义乌市塘李乡北岭塘大队金德寺村村民方炳贵等人造房挖取河沙时，在离村南 10 余米处距地表约 60 厘米深处，发现一处宋代佛教文物窖藏，出土有金龙、银龙（残碎）、造像、铁阿育王塔、舍利函（内有舍利子十七粒）、佛牙和发愿文石碑等重要文物，以及铜钱、铜镜等其他供养物品。经初步整理，确认这处窖藏遗存为北宋元丰七年甲子岁（1084）景德禅院转轮藏殿下瘗埋“佛牙舍利”的转轮藏地宫。

宋　金龙

长 15.5 厘米
1984 年浙江省义乌市景德寺遗址地宫出土
义乌博物馆藏

衢州开仙院地宫

衢州开仙院遗址位于浙江衢州沟溪乡洞头村，遗址内发现有地宫。地宫石匣内出土大量文物，其中有银龙一条。出土物皆为南宋绍兴丙寅年（1146）开仙院建造转轮宝藏时，信徒舍入地宫之物。

宋　银龙

长 10.9 厘米
1978 年衢州开仙院遗址窖藏出土
衢州博物馆藏

金华万佛塔地宫

万佛塔位于浙江省金华市塔下寺山坡上。1956年底发现塔下地宫，1957年初发掘清理。地宫内出土北宋嘉祐七年（1062）无垢净光大陀罗尼经幢，末尾刻有“永镇龙宫”字样。同时出土有多条铜龙。

五代　铜龙

长10.3厘米，高4.6厘米
1957年浙江省金华市万佛塔地宫出土
浙江省博物馆藏

五代　铜龙

通高5.9厘米
1957年浙江省金华市万佛塔地宫出土
浙江省博物馆藏

附　录

秦骃玉版与祭祀玉人

李　零

一

玉版共两件，出土时间是 1993 年 4 月 30 日，出土地点是华山黄甫峪山口附近[1]，现藏上海博物馆。

黄甫峪是华山东侧的山谷。[2]当年修黄甫峪进山公路和华山北峰索道，在山口附近修了个停车场，即今华山东山门售票处的停车场。华山，相传自古只有一条道，即从玉泉院登山去北峰的路，那条路叫华峪或华山峪。1953 年，北京电影制片厂拍《智取华山》，故事中的八勇士故意不走这条道，从两岔口，走猩猩沟直插北峰，就是走黄甫峪。这是抄近道（不足两千米），很险。

当年，陕西省考古所的吕智荣先生配合西岳庙大修，编过一本考古报告[3]，我写过读后[4]。他在报告中提到这个遗址。据他调查，与玉版同出，还有玉璧、玉圭、铜币、云纹瓦当、“与华无极”瓦当。他说，西岳庙文管所也在遗址中采集到“与华无极”瓦当、云纹、兽面纹瓦当。我想，铜币和瓦当是遗址所出，不会出在器物坑内。1998 年，吕智荣在出土地做过试掘，出土汉、唐、金、元、明不同时期的建筑材料。

我去过出土地，位置在黄甫峪进山公路西侧约 200 米，附近有一条河、两个村子。河是长涧河，傍公路东侧流，河东北是黄甫村，河东南是河南村（在长涧河南）。器物出土，被村民哄抢。有村民指认，器物坑就在停车场的一棵树下。

西岳庙文管所，我也去过，上面提到的“与华无极”瓦当等物，以及追回的玉璧七件都在文管所内。[5]

郦道元说，华山有下庙、中祠、南祠：“自下庙历列柏，南行十一里，东回三里，至中祠；又西南出五里，至南祠，谓之北君祠。诸欲升山者，至此皆祈请焉。”（《水经注·河水四》）。清蒋湘南《华岳图经》考证，下庙是华岳庙，即今西岳庙，不是汉武帝的集灵宫，集灵宫在“罗敷河东”，与下庙不在一处；中祠在“黄神谷口”[6]，即今黄甫峪山口，下庙到中祠，步测约 15 里；南祠在中祠西南约 5 里“山麓中”，其说可信。吕智荣判断，玉版出土地即中祠所在，我想是对的。我怀疑，中祠是汉武帝的太华山祠。南祠既然在中祠西南 5 里，大约应在华峪登山路的第一关，即五里关附近，不会是玉泉院。玉泉院在华峪山口，与黄甫峪山口的停车场大体平行，不是西南、东北关系。集灵宫在罗敷河东，一般认为在桥营村南。

我是最早写文章介绍玉版的人。[7]两件玉版，材质是蛇纹岩，铭文相同，正背连读，共 298 字，在出土秦文字中，以单篇论，只比《诅楚文》略短。[8]铭文先用朱砂抄写，然后刻，甲版只刻了一面，背面的红字被水垢覆盖，乙版

---

1 《中华五岳大事记》，山东画报出版社，2006 年，第 135、136 页。

2 古代叫黄神谷，相传黄卢子隐居此谷。黄卢子即葛洪《神仙传》卷四的葛越。

3 陕西省考古研究所：《西岳庙》，三秦出版社，2007 年。

4 李零：《西岳庙和西岳庙石人——读〈西岳庙〉》，收入李零著《万变》，生活·读书·新知三联书店，2016 年，第 175—201 页。

5 《中华五岳大事记》记载，1993 年 4 月 30 日，“黄甫峪进山公路施工取土现场发现西汉‘祭山庙殿’遗址。该遗址位于黄甫峪口西北约 200 米处。发现的文物有汉代瓦当、玉璧等，在华山派出所和华阴市河南村民的配合下，市文物部门从交二局六处施工队追回汉代玉璧七件，收藏西岳庙内”。

6 原文“南行十一里，东回三里”，加起来是 14 里，蒋氏说“庙市”（今庙街）到华山北麓约 15 里。

7 李零：《秦骃祷病玉版的研究》，《国学研究》第六卷，北京大学出版社，1999 年，第 525—548 页。

8 《诅楚文》三篇，《湫渊》318 字，《亚驼》325 字，《巫咸》323 字。

两面皆红字。

玉版出土，落入一位山西警察手里。他曾到中国历史博物馆和故宫博物院求售，国家文物局请专家在故宫鉴定。我记得，已故的杨新副院长说，我们从未见过这种东西，是不是可靠，吃不准。当时，裘锡圭先生说，这样的铭文，谁能造得出？谁能造这样的铭文，我拜他为师。后来，这两件玉版被上海博物馆买去。

玉版铭文很重要，我的文章发表后，有很多讨论，主要围绕释字，只有个别几个字有争议。我最关心什么，主要是山川祭祀和投龙简的起源。这个问题，大家没兴趣。二十多年过去，我想折中现有研究，重新讨论一下。下面是我修订过的释文，分段参考了押韵。

甲版正面释文：

又（有）秦曾孙孚=（小子）骃曰：孟冬十月，氒（厥）气㾓（败）周（凋）。余身曹（遭）病，为我慼忧。忠=（呻呻）反昃（侧），无间无瘳。众人弗智（知），余亦弗智（知），而靡又（有）鼎（停）休。吾窮（穷）而无奈之可（何），永（咏）𡡲（叹）忧盩（愁）。（周、忧、瘳、休、盩，幽部）

周世既叟（没），典灋（法）薛（散）亡，惴=（惴惴）孚=（小子），欲事天地、四亟（极）、三光，山川、神示（祇）、五祀、先祖，而不得氒（厥）方。（光、方，阳部）

羲（牺）豭既美，玉疋（糈）既精，余毓子氒（厥）惑，西东若惷。东方又（有）士姓，为刑灋（法）氏，其名曰陉，洁可以为灋（法），净可以为正。吾敢告之余无辠（罪）也，使明神智（知）吾情。若明神不至其行，而无辠（罪）前（谴），友（宥）刑，蛩=（弩弩）桑（烝）民之事明神，孰敢不清（精）？（精、姓、陉、正、情、刑，耕部）

孚=（小子）骃敢以芥（介）圭、吉璧、吉丑（纽），以告于

乙版背面释文：

吉丑（纽），以告于崋（华）大=山=（大山。大山）又（有）赐，入月已吾腹心以下至于足骭之病能自复如故。请有司用牛羲（牺）贰，亓（其）齿七，洁，□及羊、豕，路车四马，三人壹家（驾），壹璧先之。□□用贰羲（牺）、羊、豕，壹璧先之。而覆（覆）崋（华）大（太）山之阴阳，以通𨗿=咎=（休咎，休咎）□□，亓（其）□□里。枼（世）万子孙，以此为尚。句（后）令孚=（小子）骃之病自复，故告大令、大将军，人壹□，□王室相如。（故、如，鱼部；阳、尚，阳部；之、里，之部）

铭文第一段：“又（有）秦曾孙孚（小子）骃”，这是祷病者。最初，为慎重起见，我只模糊说，这是一位秦贵族。已故台湾学者周凤五认为，骃字写错，此人即秦惠文王，他的名字是驷。这种推测，有人赞同，有人不赞同，至少可能性很大。因为秦惠文王六年，华阴才归秦。当时他还是秦惠文君，尚未称王。“孟冬十月”，这是冬天的头一个月，正是换季的时候，万物凋零，他得了场大病，没完没了，老也好不了。“间”“瘳”“知”都是表示病情好转的词。我怀疑，他得的是流行性感冒，因为他说，众人的病总也不见好转，他的病也不见好转，“鼎”字，过去看不太清，后来看清楚了，我是读为“停”。

第二段：祷病者说，他生不逢时，碰上周的末世，典法散亡，礼崩乐坏，不得其方。他要求告的对象，“天地”不用解释，“四极”是东南西北，“三光”是日、月、星。“五祀”是门、户、井、灶、中霤，属于宅神。“先祖”也不用解释。

第三段：讲告神释罪。他说，他献上贡品，一是公猪，二是精米。他说他很糊涂，请神原谅。他要祷告的对象是司人罪过的大神。当初，我曾把“士”字释为“土”，读为“杜”，认为此神是杜伯，现在看来，还是应当

释为“士”，士是法官，但此神相当杜伯还是对的。因为前面，我们介绍过杜伯，他是秦人最害怕的厉鬼。杜伯死后，其子隰叔逃奔晋国，就是晋国世掌刑狱的士氏。晋国，对秦而言，正是“东方”。“其名为陉”，疑即杜隰叔的名字。

第四段：讲还愿，古人叫塞祷。祷病者用三种玉器告于华大山，即太华山之神，太华是对少华而言。玉器，一是介圭，二是吉璧，三是吉钮。于是，华山神赐福于他，入月以来，让他的身体从上半身到下半身，自动恢复到从前。他说他曾派掌管祭祀的官员分两次献祭，包括牛、羊、车马，每次还要荐璧，即先垫上个璧，然后再放祭牲，即所谓“一璧先之”。这批玉器不一定都在停车场的器物坑内，很多可能埋在华山南北的很多地方，即“华大山之阴阳”。铭文提到“大令、大将军”，“大令”可能类似楚令尹，相当相邦。“大将军”可能指杜伯，杜伯在秦地，号称“周右将军”。器物坑内应当有玉璧，但是否就是收缴的七件玉璧或其中的哪几件，不好说。[1]介圭、吉钮未见。最后一句，“王室相如”，大概是令王室和睦的意思。

这篇铭文，有两点很重要，值得讨论一下。

第一，玉版是用来祷病。内容类似包山楚简中为祷病择日的占卜文书。后者记录死者生前罹患重病，一次次以玉帛酒食祭祀各种鬼神，冀得幸免，最后还是难逃一死。道教投龙有一套东西：龙、简、璧、钮、绳。龙是送信的使者，可以上天、入地、下水，报天、地、水三官。简是告神释罪的文书，其实写在一块长方形的版牍上，材质有金、银、铜、玉、木、石之异。山简祭天，圆形；土简祭地，方形；水简祭水，六角形。钮是小环。最后用青丝绳把它们绑起来，分别投送。玉版跟投龙简很像，不仅形制像，内容也像。《诅楚文》，原物已经亡佚，只有摹刻的文字，形制不得而知，但从铭文“箸（书）者（诸）石章（璋）”看，也有几分相似。只不过，《诅楚文》是盟诅类文书，可能更接近侯马、温县出土的盟书。后者是写在石圭、石璋上。

第二，铭文中的第三种玉器名，只有我释丑读钮，其他学者多释叉读瑵。这个问题也值得讨论一下。

叉，《说文·叉部》：“叉，手足甲也。”字形仍保持甲骨文的基本写法，即在手指缝间加两个点。但此字早亡，除蚤字所从，很少见。

丑，《说文·丑部》：“丑，纽也……象手之形……”甲骨文的写法象手指弯曲，金文写法仍保持这一特点，但把两个弯钩画在手指间，与蚤字极为相似。后世丑字则把两个弯钩连成一线。[2]“叉”和“丑”有什么区别？简单讲，爪是手，手有握持义，可以拿各种东西；但丑不同，笔画间有小弯钩，表示扭曲，这是它们的区别。

铭文此字非叉，不应读瑵。瑵是车盖盖弓帽向上突起的爪形玉饰，不是祭祀用玉。包山楚简提到的祭祀用玉有璧、琥、环、钮（从玉从丑），玉版提到的“吉丑”应读为“吉钮”，下字相当包山楚简的钮字。

钮是什么样，道教文献有记载。杜光庭《投龙璧仪》说：“科曰：璧者，礼天地山川之宝也，以玉为之。投山川用圆璧一，其色苍，径三寸，虚其中。投水简，用六出之璧，其色黑，径三寸，虚其中。投土简，用黄璧，正方，径二寸，虚其中。璧与龙副于简封之外，以青丝缠之。科曰：投三简之法，当用金钮九只，以副于简。金钮代歃血，青丝代割发，造盟达诚，最为重也。故以青丝缠钮、璧附于简及龙，而后放之也。钮径九分，圆，其外如环之形也。”

出土发现，不但有圆、方、六角三种投龙璧，而且有钮。前者有明定陵和董四墓所出，后者有苏州林屋洞出土金钮二、缙云仙都山出土金钮三，襄垣仙堂山出土鎏金铜钮一，均作环状。《云门山投龙诗刻》有“金龙环璧”语，其实就是金龙、钮、璧。

总之，秦骃玉版为我们探讨道教投龙活动的起源提供了重要参考。

---

1 “在华山派出所和华阴市河南村民的配合下，市文物二局六处施工队追回汉代玉璧七件，收藏西岳庙内。”

2 参看高明、涂白奎《古文字类编（增订本）》，上海古籍出版社，2008 年，上册，第 85 页。

二

考古发现，祭祀用玉，除璧、琮、圭、璋、琥、璜（礼书所谓“六玉”）类的礼玉外，还有一种小玉人，与前者形成组合。学者收集有关材料，已有不少实例，如联志村、芦家口、鸾亭山、血池、吴山、下站、平南等遗址所出，墓葬也有发现。[1]现象很普遍，但无对应文献。

这种小玉人，年代偏晚，主要集中在汉代，早一些，顶多到战国晚期秦。出土遗址本身，年代就偏晚。

器物形制分两大类。一类作片状，往往用废弃的玉璧改制。玉人分男女，男刻出偏髻，唇有髭，女无，有些刻出肩部，加腰带，有些简率，头、身不分，连为一体，只有脸部轮廓线和眉眼。另一种作方柱状，则是用稍厚的石板加工。雍地，如血池、吴山、下站等遗址所出，以片状为主；西垂，如平南遗址所出，则以方柱状为主。

很多年前，我曾写过一篇读书笔记，涉及草原石人。材料包括：中国境外的蒙古国石人、俄罗斯的南西伯利亚石人、中亚石人和南俄草原石人；中国境内的蒙古石人、新疆石人。顺便还说到欧洲石人。这些石人，涉及不同时代、不同地区、不同文化，千奇百怪，非常复杂。其中大部分是“墓地石人”，但也提到“随葬石人”。“墓地石人”比较大，主要用于墓前，有点像东汉以来的翁仲。“随葬石人”比较小，一般只有二三十厘米，像个石棒，上面是头，下面是身子，与平南石人比较接近。我举了七个例子，蒙古国一个，南西伯利亚两个，中国新疆四个。[2]

中国文献所见偶人多与巫术有关，汉地有，匈奴也有。

这里，我想再做一点补充，河北平山灵寿古城中山国遗址有类似出土物。

一件是河北博物院展室所见，说明牌标注“灵寿古城遗址出土”，材质不详，头有偏髻，尖下巴，不刻眉眼，方肩，两道腰线。

另外两件，见一本中山国文物图录。[3]图录注明是“灵寿古城陶器作坊遗址出土”，一件大一点，发髻居中，用细线刻出眼、口，尖下巴，三道腰线。一件小一点，偏髻，刻出口，三道腰线。

◇ 灵寿古城出土中山国石人

1 张晓磊、范雯静：《秦汉祭祀玉人》，《大众考古》2022 年第 4 期，第 50—57 页。

2 李零：《读〈丝绸之路草原石人研究〉——兼谈欧洲石人》，收入李零著《入山与出塞》，生活·读书·新知三联书店，2023 年，第 106—125 页。

3 山西博物院等编：《中山风云：古中山国文物艺术》，山西人民出版社，2015 年，第 18 页。

读沙畹《投龙》

李　零

一

我有一个梦，有一天，在山东办泰山展，在杭州办投龙展，纪念沙畹。沙畹去世已经一百零六年。

我曾三次登泰山，两次都是当天上去当天下来，并不在山上住。只有一次是例外，李孝聪教授约我登泰山看日出，夜宿泰山顶。第二天天不亮，我们穿上租借的羽绒服，在拱北石旁看日出，等呀等，啥也没看见，但刚刚过去的那个夜晚，我忘不了。凭栏远眺，山下的泰安城，灯火通明；仰望夜空，北斗横陈，星汉灿烂。我说，你瞧，这不就是大家常说的“泰斗”吗？我们是在泰山顶上看北斗。

沙畹说：

> 词语“泰山北斗”，或简称为“山斗”，意指一个杰出人物，为了表明其出众，最为恰当的比喻即是将其比作最著名的山岳和星宿。人们今天仍旧在墓铭上方镌刻的“山斗”二字，并无他意，正是对逝者的至高赞美。（《泰山》结语）

泰山，五岳独尊。大河东流，天上的星星朝北斗。沙畹就是一位泰斗级的人物。他是20世纪法国汉学的一代宗师。伯希和、马伯乐、葛兰言，他有一批学生，个个都了不起。

今天，沙畹已经是历史研究的对象。他的汉学研究是从翻译《史记》开始。《史记》的法文译本，陆陆续续出版，共五册（1895—1905），只译了四十七篇（三分之一强），到死也没翻完，但开了个很好的头。他译《史记》，首先迷上的是《封禅书》。1890年，《封禅书》的法文译本出版，他才二十五岁。他是靠翻译《封禅书》才一举成名，当上法兰西学院“汉满蒙三语讲座”的第四位教授（1893）。他跟以往的前辈学者不同，两次来中国（1889—1893和1907—1908），两次登泰山（1891年和1907年），与中国有直接而广泛的接触。《封禅书》讲山川祭祀，让他迷上泰山，泰山有投龙碑，让他迷上投龙，一发而不可收。《泰山》出版于1910年，正当其盛年；《投龙》出版于1919年，已在身后。唐韦庄词有句话，“妾拟将身嫁与，一生休”（《思帝乡·春日游》），他是一眼定终身，爱上中国。

万事起头难。沙畹的贡献在于，他提供了一种认识中国的角度——从中国的宗教传统认识中国，因此开辟了一个全新的研究领域。有句老话最贴切，“别有洞天”。

《泰山》的中文译本已经出版，我读过，很享受。《投龙》的中文译本即将出版，汲喆把译稿寄给我，希望我写点什么，我读过，欣然从命。

二

《投龙》分两部分。第一部分是“金石资料”，第二部分是“专题文献”。第一部分分两章，第一章写投龙简，第二章写投龙碑。

（一）投龙简，书中所收，只有三枚：

1. 开元二十六年（738）唐玄宗在衡山紫盖峰朱陵洞（三十六洞天之第三，又名水帘洞）投龙潭投放的铜筒，背面加刻宝应元年（762）道士张奉国的铭文，现藏贵州省博物馆。

2. 宝正三年（928）五代吴越王钱镠在苏州林屋洞（十大洞天之第九）投放的银筒，已被销毁。此筒年代，原书既称“天成三年”，又云“宝正三年”。

3. 宝正三年（928）五代吴越王钱镠的玉筒，铭文同前者。钱镠的投龙筒都是银筒，此铭是抄银筒，器、铭皆伪。

（二）投龙碑，书中所收，包括：

1. 山东泰安：唐显庆六年至贞元十四年（661—798）泰山岱岳观双碑（现藏岱庙）、唐乾封元年（666）和开元二十三年（735）泰山碑。

2. 河南济源：唐天授三年（692）《马元贞投龙记》、元至大四年（1311）《投龙简记》和延祐二年（1315）《投奠龙简记》，都是济渎庙的投龙碑。《投龙简记》是赵孟頫书。

3. 北京房山孔水洞：唐开元二十七年（739）《大房山投龙璧记》。

4. 山东益都云门山：唐天宝十二载（753）《云门山投龙诗刻》。

5. 江西南城：唐大历六年（771）《麻姑仙坛记》，颜真卿书。

6. 陕西华阴：宋大中祥符九年（1016）《张怀彬投龙记》（刻于唐《述圣颂》碑额“述”字下），是西岳庙的投龙碑。

7. 陕西临潼：金大安三年（1211）投龙碑。

8. 河南偃师：金崇庆元年（1212）投龙碑，与偃师缑氏镇白鹤观有关。

9. 河南登封：元至大四年（1311）投龙碑，与中岳和中岳庙有关。

沙畹所用主要是投龙碑，目前仍可补充，但比较有限，如唐睿宗景云二年（711）《响堂山投龙记》、唐玄宗先天二年（713）《羊角山投龙记》。

第二部分分两章。第三章讲“宗教地理学”，先据《全唐文》介绍杜光庭生平，然后据杜光庭《洞天福地岳渎名山记》和《古今图书集成·洞天记》考证道教的十大洞天和三十六洞天。第四章讲投龙仪，为杜光庭《太上灵宝玉匮明真大斋言功仪》作注。

最后是结论。沙畹把投龙放进道教洞天的谱系讲，关注点是唐以来的道教。

沙畹是法国铭文与美文学院的院士。出土铭刻与传世文献互证，不仅是法国铭文与美文学院的学术传统，也是宋代金石学和罗王之学代表的中国学术传统，借助“五大发现”，中法一直有学术交流。但投龙类的文物是王国维所说“五大发现”外的“发现”，严格讲是“再发现”。其实，考古发现都是“再发现”。问题乍看不起眼，冷门，但牵涉面极广。

投龙是个历史悠久、分布甚广的祭祀活动。上述材料只是历史留下的九牛一毛，很多投龙遗物还在万水千山中睡大觉，不可能一网打尽。“有一分材料讲一分话”或“有十分材料讲一分话”，光靠堆积材料做学问，那叫勤奋。聪明者在于洞察力，举一反三，举一反十，启发后人，给自己给别人都留下充分的想象空间。沙畹是个聪明人，他能从极其有限的材料发现大问题、真问题，发现很多被人忽略的问题，这点最可贵。

三

2014 年，应法兰西学院邀请，参加法国汉学二百周年纪念会，我在发言中说，投龙是个没有讲完的故事，我们应该接着讲。怎么讲？现在想想，我有三点建议。

第一，扩充例证。这次在杭州举办“投龙——从山川祭祀到洞天福地”展（2024 年 12 月 1 日—2025 年 3 月 2 日），我们汇集全国四十家博物馆的藏品，大大超出《投龙》搜集的资料。如投龙仪式照例要用简、璧、绳、钮、龙。沙畹所论，只有唐玄宗投龙简和钱镠投龙简各一枚。目前，这五项均有不少实例可以补充。如唐代帝后投龙简，可补嵩山峻极峰出土武则天投龙简（金简）；五代吴越王投龙简，出土十一枚（银简）；宋代帝王投龙简，出土十一枚（玉简）。投龙璧，南宋赵伯沄墓出土南唐李昇投于西山洞府的玉璧，系绳带玉管，很精美。明定陵和董四墓出土的投龙璧分圆形、方形、六角形三种，可以印证道教文献的有关记载：圆璧配山简，祭天；方璧配土简，祭地；六角形璧配水简，祭水。钮，以前不了解，苏州林屋洞出土金钮二、缙云仙都山出土金钮三，襄垣仙堂山出土鎏金铜钮一，均作环状，使我们大开眼界。金龙，数量相当大，有些很精美，如西湖所出宋代金龙。

第二，拓宽视野。沙畹考证洞天，认为“十大洞天大概在公元 500 年前后便已为人所知，因为陶弘景确实将他的隐居之地说成十大洞天中的第八天”，“其地理定位并没有那么清楚，尽管其中三处位于浙江（第二、第六和第十洞天），两处位于江苏（第八和第九洞天），但无法据此得出任何结论”。“‘洞天’这个复合词足以证明三十六洞天出于十大洞天之后。对其所录地名的考察表明，三十六洞天直到唐代才形成，亦即晚于武德元年（618）。这些地名与唐代使用的地名均能对应，而且其中一些和唐代以前的地名并不一致。需要补充的是，笔者所见洞天中和投龙相关的地点对应的均为三十六洞天，似乎三十六洞天和投龙仪式有着某种关联，而金龙玉简的使用似乎亦始见于唐，这种年代对应倾向于证实三十六洞天的体系是在唐代才形成的，大概在公元 7 世纪。”尽管目前仍未发现早于唐代的投龙简、投龙碑，三十六洞天的形成很可能在唐代，但《典略》可以证明，投龙活动肯定早于唐代。

第三，追本溯源。沙畹研究投龙，背景是泰山，研究泰山，背景是《封禅书》。我很关注他的原点，他对《封禅书》的研究。《封禅书》讲山川祭祀，那时还没道教，但唐代道教与早期道教，早期道教与前道教肯定有关。如杜光庭称，十大洞天的洞主都是汉晋甚至更早的人物，最晚是葛洪，王屋在北方，青城在四川，都暗示它与早期道教有关；三十六洞天集中在江苏、浙江、福建、安徽、江西、湖北、湖南、广东、广西，从北方转向东南，但它们与早期《封禅书》列举的名山大川仍然有交叉，如第二至第六洞天是五岳，泰山、衡山、华山、恒山、嵩山，第十是会稽山，第十一是太白山，第十四是潜山天柱山，第二十三是九嶷山。《诅楚文》“箸（书）者（诸）石章（璋）”，秦骃玉版酷似投龙简，包山楚简为祷病择日，与投龙简的释罪祈愿也不无相似之处。下站遗址（密畤）出土小金龙。秦骃玉版提到介圭、吉璧、吉钮，包山楚简提到环、钮、璧、琥，其中都有钮。这些都值得关注。

我理解，《封禅书》的山川祭祀制度代表的是中国古代“天下观”。它更强调国土概念和国家治理。秦皇汉武巡狩封禅、遍立祠畤，试图整合官方祭祀和民间信仰，创造一种政教合一的治理体系和意识形态，类似西方。但这一尝试并不成功，汉武帝死后，遭儒家反对，终于流产。王莽之后，封禅非常礼，郊祀被缩水，只剩南北郊之祭，国退民进，导致小教派林立。东汉魏晋，释道勃兴，重新整合各种民间教派（也包括各种外来宗教），填补了这一空白。从此，中国才有了“国家大一统、宗教多元化”的局面。服从国家，信什么教都行；反叛国家，信什么教都不行，与西方正好相反。

我们说的“从山川祭祀到洞天福地”就是为了强调这一历史性转折。从此，中国的山川祭祀，从北方转到南方，成为国家祭祀之外相对独立又配合国家祭祀的另一番天地。这就是沙畹关注的“洞天福地”。

2024 年 12 月 21 日写于北京蓝旗营寓所

编后记

Afterword

渠敬东

俗话说，“谋事在人，成事在天”；依我看，天人都在，靠的是“缘”。

好几年前，与李零先生聊天，说到了法国汉学家沙畹和他两部最重要的著作：《泰山》与《投龙》。先生说，他一辈子有两个愿望：做两个展览，一个是泰山，一个是投龙。先生学问深广，自有堂奥，我研究涂尔干出身，虽晓得问题的重要性，也只能算是略知其义。

沙畹比涂尔干小七岁，属同辈人，他与涂尔干学派诸弟子交往极深，甚至汉学大家葛兰言（Marcel Granet）本就是双门的弟子。由此可见，沙畹和涂尔干在许多学问上的见解和主张上，同根相生，同气相求。他们均以康德的道德形而上学为起点，并力图超越之，着重从社会政治的神圣原理切入，来构建一种基于社会实在和集体意识的宇宙论，为现代世界寻求一种可能的新出路。在研究路径上，涂尔干及其学派从西方文明出发，再投入世界文明的各个区域中，沙畹则径直来到中国，探寻这一文明几千年独有的祭祀和信仰体系，揭示其神秘而悠远的构造。

浙江省博物馆曾做过吴越国的专题展，展出过投龙的相关文物。当时，李零先生就提出，可否将全国各地出土的龙、简、璧汇聚起来，做一次学术上的集中呈现。此事想法甚好，却难成行，说说也就罢了。不过，上面的一番闲谈，倒激起了我的兴致，事情成不成再说，尝试一下总可以吧。

于是，趁赴杭开会，我找到了中国美术学院孔令伟教授，他是潘公凯先生的大弟子，多年来从事古物及艺术史的研究，颇有心得。孔教授听了我的想法，很兴奋，他答应去联系浙江省博物馆的领导，还给自己的学生们下达了任务，遍搜与投龙相关的文物、文献和研究资料；不过几个月，厚厚的三大卷资料集便装订成册，分发给学者了。与此同时，我与时任中国美术学院院长的高世名教授也专门谈及此项计划，这位极富学术见地而又熟谙实务操作的院长，即刻请视觉中国协同创新中心主任卢勇教授落实此事，从国际学术会议、联合展览和论文、图录出版等各方面给予大力支持，并提出了一些新的建议。

还有好消息。经孔教授介绍，浙江省博物馆副馆长许洪流先生约见了我，提出他们有愿望、有义务、有能力来开展这个难度极高的项目，并推荐黎毓馨和魏祝挺馆员专门负责。黎老师为奖掖后进，特意推出了魏老师，拍了拍他的肩膀说：“你行的！”与两位相见，话题倏地落在了投龙上，他们引经据典，如数家珍，兴奋欣慰之情溢于言表。我霎时间感觉到，这是他们情有独钟的学问，也是他们心仪已久的事业。于是心里默念：“事成了！”

随后，我满心欢喜地回到北京，按照约定要即刻组建一个展览策划班子，说干就干！记得是2023年8月8日，我请来李零先生及北京大学田天、故宫博物院熊长云、清华大学陶金、北京师范大学鞠熙等学者一同召开了首次学术策划会议，从展览宗旨、立意、结构、脉络、线索甚至展陈设计等方面做了开放热烈的讨论。会议还从文物列表、文献征引、文案撰写、文本风格等方面做了明确分工。为从投龙角度，将中国特有的山川文明体系完整勾画和呈现出来，我们商定：在时间跨度上，要整理从先秦到唐宋元明的完整链条；从聚焦主题上，需将帝王与士夫、文人与百姓的角度融汇起来，加以多重表现。

“投龙：从山川祭祀到洞天福地”，是我们最终确定的展览题目，但因其时间跨度长、解读难度大、涉及交叉学科领域众多，其难度自然可以想见，因而需要大量的学术准备工作。田天和长云经过高效沟通，对“投龙”前史进行了新颖而精妙的解构，同时将许多重要的早期考古发现纳入展览叙事体系之中，成为投龙展开篇的亮点。投龙文物则存在出土信息零散、考古学证据链缺失、专门研究相对薄弱等不足，为此，陶金请来了曲爽、白照杰等学者加入了他的支队，拟写的草稿文字量达十万余言，从而构成了投龙展的核心章节。后来，经过北京方面与浙江省博物馆和中国美术学院诸同仁的数次往复沟通，展览方案初步落定了。接下来，便是更为复杂的工作，从各地博物馆借调文物。这项艰巨的任务落在了魏祝挺老师的团队上，他也成为这次展览的策展人。

我至今都无法想象，在大半年的时间里，魏祝挺和策展助理吴雨歆、王子滢的三人团队是如何与全国五十余家文博机构联络，最终汇集二百三十九件（套）文物展出的。其间，有多少公文、信函、邮件、合约需要落实，文物进出又是多么繁琐和压力重重的工作。那个时候，无论在哪儿，都常常接到魏老师的电话，哪件文物借不出来，哪件文物要价太多，哪件文物等级太高……诸如此类的难题每每出现，我们都需协调各方面的关系，必要时也请李零等资深学者出面联络，断断续续、来来往往，不亦乐乎！

终于，当所有文物落地，展陈设计出炉的时候，中国美术学院主办的国际学术研讨会也筹备就绪了。特别值得提出的是，文物摄影家任超先生，采用了多角度、超微距等方法，将借展来的二百多件文物逐一拍摄，为学术界留下了一笔丰厚的财产。

与此同时，我们要向浙江省博物馆老馆长陈水华先生对展览立项和前期工作的支持表达谢意！也要衷心感谢新任党委书记兼馆长纪云飞先生！他上任伊始，便率领整个团队全心投到展览的具体实施中。还记得我专程拜会纪馆长的场景，初次见面，话带机锋，相互鼓气。他目光坚定，表示时间再紧，任务再重，都一定会为西湖增添一抹亮色。果然，布展工作在国际研讨会前一天顺利完成了！

2024 年 11 月 30 日，“投龙：从山川祭祀到洞天福地”国际学术研讨会在中国美术学院象山校区举行，这是国内学术界首次以投龙为题召开的学术会议。李零先生开心地说：“中国各地的金龙终于此地聚会了。”来自海外的法兰西学院铭文与美文学院院士杜德兰（Alain Thote）教授、法兰西学院汉学研究所所长吕敏（Marianne Bujard）教授、法国国立东方语言文明学院汲喆教授、德国埃尔朗根大学葛斯康（Lennert Gesterkamp）教授都做了精心准备和精彩演讲，来自国内各高校和研究机构的几十位学者的发言交织着各学科、各主题、各领域的发现，相聚讲求，交锋不断，很是愉快！

会议当晚，我们又聚集在电影学院，观看浙江省博物馆陆易副研究馆员专为此次展览拍摄的纪录片。屏幕上，浮现出展览筹划和实施过程中的每个场景，遍访各地文博机构的借展故事也娓娓道来，大家看到银屏上的自己，真是开心极了！更可贵的是，陆易和魏祝挺他们几个伙伴，趁借展之际，周游各处洞天福地，古今交织的情形，宛若目前。那真是一次次奇妙的文人之旅，恍惚间，所有文物及相关的知识仿佛活了一般，可谓为即将开始的展览赋予了有气息的生命。

次日，“投龙：从山川祭祀到洞天福地”展在西湖美术馆开幕。孤山边，沿湖畔而行，步入展厅，迎面而来的是李零先生题写的“投龙”二字，一条金龙映入视野，活灵活现。观众络绎不绝，密密地挤在展柜前。此刻，策展人魏祝挺又摇身一变，成了金牌讲解员，公益讲解三十余场。后来得知，浙江省博物馆为“投龙”展览专门培训志愿者四十五人，提供公益讲解一百七十二场，真是了不起的成就！展览结束，观众人数达二十万人次，线上观展也有一万六千多人。

可是，喜悦不容片刻，工作不许停歇，2025 年春节后，新任务又来了。由上海书画出版社出版发行的《投龙：

从山川祭祀到洞天福地》一书，开始紧锣密鼓地推进了。朱艳萍副社长来京督战，张姣、许中行编辑干脆拿着初排的书稿版面找上门来。于是，我们的策展写作班子再次集结，再次攻坚。

恰如长云在为本书拟写的“凡例”中说：“本书以浙江省博物馆2024年12月1日至2025年3月2日举办的‘投龙——从山川祭祀到洞天福地’展览为基础，并调整、补充部分文物及文献图片，以求对本主题进行更为完整的学术诠释。”事实上，在我们的理解中，本书并不等同于展览图录，而是对这一主题相关文物、文献和最新研究成果的一次系统性梳理，并将我们对中国文明这一脉络的新发现、新认识和新思考呈现给读者。

为此，我们撰写了全新的“导言”，指出“山川信仰、祭祀和盟约，始终是中国文明形成、发展中的一条关键主线，是中国人塑造超越性精神世界的主要来源，是理解文化道统所依所存的重要基础。天子与生民、国家与百姓、神圣与世俗、自然与社会、天地与人世的复杂关联皆纳入其中，投龙既是一种文化构造的集中呈现，也是一个学理考察的极佳入口”。于是，除借展文物外，学术策划团队还专门选取了相关文物、文献及考古现场图片编入书中，对各项说明做了大量修订，并对章节的逻辑顺序、版式编排的形式等，都给出了许多具体建议，并在书后收录李零先生有关秦骃玉版、祭祀玉人的新近学术研究，以及对沙畹《投龙》一书的学术评论，便于读者参考。

经过不计日夜的奋战，以及编辑们后期辛苦的加工工作，本书终于摆在读者面前了。我们衷心期望，这本书能够为公众认识中国文明的传统提供一个新视角，为学者推进相关领域的研究提供一个新视野。理解的可能性就是未来的可能性，只有活的传统才能真正带动文明的复兴。

感谢为研讨、展览和出版付出的所有人！这两年的工作，完全是由不同职业、不同学科、不同领域的学者合作完成的。或许在平常的世界里，我们没有结交之机、更没有合作之缘，但正因有了“投龙”的契机，让学问上的先辈、长辈和晚辈得以谋面，让学术人、展览人和出版人得以汇聚，让一种古老的文化传统与为之养育的民众得以结缘。这是一则美好的故事，相信未来还会发生。

2025年3月5日于北京寓所

图书在版编目（CIP）数据

投龙：从山川祭祀到洞天福地 / 李零主编；中国美术学院视觉中国协同创新中心，浙江省博物馆编；余旭红，纪云飞副主编；渠敬东执行主编. -- 上海：上海书画出版社，2025. 3.
-- ISBN 978-7-5479-3564-4

Ⅰ. B955

中国国家版本馆CIP数据核字第2025H2R764号

审图号：GS（2025）2203号

中国美术学院视觉中国协同创新中心
The Institute for Collaborative Innovtion in Chinese Visual Studies
China Academy of Art
中国美术学院视觉中国研究院
China Institute for Visual Studies, China Academy of Art
出版项目

本书出版得到"中国美术学院教育基金会"支持

投龙：从山川祭祀到洞天福地

李　零　　主编
中国美术学院视觉中国协同创新中心　浙江省博物馆　　编
余旭红　纪云飞　　副主编
渠敬东　　执行主编
魏祝挺　熊长云　田　天　陶　金　　执行副主编

图书策划　朱艳萍
责任编辑　张　姣
编　　辑　许中行　居珺雯
审　　读　雍　琦
责任校对　郭晓霞
文物摄影　任　超
整体设计　FFFeelings　卢健文
技术编辑　包赛明

出版发行　上海世纪出版集团
　　　　　上海书画出版社
地　　址　上海市闵行区号景路159弄A座4楼
邮政编码　201101
网　　址　www.shshuhua.com
E-mail　shuhua@shshuhua.com
制　　版　杭州立飞图文制作有限公司
印　　刷　杭州四色印刷有限公司
经　　销　各地新华书店
开　　本　700×1000　1/8
印　　张　43
版　　次　2025年6月第1版　2025年6月第1次印刷

书　　号　ISBN 978-7-5479-3564-4
定　　价　398.00元

若有印刷、装订质量问题，请与承印厂联系